설교 리모델링

빌 휘태커 지음 ‖ 김광석 옮김

요단

설교 리모델링

2002년 7월 5일 · 제1판 1쇄 발행
2009년 10월 30일 · 제1판 3쇄 발행

지은이 · 빌 휘태커
옮긴이 · 김광석
펴낸이 · 안병창
펴낸데 · 요단출판사
158-053 서울특별시 양천구 목3동 605-4
기 획 · (02)2643-9155
영 업 · (02)2643-7290~1 / FAX (02)2643-1877
등 록 · 1973. 8. 23. 제13-10호

ⓒ 요단출판사 2002

정가 12,000원
ISBN 89-350-0669-6 03230

이 책의 한국어판 저작권은 요단출판사가 소유하고 있습니다.
출판사의 사전 승인 없이 책의 내용이나 표지 등을 복제 · 인용할 수 없습니다.
요단인터넷서점 www.jordanbook.com

Preparing to Preach

Bill D. Whittaker

Originally Published in the U.S.A.
under the title, Preparing to Preach
Copyright © 1999 by Bill D. Whittaker
Published by Providence House Publishers
Franklin, Tennessee 37067

Korean Edition Copyright © 2002 by Jordan Press

먼저 하나님께 영광을 돌리며

레베카

존과 제시카

캐런과 다린

메리, G. L., 그리고 캘러에게

감사의 마음을 전합니다.

목차

들어가는 말 /7
서문 /11

제1단원 설교의 과거와 현재
   1장   설교란 무엇인가? /17
   2장   신약성경에 나타난 설교들 /25
   3장   오늘날 설교가 왜 중요한가? /37

제2단원 설교자로서의 준비
   4장   누가 자격이 있는가? /49
   5장   설교자의 권세 /59
   6장   부적절한 준비에 대한 변명들 /67

제3단원 말씀이해
   7장   예수의 위대한 생각들은 어디서 왔는가? /81
   8장   설교본문 /95
   9장   본문해설 /105

제4단원 설교구성

  10장 설교목표 / 131
  11장 설교의 통일성 유지 / 139
  12장 본문작성 / 147
  13장 설교구조 / 157
  14장 "결론적으로" / 169
  15장 서론만은 제발 / 185

제5단원 진리를 밝히라

  16장 본문과 삶의 적용 / 199
  17장 설교예화 / 211
  18장 상상하라 / 235

제6단원 설교 워크샵

  19장 복음설교 / 245
  20장 교리설교 / 261
  21장 윤리설교 / 273
  22장 목회설교 / 283

제7단원 최선의 설교준비

  23장 설교계획 / 303
  24장 자료보관 및 결과 활용 / 313
      주(註) / 325
      참고문헌 / 337

들어가는 말

　공부하며 목회하던 풋내기 학생 목사 시절, 나는 종종 설교준비를 미룰 수 있는 데까지 미루다가 "토요일 밤의 기적"을 기대하곤 했다. 윌리엄 바클레이의 「신약성경주석」을 적당히 윤색한 후, 그것을 가지고 설교단에 올라가는 경우도 다반사였다. 그 땐 다른 생각을 할 겨를이 없었다. 그저 진리의 말씀을 최초로 직면했을 때의 흥분거리를 찾아 성경을 뒤지는 일만 해도 몹시 힘겨웠다. 나는 진지하게 소명 앞에 다시 있다. 감사하게도 주님께서는 설교를 준비하는 과정에서도 나를 인도해 주셨다. 그분이 나를 설교자로 부르셨기 때문이다.

　설교자는 설교 부탁을 받을 때마다 거듭 영적전투를 시작한다. 당신은 기꺼이 설교 메시지를 위해 주님을 신뢰하겠는가? 메시지를 준비하기 위해 당신은 주님과 함께 일하고자 하는가? 하나님께서는 설교를 위해 당신을 부르셨다. 당신은 기도와 성경연구, 그리고 설교준비에 충분한 시간을 투자하고 있는가?

하나님 말씀에 대한 절대적인 신뢰가 이 책의 근간을 이루고 있다. 30년 동안 설교를 하면서 나는 성경을 깊이 사랑하게 되었고 성경 메시지에 대한 나의 믿음도 확고해졌다. 영국의 설교가인 찰스 시므온(Charles Simeon)의 간증을 여기서 나누고자 한다. "저는 성경의 단순성을 사랑합니다… 저는 어린아이의 순진함으로 성경을 대해야 하고, 제가 간혹 난해한 주님의 말씀을 풀 수 있든 없든 간에 주님의 계시를 하나님의 증거의 말씀에 근거하여 기꺼이 받아들여야 한다는 사실을 곧 알게 되었습니다."

훌륭한 설교는 실제적이어야 하며, 또한 실용적이어야 한다. 이 책에서 내가 쓴 글의 의도를 파악한 한 학생의 강력한 추천사가 여기에 있다. "이건 기본 필독서군요!" 물론 설교에는 신학적, 철학적 요소가 있으나 설교 입문자는 설교가 실제적이기를 갈망한다. 본서는 사역현장의 실제적 필요에 부응하려는 의도에서 쓴 것이다.

나는 필리핀에 있는 한 성경학교에서 설교 입문자들을 가르친 적이 있다. 학생들 중에 많은 이들은 새로 개척한 교회의 목사들이거나 혹은 교회개척의 목적으로 성경공부반을 인도하는 사람들이었다. 나는 지역교회 사역이라는 상황에서 공부하려고 모여든 설교자 소그룹들을 위한 신학 연장교육 프로그램의 일환으로 이 교재를 썼다. 편집자는 "'교과서의 내용을 실제로 어떻게 실천에 옮길 것인가'에 대한 제안들로 가득한 실제적인 책으로 만들어 달라"고 강조했다.

미국에 돌아와서 나는 성경대학의 설교 입문자들을 위해서도 비슷한 교과서가 필요함을 느꼈다. 수강신청서의 학과번호가 32번이었던 나의 설교학 강의 수강자들 대부분은 "설교 입문자" 수준의 학생들이었으며, 나는 그들이 아주 실제적인 면에서 설교를 작성하는 법을 배우고 싶어한다는 사실을 재확인할 수 있었다. 따라서 이 책은 바로 이 강좌와 기타 여러 강의에서 나눴던 경험들을 반영한 것이다.

   이 프로젝트를 수행하는 동안 나는 많은 사람들의 격려를 받았다. 전 학장이며 영문과 교수였던 다릴 워렌(Daryls Warren)과 설교학 교수인 로버트 올드햄(Robert Oldham)이 도움이 되는 평가와 제안들을 해주었다. 성경교사인 존 디티(John Ditty)는 이 책을 "현장에서 실험"하였고 그와 그의 학생들의 도움으로 많은 부분이 개선되었다. 또한 나의 개인비서인 셸비 캐스트런(Shelby Castlen) 부인이 원고를 정리해 준 것에 대해 감사를 드린다.

   나의 아내 레베카의 격려와 그녀가 주님의 사역에 함께 동역해 준 것에 대해 하나님께 감사드린다. 이사회와 더들리 포메로이(Dudley Pomeroy) 박사 내외분이 이 프로젝트를 지원해 준 것에 대해 특별히 감사드린다. 포메로이 박사는 오랜 동안 목사와 군목으로, 그리고 클리어크릭침례성경대학의 교수로 봉직했으며, 은퇴한 후에는 이사회의 이사로 선출되었다. 이 책의 판매 수익금은 클리어크릭침례성경대학의 신학생들을 위한 진 에서 & 더들리 포메로이 장학재단의 기금으로 제공된다.

빌 휘태커
데살로니가후서 5장 16-18절

서문

처음으로 설교할 기회가 주어진 것이 조그마한 시골교회라는 사실은 아치 올리버(Archie Oliver)에게 문제가 되지 않았다. 이것은 좋은 기회였고 그의 사역의 시작이었다. 그는 메시지를 열심히 준비하였고 20분에서 30분 정도의 설교는 충분히 할 수 있으리라 생각했다. 하지만 그가 설교를 끝냈을 때 시간은 겨우 8분밖에 지나지 않았다. 설교시간이 결코 설교의 질을 결정하지 않으며 주님께서 어떻게 그것을 사용하실지를 결정짓지도 않는다. "가장 놀라운 경험은 제가 강단초청을 했을 때 두 젊은이가 예수를 영접한 것이었습니다." 올리버는 그 때를 생생히 기억한다.

아치 올리버는 다음과 같이 자기 자신을 합리화하면서 계속 설교할 수도 있었을 것이다. "내가 설교를 하면 사람들은 구원을 받는단 말이야. 그렇다면 내 설교에 더 이상 무엇이 필요하겠어?" 그러나 아치는 그가 설교자로 소명을 받았을 때 설교준비의 소명도 함께 받았다는 사실을 깨닫고, 결혼한 후에 우리 대학에서 훈련을 받기로 결심하였다. 이러한 경험은 그의 학구열을 자극하였고 46년간의 설교사역에서 그는 많은 세미나와 통신학교, 그 외의 다양한 연구기회들을 가졌다.

한 설교자가 시작을 어떻게 하는가는 일평생 계속되는 설교에 엄청난 차이를 가져올 수 있다. 어떤 사람들은 자신의 시작이 성공적이지 못하다고 판단하고는 '하나님께서는 나를 정말로 부르시지 않았어'라고 생각을 굳힌다. 그러나 주님은 우리의 인내를 자라게 하시며 우리가 믿음으로 행하고 주님의 주권과 그분의 말씀의 능력을 신뢰하도록 도우신다. 내가 알고 있는 한 젊은 목사는 사역 초기에 설교 후 강단초청을 하였는데 상당한 숫자의 사람들이 결신을 하였다. 그러자 교회는 급속히 성장하였다. 그 목사는 스스로 더 이상 어떤 훈련도 필요치 않다고 결정을 내렸다. 주님은 그에게 설교의 능력과 은사를 부어주시는 것 같았다. 그러나 그 다음 해부터 그는 그렇게 성공적이지 못하였다. 만일 그가 계속해서 연구하는 역량을 높이고 노련한 교사들의 조언을 구하며 동료 학생들과 함께 대화하며 기도하고 동료들의 제안과 평가를 경청했더라면 얼마나 큰 변화가 있었을까 나는 종종 생각하곤 한다.

이 연구는 설교의 본질과 설교가 오늘날 우리의 삶과 어떤 관계가 있는지를 고찰함으로 시작된다. 설교란 설교자와 밀접한 연관이 있기 때문에 설교자에게는 그의 소명과 권위, 그리고 질적으로 훌륭한 설교를 준비하는 데 헌신되어 있는지를 점검하는 것이 필요하다. 우리 연구의 주요 부분은 성경본문을 이해하고 자료를 수집하며 메시지 전달방법들을 찾는 데 초점을 맞출 것이다. 특별히 네 가지 종류의 설교, 즉 복음설교, 교리설교, 윤리설교, 목회설교에 집중하려 한다. 마지막 단원에서는 어떻게 설교계획을 하며, 컴퓨터를 사용한 설교준비 작업을 통해 어떻게 최대의 효과를 얻을 수 있는지 살펴보겠다.

각 장의 끝부분에 본인은 보다 심도 있는 연구를 위해 "참고와 적용"이라는 난을 만들어 추가연구의 기회를 주고자 한다. 주님은 다양한 방법으로 우리를 가르치시기 때문에 우리는 어떤 논점에 대해 우리와 의견을 달리하는 사람들에게서도 배울 점이 있다. 별다른 표시가 없는 한 성경구절은 모두 한글개역성경에서 인용할 것이다.

이 책을 통해서 우리가 "진리의 말씀을 옳게 분변하라"는 말씀의 사역에 헌신하게 되리라 기대하는 것은 잘못된 일일까? 아마도 시간이 말해 줄 것이다. 어떤 이들은 단지 "과목에 합격"하기만을 원했을 것이다. 그러나 설교자의 최종성적은 우리를 부르신 이가 결정하신다. 그 때까지 우리는 계속해서 설교준비를 해야 한다.

제 **1** 단원

설교의 과거와 현재

나는 준공식을 마친 지 1년도 채 안 되어서 엄청난 비용을 들여 대대적인 재공사를 해야만 했던 연방정부 건물에 관한 뉴스를 기억한다. 건설업자가 기초공사를 소홀히했기 때문이었다. 성경적인 설교도 성경에 계시된 진리의 터 위에 기초를 세워야 한다. 제1단원은 설교의 특성을 이해하고 설교준비의 실제적인 면을 위한 신학적 기초를 세우는 작업으로 시작될 것이다. 성경적 설교에 대한 현대의 탁월한 실례들이 많이 있지만 우리는 신약성경에 나타난 모델들을 무시하지 말아야 한다. 예수님, 베드로, 스데반, 빌립, 그리고 바울은 오늘날에도 중요한 설교의 특성들을 제시해 준다.

오늘날 우리는 왜 설교하는가? 제3단원은 우리 시대에 설교가 필요한 네 가지 이유에 대해 상고할 것이다. 하나님의 설교자는 하나님의 섭리 가운데 설교가 가지고 있는 중요성에 대해 확신해야만 한다. 바울은 교회예배와 성령의 은사에 관해 쓰면서 나팔을 비유로 사용하였다. "만일 나팔이 분명치 못한 소리를 내면 누가 전쟁을 예비하리요"(고전 14:8). 설교에서 하나님의 메시지는 나팔과 같은 소리를 내며 사람들로 하여금 전쟁을 예비케 만든다. 불분명한 소리는 메시지를 약화시키고, 소명을 등지게 하며, 청중을 적의 공격에 무방비상태로 만든다.

그리스도의 명령을 신실하게 수행하는 성경적 설교자는 계속해서 초대교회의 전통을 계승하는 것이며 그리스도로부터의 칭찬을 기대할 수 있다.

제 1 장

설교란 무엇인가?

지난 주일날 당신의 교회에서 무슨 일이 일어났는가? 예배의 여러 순서를 회상해 보라. 아마도 다음과 같은 일이 일어났을 것이다. 찬양, 기도, 방문자 환영, 광고, 간증, 설교, 그리고 강단초청. 이 중에서 어느 순서가 가장 많은 시간을 차지했는가? 아마도 설교일 것이다. 대부분의 복음주의 교회에서 설교는 예배의 가장 주된 부분이다. 모든 목사들은 일 주일에 두세 번씩 정기적으로 같은 사람들에게 설교한다. 사람들은 좋은 메시지를 들을 것을 기대한다. 하나님께서는 그분의 메시지가 들려지고 사람들이 그분의 뜻을 따르기를 원하신다.

설교는 모든 목사들의 주요 임무로 최선을 다해 최고의 준비를 할 만한 가치가 있다. 본서는 성경적인 설교에 관해 보다 더 깊이 이해하고 설교준비의 원리들을 배우는 데 도움을 주기 위해 쓰여졌다. 이 작업을 시작하면서 먼저 설교의 본질을 이해하는 데 도움이 되는 몇 개의 성경구절을 살펴보도록 하자.

설교란 무엇인가? 책을 더 읽어나가기 전에 먼저 설교에 대한 정의를 적어보라. 이 장의 마지막 부분에서 우리는 다른 설교 입문자들이 쓴 정의들을 검토하고 당신의 정의와 서로 비교해 볼 것이다.

성경적 설교의 정의

성경은 설교를 공식적으로 정의하고 있지 않지만 설교에 대해 많은 것을 말해 준다. 헬라어의 두 단어가 설교의 본질을 이해하는 데 도움을 줄 것이다. 설교와 관련되어 신약성경에 가장 자주 등장하는 헬라어는 '케루세인'(kerussein)이다. 이 단어는 53번에 걸쳐 "전파하다"(preach)로, 5번은 "공포하다"(publish)로 번역되었다.

'케루세인'은 "사자(使者)로서 선포하다"라는 뜻이다. 사자는 목청을 높여 자기가 전달하고자 하는 어떤 소식에 대중이 귀를 기울이도록 하는 공적 전달자였다. 이 사자의 일은 인쇄매체나 라디오, 텔레비전이 없던 시절에는 매우 중요하였다. 광장에서 사자는 사람들의 삶에 영향을 끼칠 뉴스나 사건을 소리쳐 알렸다. 사자에게는 강한 음성이 필요했고 때로는 나팔을 사용하였다. 사자는 자신에게 주어진 대로 정확하게 메시지를 전달해야만 했다.

구약성경은 이러한 사자의 예를 몇 가지 보여준다. 바로는 사자들을 명하여 요셉의 수레 앞에 먼저 가라고 명했으며, 그들은 "엎드리라"(창 41:43)고 외쳤다. 느부갓네살왕은 그의 사자를 보내어 모든 백성들로 하여금 "금신상에게 절하라"는 명령을 선포했다(단 3:1-5). 선지자들 가운데 '케루세인'은 종종 국가적 위기와 "긴박함"과 관련이 있었다. 요엘 선지자는 다가오는 여호와의 날이 이르기 전에 성회를 선포하였으며(욜 1:14, 2:15), 호세아 선지자는 나팔을 불라고 요청한나(호 5:8). 선지자들은 기쁨을 긴박성과 연결시켰으며 하나

님 나라의 도래를 알릴 하나님의 종의 임재를 고대하였다. 사자의 선포는 예수 안에서 완성될 것이었다.[1]

'케루세인'은 예수 그리스도의 길을 예비한 세(침)례 요한의 사역을 묘사해 주기도 한다. "그 때에 세(침)례 요한이 이르러 유대 광야에서 전파하여 가로되"(마 3:1). 또한 예수께서도 이 단어를 사용하셨다. "이 때부터 예수께서 비로소 전파하여 가라사대"(마 4:17). 예수님과 세(침)례 요한 모두는 사자들이었다.

또 다른 신약성경의 단어는 '유앙겔리조'(euaggelizo)이다. 이 단어는 "좋은 소식을 말하다"라는 의미이다. 이 단어의 명사는 "복음"(gospel), 혹은 기쁜 소식으로 번역된다. '유앙겔리조'는 복음을 나눈다는 것을 의미하고, 전파되는 메시지에 초점을 맞춘다. 하나님의 사자는 아무 메시지나 전하는 것이 아니다. 하나님의 사자는 "기쁜 소식"을 전한다. 설교자는 예수 그리스도의 복음을 나누는 것이다.

어떤 사람들이 자기가 사는 동네에 예수를 붙들어 놓고자 했을 때 그분은 "내가 다른 동네에서도 하나님의 나라 복음을 전하여야 하리니 나는 이 일로 보내심을 입었노라"(눅 4:43)고 말씀하셨다. 예수의 사역은 다음과 같이 요약될 수 있다. "예수께서 온 갈릴리에 두루 다니사 저희 회당에서 가르치시며 천국 복음을 전파하시며 백성 중에 모든 병과 모든 약한 것을 고치시니"(마 4:23). 다른 관련 구절과 함께 이 구절은 "설교"와 "가르침" 사이의 밀접한 관계를 가르쳐 준다. 예수께서 처음으로 하신 나사렛에서의 설교에서 우리는 자신의 설교의 의미를 청중들에게 가르치려고 하셨음을 알 수 있다.[2]

예수의 복음을 대중 앞에서 설교하는 일은 사도들의 첫 번째 사역이었다. 제자였던 베드로는 하나님께서 "우리를 명하사… 증거하게 하였고"(행 10:42)라고 말했다. 사도들은 이 명령에 순종하였다. "저희가 날마다 성전에 있든지 집에 있든지 예수는 그리스도라 가르치기와 전도하기를 쉬지 아니하였다"(행 5:42).

교회 내의 다른 사람들도 복음을 전했다. 빌립은 초대교회의 헌신된 집사였으며 주님은 그에게 복음을 전할 많은 기회를 주셨다. 빌립은 "사마리아 성에 내려가 그리스도를 백성에게 전파하였다(케루세인)"(행 8:5). "빌립이 하나님 나라의 기쁜 소식(유앙겔리조)과 및 예수 그리스도의 이름에 관하여 전도함(케루세인)을 저희가 믿고 남녀가 다 세(침)례를 받으니…"(행 8:12).

바울은 그리스도께서 자기를 보내심은 복음(유앙겔리조)을 전케(케루세인) 하려 하심이니"(고전 1:17)라고 썼다.

'케루세인'은 사자 혹은 반포자의 선포이다. '유앙겔리조'는 기쁜 소식을 전하는 것이다. 이 두 단어가 결합될 때 설교에 대한 정의가 그 모습을 드러내기 시작한다. 설교란 하나님의 택함을 입은 자가 예수 그리스도의 복음을 선포하는 것이다. 우리가 내린 정의에 두 가지 중요한 부분이 있음을 주의하라. 첫째는 하나님의 택하심을 입어 복음을 전하는 사람, 둘째는 예수 그리스도의 복음의 메시지이다.

성경적 설교에는 세 번째 중요한 부분이 있다. 설교는 청중으로부터 반응을 요구한다. 선포는 사람들에게 무언가 행할 것을 요구한다. 설교자는 듣는 자가 무엇인가를 결단할 것을 요구한다. 설교의 이 주요 두 단어를 포함하고 있는 성경구절들을 다시 살펴보자.

마 4:17 – "이 때부터 예수께서 비로소 전파하여 가라사대 회개하라 천국이 가까웠느니라 하시더라." 청중들은 죄로부터 돌이킬 것을 결단하고 그리스도를 믿어야만 했다.

행 8:12 – "빌립이… 전도함을 저희가 믿고 남녀가 다 세(침)례를 받으니." 사람들은 빌립의 설교에 따라 주님을 믿기로 개인적인 결정을 내렸다.

고전 1:21 – "하나님께서 전도의 미련한 것으로 믿는 자들을 구원하시기를 기뻐하셨도다." 이 구절은 하나님께서 복음의 설교에 대해 믿음으로 반응하는 모든 자들에게 새 생명을 주심을 가르쳐준다.

신약성경 전체에서 설교는 그리스도인이 은혜 안에서 성장하도록 권면하는 것뿐만 아니라 들은 메시지에 대해 청중이 결단을 내리는 것을 포함하고 있다.

성경적 설교자는 결단을 위해 설교하는데 회심하기로 결단하는 것은 단지 시작일 뿐이다. 성경적 설교는 하나님의 백성들로 하여금 그리스도 안에서 성숙하도록 해야 하며 봉사하고 사랑하도록 요청해야 한다. 물론 이러한 결단의 반응들이 항상 대중 앞에서만 이뤄지는 것은 아니다.

바울은 고린도후서 5장 18-20절을 기록하면서 복음을 나누는 사람의 중요한 위치를 강조하였다.

> 모든 것이 하나님께로 났나니 저가 그리스도로 말미암아 우리를 자기와 화목하게 하시고 또 우리에게 화목하게 하는 직책을 주셨으니 이는 하나님께서 그리스도 안에 계시사 세상을 자기와 화목하게 하시며 저희의 죄를 저희에게 돌리지 아니하시고 화목하게 하는 말씀을 우리에게 부탁하셨느니라 이러므로 우리가 그리스도를 대신하여 사신이 되어 하나님이 우리로 너희를 권면하시는 것같이 그리스도를 대신하여 간구하노니 너희는 하나님과 화목하라

종종 한 국가의 대통령은 다른 국가의 대사(大使)를 영접한다. 대

사는 자국 대통령의 신임장을 그 나라 대통령에게 제시한다. 그는 자국 정부를 대표하며 정부는 대사를 통해 말한다. 모든 그리스도인은 그리스도의 대사이다. 우리는 이 세상에서 그분을 대표한다. 우리는 "그리스도를 대신하여" 말하는 것이다. 우리가 그분의 메시지를 전파하지 않는다면 세상은 듣지 못할 것이다. 바울은 물었다. "전파하는 자가 없이 어찌 들으리요?"(롬 10:14).

설교자는 그리스도를 대신해서 호소한다. 설교 속에는 그리스도의 복음을 긴박하게 받아들이도록 요청하는 탄원이 들어 있다. 이러한 긴박성은 "그리스도로 말미암아 …화목하게 되어야 한다"는 개인적인 자각에서 비롯된다. 새로운 관계가 주는 평강과 기쁨을 설교자는 다른 이들에게 전달해야만 한다.

청중의 영원한 운명과 관련이 있기 때문에 설교자는 긴박감과 열정을 가지고 설교해야만 한다. 바울은 "우리가 간구하노니"라는 표현을 써서 긴박성을 말한다. 이 동일한 단어가 거라사의 귀신 들린 자가 예수께 자기를 괴롭히지 말 것을 요구했을 때 사용되었으며(눅 8:28), 그가 고침을 받은 후에 예수와 함께하기를 간구했을 때에도 사용되었다(눅 8:38). 성경적 설교는 긴박한 호소를 담고 있어야 한다.

이제 우리가 내린 설교 정의의 세 부분을 정리해 보자.

1. 그리스도를 대표하고 전파하는 사람
2. 예수 그리스도의 복음의 메시지
3. 청중들이 결단하도록 촉구하는 긴박한 호소

이러한 성경적 개념들을 담은 설교의 정의는 다음과 같다. 설교란 그리스도를 대표하는 사람이 예수의 복음을 선포하는 것으로 청중이 하나님의 뜻에 긍정적으로 반응할 것을 긴박하게 호소하는 것이다.

이러한 정의를 우리의 안내자로 삼아 다른 설교 입문자들이 쓴 그들의 설교 정의들을 평가해 보자. 내 것을 읽기 전에 먼저 당신 스스로 평가해 보도록 하라.

1. "설교란 성경에 있는 하나님의 메시지를 전하는 것이다."
    이 말은 비기독교인의 활동도 포함할 수 있다. 설교는 "그리스도를 대표하는 사람"의 사역이다. 성경은 많은 하나님의 말씀을 담고 있다. 성경에 있는 메시지를 선포하면서도 그것이 "예수의 복음"이 아닐 가능성이 있다. 이 말은 또한 결과에 대해 아무것도 말해 주지 않는다는 것이다. 성경적 설교는 "청중들로 하여금 하나님의 뜻에 긍정적으로 반응"하도록 요청한다.

2. "설교란 하나님에 관하여 말하는 메시지의 전달이다."
    이 정의는 설교자에 대해서 전혀 언급하고 있지 않으며 또한 결단을 촉구하는 긴박한 호소에 대해서도 말하고 있지 않다. "하나님에 관하여 말하는 메시지"란 말도 단순히 종교적인 것이 될 수 있으며, 사람들의 문제에 대하여 "기쁜 소식"을 제공하고 있지 않으며, 또한 예수 그리스도에 대해서 아무것도 말하고 있지 않다.

3. "설교란 하나님의 뜻에 관하여 사람들에게 말해 주기 위해 성경의 본문을 해설해 주는 것이다."
    여기서는 우리가 위에서 정의한 세 부분이 모두 빠져 있다.

4. "설교란 예수의 복음이 전해지도록 다른 사람들과 나누는 수단이다."
    이 정의는 이 말을 한 이가 생각하는 기독교가 어떤 것인지를 추측케 한다. 설교는 복음을 알리는 것 이상이어야 한다. 설교에는 그리스도 안에 있는 하나님의 뜻을 사람들이 받아들이도록 호소하는 "긴박한" 요청이 들어 있어야 하는 것이다.

5. "설교란 어떤 주제에 대하여 말하고 토론하는 것이다."

이 말은 대중연설에 대한 정의이다. 이것은 설교자, 예수의 복음, 결단을 위한 긴박한 호소, 그 어느 것도 말하고 있지 않다.

이제 본과를 시작할 때 당신이 쓴 정의를 면밀히 연구해 보고 그것을 상기의 정의와 비교해 보라. 당신은 새롭게 정의를 써야 하는가? 그렇다면 당신이 새롭게 쓴 설교의 정의를 아래에 적어보라.

_____

_____

_____

성경의 세 가지 중요한 개념을 모두 포함하는 설교의 정의를 다시 되새겨 보라. 성경적 설교란 청중이 하나님의 뜻에 긍정적으로 반응할 것을 긴박하게 호소하는 것이다. 또한 설교란 그리스도를 대표하는 사람이 예수의 복음을 선포하는 것이다. 영원한 삶과 죽음이 복음에 대한 청중의 반응에 달려 있다. 설교준비에 필요한 노력을 우리는 즐거운 마음으로 받아들여야 한다. 보다 더 효과적으로 설교하기 위해 들이는 모든 노력 가운데 그리스도의 축복이 임할 것이다.

참고와 적용

'유앙겔리조'와 '케루세인', 그리고 관련단어들에 관한 추가적인 자료는 제프리 브로밀리(Geoffrey W. Bromiley)가 쓴 「신약신학사전」(*Theological Dictionary of the New Testament*)을 참조하라.

제2장

신약성경에 나타난 설교들

우리가 성경적 설교의 특성을 이해하려면 신약성경에 기록된 설교들을 고찰해야 한다. 예수님과 첫 제자들이 전파한 많은 설교들 중에 극히 소수가 신약성경에 기록되어 있지만 이것을 기록하도록 지시하신 이는 성령님이시다. 이처럼 신약성경에 나타난 설교들은 현대의 설교자들에게 있어 모범이 되며 우리에게 성경적 설교에 대하여 많은 것을 말해 준다. 신약성경 설교의 공통된 특징들이 우리 설교에 나타나지 않는다면 우리의 설교를 어떻게 성경적이라고 부를 수 있겠는가?

예수님의 설교

레이몬드 베일리(Raymond Bailey)에 따르면 "예수께서는 목사 - 교사로서의 전문적인 역할에 대한 모습을 완전하게 보여주신다. 그분의 삶은 우리에게 어떤 사람이 되어야 하는지를 계시해 주고 어떻게 사역을 해야 할지 드러낸다."[1]

예수 사역의 첫 번째 기록은 그분의 설교를 요약설명해 준다. "예수께서 갈릴리에 오셔서 하나님의 복음을 전파하여 가라사대 때가 찼고 하나님 나라가 가까왔으니 회개하고 복음을 믿으라 하시더라"(막 1:14-15). 예수께서는 복음을 전하셨다. 바로 그분 자신이 복음이셨다! 그분은 하늘에서 오신 사자로서 자신 안에 있는 생명의 메시지를 선포하셨다. 예수께서는 하나님 나라의 도래와 사람들이 그 하나님 나라에 들어갈 수 있음을 알려주셨다.

마태복음 5-7장에 기록된 예수의 산상수훈은 하나님 나라의 생명을 설명해 주는 설교다. 그분은 천국의 축복에 대한 기쁜 소식을 나누셨고 담대하게 하나님 나라의 백성으로서의 책임들을 선포하셨다. 그분의 복음은 "그들이 이전에 들었던" 말씀과 대조가 되었다(마 5:21, 33, 38, 43). 예수께서는 새 교훈, 즉 복음을 전하셨다. 이 복음의 중심은 왕과 주가 되신 예수였다.

산상수훈은 또한 살인, 불의한 분노(5:21-22), 간음과 음욕(6:25-34), 근심(6:25-34), 비판(7:1-2), 위선(7:3-5)에 관한 메시지이다. 예수께서는 죄에 대해 솔직하셨으며 사람들이 죄를 회개해야 할 필요성에 대해서도 정직하게 말씀하셨다.

예수께서는 성경의 의미를 선포하시고 그것을 삶의 필요에 적용하셨다. 그분의 고향인 나사렛에서의 경험은 예수께서 성경을 설교에 어떻게 사용하셨는가를 보여준다(눅 4:16-30). 회당에서 전한 그분의 메시지는 이사야 61장에서 취하신 것이었다. 예수께서는 성령으로 감동된 하나님의 말씀을 선포하셨다. 사람들은 처음에는 그분의 메시지를 좋아했다. "저희가 다 그를 증거하고 그 입으로 나오는 바 은혜로운 말을 기이히 여겨…"(눅 4:22). 예수께서 자신의 메시지를 뒷받침하기 위해 구약성경을 사용하여 모든 사람, 즉 유대인뿐만 아니라 이방인들을 향하신 하나님의 사랑을 선포하시자 그들의 지지는 곧 미움으로 변하였다. 비유대인을 용납하지 않았던 유대 청중은 예수를 동네 밖으로 쫓아내어 그분을 죽이려 하였다. 예수께서는 성경의 의미를 정직하게 선포하셨으며 사람들의 반응을 두려워하지 않고 그것을 그들의 필요에 적용시키셨다.

예수께서는 청중들에게 결단을 요구하셨다. 그분은 "너희는 먼저 그의 나라와 그의 의를 구하라"(마 7:13-14)는 말씀대로 하나님을 가장 중요하게 여기는 마음으로 그들을 대면하셨다. 그분은 멸망으로 인도하는 넓은 길과 생명으로 인도하는 좁은 길 중 하나를 선택하라고 그들에게 말씀하셨다(마 7:13-14).

예수께서는 청중이 하나님의 뜻에 긍정적으로 반응하도록 요구하셨다. "회개하고 복음을 믿으라"는 말씀이 예수의 호소였다(막 1:15). "주여 주여 하는 자마다 다 천국에 들어갈 것이 아니요"(마 7:21)라고 말씀하심으로 주님은 천국에 들어가는 하나님의 길을 다른 종교적 행위로 대치하려는 시도에 대해 경고하셨다. 하나님의 뜻을 행하는 자만이 천국에 들어가는 것이다.

산상수훈은 두 건축자의 예화로 끝이 난다(마 7:24-27). 지혜로운 건축자는 자신의 집을 반석 위에 지은 까닭에 그 집은 청수가 니도 든든히 서 있다. 이 지혜로운 자는 예수의 말씀과 복음을 듣고 하나님의 뜻에 순종하는 자의 모범이다.

예수의 사역은 그의 설교가 지닌 네 가지 특성을 우리에게 보여 준다.

    1. 예수께서는 자신 안에 있는 하나님의 복음을 전파하셨다.
    2. 예수께서는 죄의 문제를 정직하게 직면하셨다.
    3. 예수께서는 성경을 사용하여 그것을 삶의 필요에 적용하셨다.

4. 예수께서는 사람들이 하나님께 순종하도록 결단을 요구하셨다.

초대교회 지도자들의 설교

신약성경의 사도행전은 예수께서 승천하신 이후의 초대교회 이야기를 말해 준다. 이 책은 세 번째 복음서를 쓴 누가가 기록하였다. 사도행전은 사도들과 다른 교회 지도자들이 전한 설교를 여러 편 기록하고 있다. 이들의 설교는 그들이 어떻게 예수로부터 설교하는 법을 배웠는지를 보여준다.

베드로의 설교

유대인의 명절인 유월절에 하나님께서 교회에 성령을 부으셨다(행 2장). 이 사건은 예수께서 약속하신 대로 이뤄졌다(행 1:4-5). 성령을 주신 것은 교회가 증거하고 봉사할 능력을 받기 위한 것이다. "성령이 너희에게 임하시면 너희가 권능을 받고… 내 증인이 되리라"(행 1:8).

성령께서 역사하신 첫 번째 능력의 기사는 유월절을 위해 모인 유대 군중들에게 증거하는 데 예루살렘교회의 성도들을 사용하신 것이었다. 성령께서는 그리스도인들이 그곳에 모인 사람들이 쓰는 각 지역의 방언으로 말하도록 하셨다. 성경에는 열두 가지 이상의 방언이 등장한다. 당연히 사람들은 "놀라며 의혹하여… 이 어찐 일이냐"라고 묻기 시작했다(행 2:12). 수제자였던 베드로는 "소리를 높여 군중을 향해 말하였다." 베드로의 설교(행 2:14-40)는 1세기 설교의 훌륭한 모델이다.

베드로가 사람들이 모인 곳에서 설교를 시작했다는 것에 주의하

라. 사람들은 방언의 기적에 관해 질문하였으며 어떤 이들은 제자들이 술에 취했다고 비난했다. 베드로는 그들의 비난에 대답을 했고 기적을 설명하기 위한 접촉점으로 그 비난을 사용하였다. 방금 보여진 기적을 설명하기 위해서 베드로는 구약성경의 요엘서를 인용하였다. 그는 자신의 설교에서 시편 16편(행 2:25-28), 시편 110편 1절(34-35절)과 같은 다른 성경도 인용하였다. 예수처럼 베드로는 하나님의 성령으로 감동된 성경을 선포하였고 그것을 그들의 삶의 정황에 맞게 적용하였다.

베드로의 설교초점은 예수였다. 예수의 삶(22절)과 죽음(23절), 부활(24, 32절), 그리고 승천(33절)이 군중에게 선포되었다. 베드로는 예수 그리스도의 주 되심을 선포하였다. "그런즉 이스라엘 온 집이 정녕 알지니 너희가 십자가에 못박은 이 예수를 하나님이 주와 그리스도가 되게 하셨느니라"(36절).

이 사도의 메시지에는 죄의 주제도 담겨 있었다. 베드로는 담대하게 군중을 향하여 "너희가 법 없는 자들의 손을 빌어 못박아 죽였으나"라고 말하였다(23절). "회개하여… 죄사함을 받으라"(38절). 베드로는 그들과 하나님의 관계를 "먼 데 사람"이란 말로 표현하였다(39절). 예수가 없는 그들은 잃어버린 자요 죄로 죽은 자요 하나님으로부터 멀리 있는 자들이었다. 베드로는 긍휼한 마음으로 그들이 "이 패역한 세대에서 구원을 받도록" 촉구하였다(40절).

청중들에게 그들의 필요가 무엇인지 확신시키기 위해 하나님은 개인의 죄와 그리스도 예수를 신뢰할 필요성을 말하는 이 메시지를 사용하셨다. 사람들은 "마음에 찔림을 받았고" 어떻게 해야 할지를 물었다(37절).

베드로는 회개하는 모든 자들에게 주시는 죄사함의 길을 제시한 후에도 계속해서 복음을 선포하였다. "또 여러 말로 확증하며 권하여 가로되"(40절). 베드로는 결단을 촉구했던 것이다. 그는 군중들이 복음을 받아들이도록 긴박하게 호소하였다. 삼천 명의 사람들이 "그의 말을 받았으며" 세(침)례를 받았다!

사도행전에는 베드로가 또 다른 상황에서 전한 설교가 들어 있다. 사도행전 10장 34-43절은 로마군인이었던 고넬료의 가정에서 행한 설교를 보여준다. 대부분의 사람들은 이방인들이었고 유대인의 법은 유대인이 이방인과 가까이 사귀는 것을 금하였다. 베드로의 설교는 "하나님은 사람의 외모를 취하지 아니하시고 각 나라 중 하나님을 경외하며 의를 행하는 사람은 하나님이 받으시는 줄 깨달았도다"(34-35절)라는 개인적인 간증으로 시작된다. 이렇게 시작함으로써 그는 이방인 청중에게서 존경을 얻어냈고 그들로 하여금 보다 더 집중하여 자신의 말을 듣도록 만들었던 것이다.

베드로는 "만유의 주 되신 예수 그리스도로 말미암은 화평의 복음"을 전하였다(36절). 그는 구도자들에게 예수의 삶(37-38절)과 죽음(39절), 그리고 부활(40-41절)을 일깨워 주었다. 베드로는 예수를 모든 인류의 재판장으로 제시한다(42절). 이 짧은 구절에서 예수에 관한 언급은 열여섯 번이나 나온다. 사람들의 눈은 설교자인 베드로에게 고정되었으나 베드로는 그들의 관심을 예수께로 돌렸다.

이 메시지에서 특정한 성경이 인용되지는 않았지만 베드로가 "저에 대하여 모든 선지자도 증거하되"(43절)라고 말했을 때 그는 구약성경을 언급한 것이다. 성령께서 누가로 하여금 베드로가 전한 메시지 전체를 기록하게 하셨는지 아니면 요약해서 기록하게 하셨는지 우리는 알 수 없다.

이 청중들은 예루살렘의 군중들과는 다른 배경을 가지고 있었지만 베드로는 그들에게 동일한 결단의 초청을 하였다. 그는 "저를 믿는 사람들이 다 그 이름을 힘입어 죄 사함을 받는다"고 하였다(43절). 모든 사람들, 즉 유대인이나 이방인 모두 다 죄인이다. 모든 사람은 회개와 복음을 필요로 한다. 오직 예수의 이름을 통해 사람들은 죄 사함을 얻을 수 있다. 베드로는 죄와 구원의 복음에 관하여 설교하였다. 베드로의 설교에는 다음과 같은 특징들이 있다.

1. 성경을 인용하였고 삶의 필요에 적용하였다.
2. 메시지는 예수 그리스도의 복음이었다.
3. 죄의 문제를 정직하게 직면하게 했다.
4. 사람들에게 하나님께 순종할 것을 요구하였다.

평신도 지도자들의 설교

예루살렘교회는 스데반과 빌립을 평신도 지도자로 뽑았다. 그들이 우선해야 하는 일은 과부들에게 음식을 분배하는 일이었다. 이 두 사람은 모든 그리스도인이 예수 그리스도의 대사라는 사실을 인식하였고, 따라서 주께서 기회를 주시는 대로 복음을 전파하였다.

스데반은 담대하게 복음을 전했으나 결국 체포되어 죽임을 당하고 말았다. 사도행전 7장 2-53절에는 유대인의 산헤드린 공회(최고법정) 앞에서 스데반이 한 설교가 기록되어 있다. 청중들이 구약성경에 관하여 해박한 지식을 가진 종교지도자들이었기에 스데반은 이스라엘을 향하신 하나님의 역사를 회고함으로 설교를 시작했다. 그는 구약성경을 인용하였으며(행 7:2-38), 산헤드린 공회에 이스라엘의 불순종(39절)과 우상숭배(40-43절)의 죄를 상기시켜 주었다.

선지자들의 말을 인용해 스데반은 말했다. "목이 곧고… 너희가 항상 성령을 거스려 너희 조상과 같이 너희도 하는도다"(51절). 스데반은 "의인"이신 예수를 죽인 것과 그들 스스로 하나님께 받았다고 주장하는 율법에 불순종한 것에 대해 그들을 책망하였다(52-53절). 스데반이 영광 중에 계신 그리스도가 보인다고 선포하자 군중들은 분개하였다. 그들은 스데반을 "성밖에 내치고 돌로 쳤다"(58절).

스데반은 그의 메시지를 끝낼 수 없었다. 죄에서 돌이켜 그리스도의 용서를 받아들여야 한다는 그의 제안은 무산되었다. 군중들은 스데반이 복음을 전하기도 전에 이미 자신들의 결정을 내렸던 것이다(행 6:9-14). 그들은 단지 자신들의 반대의사를 표현할 꼬투리를 잡으려고 설교를 들었던 것이다. 스데반의 마지막 말은 자기를 죽이는 자들을 위한 기도였다. "주여, 이 죄를 저들에게 돌리지 마옵소서"(60절). 용서로 가득한 그의 마음과 용기 있는 죽음은 그가 전한 복음과 그가 따랐던 주님을 믿는 그의 믿음을 증거하는 것이었다.

예루살렘에 사는 그리스도인들에 대한 핍박은 스데반의 죽음 이후에 발발했다. 빌립을 포함하여 많은 그리스도인들이 그 도시에서 도망하였다. "빌립은 사마리아성으로 내려가 그리스도를 백성에게 전파했다"(행 8:5). 빌립의 설교는 사도행전에 기록되지 않았으나 그가 전한 내용은 기록되어 있다. "빌립이… 하나님 나라와 및 예수 그리스도의 이름에 관하여 전도함을 저희가 믿고…"(행 8:12). 그의 청중들은 복음을 믿었고 그의 초청에 응답하여 결단을 내린다. 빌립이 에디오피아 관료를 만났을 때에도 그는 성경에 능한 설교자로 등장하게 된다(행 8:26-34).

스데반과 빌립은 기쁜 마음으로 복음을 전하는 용기 있고 믿음이 충만한 평신도 지도자들이었다. 그들은 성경을 인용하여 메시지를 전했으며 죄의 존재와 힘을 규명하였다. 그들은 그리스도 안에 있는 구원의 복음을 제시하였다. 또한 사람들이 결단하도록 요청하였다.

바울의 설교

핍박자였던 바울은 설교자로 변하여 효과적으로 복음을 전했다. 이제 그의 설교 두 편을 검증해 보자. 한 편은 유대인의 회당에서 행해졌고(행 13:16-41) 또 다른 한 편은 철학자들과 지식인들이 모이는 옥외 회합장에서 이뤄졌다(행 17:22-31). 각 메시지의 접근법은 청중에 따라 적절하게 바뀌었으나 근본적인 특징은 두 편 모두가 동일하였다.

유대인의 회당에서 한 바울의 설교는 이스라엘의 역사로 시작되었다(행 13:16-22). 이 접근법은 청중의 이해와 올바른 인식을 얻어냈다. 바울은 예수께서 어떤 역사적 연관성을 지니고 있는지 알려주고 싶어했다. "하나님이 약속하신 대로 이 사람(다윗)의 씨에서 이스라엘을 위하여 구주를 세웠으니 곧 예수라"(행 13:23). 바울은 요한의 증거(25절)와 죽으심(27-29절), 그리고 부활(30-37절)을 언급함으로 예수에 대한 몇 가지 사실들을 열거하였다.

바울은 죄의 용서와 하나님과의 새로운 관계를 분명하게 제시하였다. 그는 하나님의 제안을 사람들이 거절하지 않도록 경고하였다. 그의 설교는 개인적인 것을 강조하였다. "그러므로 형제들아 너희가 알 것은 이 사람을 힘입어 죄 사함을 너희에게 전하는 이것이며"(38절). 바울은 각 사람에게 개인적인 초청을 하였다. "믿는 자마다 의롭다 하심을 얻는 이것이라"(39절). 결단을 내려야 하는 것은 개개인의 몫이었다.

바울은 아덴에서는 완전히 다른 청중을 대한다. "바울이 예수와 또 몸의 부활을 전할 때"(행 17:18) 일단의 철학자들과 지적인 우상 숭배자들이 호기심 어린 관심으로 바울의 말을 들었다. 바울은 아덴의 언덕에서 설교하도록 초청을 받는다. 그곳에서 당시 아덴의 사람들과 방문중인 외국인들은 "가장 새로 되는 것"(21절)에 관해 자주 토론하였다. 바울의 메시지는 모든 사람과 더불어 교제하기를 원하시는 창조주요, 안내자이시며, 아버지 되시는 하나님이 그 중심에 자리잡고 있다. "금이나 은, 혹은 돌에다 새긴" 신들을 가지고 있는 그들에게 그것은 새로운 계시였다(29절). 그는 철학자들과 "모든 곳에 있는 모든 사람들"에게 회개를 촉구했다(30절). 바울은 온 세상이 부활의 주이신 그리스도와 마주 대할 심판날에 대해 그들에게 경고하였다(31절).

이곳에서 바울의 메시지는 더욱 일반적이다. 그는 이성에 호소하였으며 그런 이후에는 그들의 마음에 말할 수 있었다. 스데반의 새로운 설교는 예수에 대해 전혀 들어본 적이 없고 구약성경에 대해서도 전혀 아는 바가 없는 군중에게는 적합치 않았다. 그러나 바울이 이렇게 복음을 전파하자 "몇 사람이… 믿었다"(34절). 바울은 그들에게 죄와 회개의 필요성을 일깨워주었다. 그는 복음을 전했고 몇 사람이 받아들였다.

베드로, 스데반, 빌립, 바울, 이들은 초대교회 지도자들 중 겨우 소수에 불과하다. 그러나 그들의 설교는 본보기가 되며 아마도 다른 사람들의 전형적인 설교의 모습이 되었을 것이다. 이와 같은 신약성경의 설교들은 아래와 같은 공통점을 갖고 있다.

1. 성경을 인용하였고 삶의 필요에 적용하였다.
2. 메시지는 예수 그리스도의 복음이었다.
3. 죄의 문제를 정직하게 직면하게 했다.
4. 사람들에게 하나님께 순종할 것을 요구하였다.

예수의 설교는 제자들의 설교의 모델이 된다. 당신이 준비하는 설교도 이러한 신약성경에 나타난 설교의 특징들을 포함해야만 한다.

참고와 적용

전쟁신의 언덕(Mars Hill)에서 행해진 바울의 설교에 대해 더 알고 싶으면 레이몬드 베일리의 「설교자 바울」(*Paul the Preacher*)을 참고하라.

제3장

오늘날 설교가 왜 중요한가?

효과적인 성경적 설교는 설교가 필수적인 것이라고 확신하는 설교자로부터 나온다. 왜 오늘날 우리 시대에도 설교가 있어야만 하는가? 많은 사람들이 설교가 필요하다고 생각지 않는다. 설교의 필요성을 부인해 온 사람들은 항상 있었다. 바울은 전도가 "멸망하는 자들에게는" 미련한 것이라고 말했다(고전 1:18). 불행하게도 어떤 사역자들은 설교를 별로 대단치 않게 생각한다. 사역을 준비하는 한 학생이 이렇게 말했다. "저는 설교는 필요악이라고 생각합니다. 설교라면 저는 피하고 싶은 심정입니다."[1] 어떤 목회자들은 설교가 중요하지 않다고 확신하기 때문에 준비하는 데 시간을 거의 들이지 않는다. 어떤 때는 성도들이 목사에게 너무나 많은 일들을 요구하기 때문에 목사가 설교를 준비할 시간을 충분히 갖지 못한다. 설교야말로 자신의 가장 중요한 사역이라고 믿는 설교자만이 가장 효과적인 설교를 한다.

모든 설교자는 설교의 중요성에 자신을 헌신해야 한다. 강단에서 불확실성을 제거하라. 성경은 최소한 설교를 해야 하는 네 가지 이유를 제시해 준다. (1) 하나님이 자신을 계시하시는 기회, (2) 예수의 모범과 명령, (3) 초대교회 성도들의 모범, (4) 사람들의 필요이다. 이러한 이유를 깨닫게 될 때 당신은 설교에 대해 더욱 더 헌신하게 될 것이다.

하나님이 자신을 계시하시는 기회

클라이드 팬트(Clyde Fant)는 "설교는 하나님이 이스라엘에게… 그리스도 안에서… 사도들과 선지자들에게… 하신 것이기에 계속되는 것이다"고 썼다.[2] 하나님은 매우 개인적인 방법으로 자신을 알리신다. 설교를 통해 하나님은 자신을 계속해서 계시하신다. 로버트 마운스(Robert Mounce)는 "계시와 설교는 동일한 성격을 지닌다. 우리는 말하기를 하나님은 그분의 행위를 통해 자신을 계시한다고 했다. 그리고 그리스도 예수 안에서 하나님의 구속행위야말로 바로 '케리그마'(kerygma)의 중심이 아닌가? 이 절대적으로 중요한 지점에서 계시와 설교는 하나가 된다. 선포는 곧 계시인 것이다."[3]

성경의 두 번째 문단은 "하나님이 가라사대"(창 1:3)로 시작된다. 성경의 마지막 문단은 하나님께서 말씀하시는 것으로 끝난다. "내가 진실로 속히 오리라"(계 22:20). 하나님은 말씀하심으로 자신을 계시하신다. 그래서 설교를 통해 하나님은 계속해서 자신을 계시하시는 것이다.

구약성경은 모든 민족들에게 자신의 메시지를 알리기 위해 이스라엘을 통하여 세상에서 일하시는 하나님의 모습을 역사적으로 기록하고 있다. 선지자들의 선포를 통해 주님은 자신의 뜻을 알리셨다. 하나님께서 말씀하심으로 자신의 뜻을 성경에서 나타내신 경우들을 살펴보자.

- 하늘이여 들으라 땅이여 귀를 기울이라 여호와께서 말씀하시기를 내가 자식을 양육하였거늘 그들이 나를 거역하였도다(사 1:2)
- 여호와께로부터 예레미야에게 임한 말씀이라 가라사대(렘 11:1)
- 예레미야가 모든 백성에게 그들의 하나님 여호와의 말씀 곧 그들의 하나님 여호와께서 자기를 보내사 그들에게 이르게 하신 이 모든 말씀을 다 말하매(렘 43:1)
- 여호와의 말씀이 또 내게 임하여 가라사대(겔 12:1)
- 여호와께서 비로소 호세아로 말씀하시니라 여호와께서 호세아에게 이르시되 너는 가서 음란한 아내를 취하여 음란한 자식들을 낳으라 이 나라가 여호와를 떠나 크게 행음함이니라(호 1:2)
- 여호와께서 브두엘의 아들 요엘에게 이르신 말씀이라(욜 1:1)
- 이스라엘 자손들아 여호와께서 너희를 쳐서 이르시는 이 말씀을 들으라 애굽 땅에서 인도하여 올리신 온 족속을 쳐서 이르시기를(암 3:1)
- 너희는 여호와의 말씀을 들을지어다 내게 이르시기를 너는 일어나서 산 앞에서 쟁변하여 작은 산으로 네 목소리를 듣게 하라 하셨나니(미 6:1)
- 다리오 왕 이년 유월 곧 그 달 초하루에 여호와의 말씀이 선지자 학개로 말미암아 스알디엘의 아들 유다 총독 스룹바벨과 여호사닥의 아들 대제사장 여호수아에게 임하니라 가라사대(학 1:1)
- 만군의 여호와의 말씀이 임하여 이르시되 만군의 여호와가 말하노라 내가 시온을 위하여 크게 질투하며 그를 위하여 크게 분노함으로 질투하노라(슥 8:1-2)

성경적 설교는 구약의 예언과는 다르지만 둘 다 하나님께서 말씀하심으로 자신을 계시하심을 보여준다. 우리는 하나님께서 말씀하심으로 자신을 계시하시기로 작정하셨기 때문에 오늘날도 설교한다.

말은 부적절할 때가 많다. 어떤 젊은이가 그의 미래 신부에게 자신이 그녀를 얼마나 사랑하는지를 완전히 정확한 말로 표현할 수 있을까? 하나님은 말씀하셨지만 그것으로 충분하지 않으셨기 때문에 "말씀이 육신이 되어 우리 가운데 거하시매 우리가 그 영광을 보니 아버지의 독생자의 영광이요 은혜와 진리가 충만하였다"(요1:14). 예수는 세상을 향하신 하나님의 사랑과 용서의 메시지였다. 히브리서는 하나님의 계시에 관해 더 많은 것을 말해 준다.

> 옛적에 선지자들로 여러 부분과 여러 모양으로 우리 조상들에게 말씀하신 하나님이 이 모든 날 마지막에 아들로 우리에게 말씀하셨으니 이 아들을 만유의 후사로 세우시고 또 저로 말미암아 모든 세계를 지으셨느니라(히 1:1-2)

주는 세상에서 선지자들을 통해 자신을 계시하셨다. 하나님의 충만하시고 완전하신 말씀은 예수이시다. 당신이 그리스도에 관해 설교한다면 하나님은 계속해서 사람들에게 말씀하실 것이다. "설교는 하나님에 관해 말하는 것이 아니다. 그것은 하나님이 말씀하시도록 하는 것이다."[4] "하나님이 우리로 너희를 권면하시는 것같이"(고후 5:20) 하나님은 설교를 통해 자신을 계시하신다.

예수의 모범과 명령

예수께서 말씀하셨다. "아버지께서 나를 보내신 것같이 나도 너희를 보내노라"(요 20:21). 그의 사명은 무엇이었는가? 그는 우리에게 "내가 다른 동네에서도 하나님의 나라 복음을 전하여야 하리니 나는 이 일로 보내심을 입었노라"(눅 4:43)고 말씀하신다. 예수는 그의 사명을 충실하게 완수하셨다 "예수께서 온 갈릴리에 두루 다니사… 천국 복음을 전파하시며…"(마 4:23). 예수의 모범은 오늘날에도 설교가 왜 계속되어야 하는지에 대한 충분한 이유가 된다.

> 하나님의 독생자를 신뢰하는 모든 자
> 마음에 이 귀한 보배를 가진 자는
> 하나님이 세상을 이처럼 사랑하사 독생자를 주신 사실을
> 모든 사람에게 전할 방법들을 찾아야 한다.[5]

그리스도를 알리는 데는 교회의식과 사랑의 수고를 포함하여 많은 방법들이 있지만 우리는 예수께서 모범을 보이신 대로 설교에 최우선 순위를 두어야 한다.

설교는 또한 예수께서 그것을 명령하셨기 때문에 계속되어야 한다. "그리스도와 함께 있게 하시고 또 보내사 전도도 하게 하시기"(막 3:14) 위해 열두 제자를 뽑으셨다. 예수는 "그들에게 능력과 권세를 주셔서… 하나님 나라를 전파하도록 내어보내셨다"(눅 9:1-2). 동일한 사명이 교회에게도 주어졌다. 그리스도는 "또 그의 이름으로 죄 사함을 얻게 하는 회개가 예루살렘으로부터 시작하여 모든 족속에게 전파될 것이 기록되었으니 너희는 이 모든 일의 증인되라"(눅 24:47-48)고 명령하셨다. 베드로는 그리스도께서 "우리를 명하사 전도하게 하셨다"(행 10:42)고 말했다. 초기에 당국자들은 베드로에게 "도무지 예수의 이름으로 말하지도 말고 가르치지도 말라"(행 4:18)고 명령했다. 그러나 베드로는 그리스도의 명령에 순종했다. 오늘날 그것도 하지 못할 설교자가 있겠는가?

초대교회 성도들의 모범

신약의 교회가 되기 위해서 주님의 몸된 신자들은 신약성경의 모

범을 좇아야 한다. 초대교회 성도들은 설교를 강조했다. 믿음과 사랑의 교제 안에서 복음을 전파하는 것은 날마다 교회에 구원받는 수를 더하는 결과를 가져왔다(행 2:47). 주님은 이러한 초대교회 성도들의 수고를 축복해 주셨다. 그리스도의 적들은 설교를 교회의 가장 중요한 성장수단으로 보고 설교를 중단시키려 했다. 그들은 "백성을 가르침과 예수를 들어 죽은 자 가운데서 부활하는 도 전함을 싫어했다"(행 4:2).

교회 성도들은 지도자들이 담대하게 복음을 전하는 자가 되도록 기도하였다. "주여 이제도… 종들로 하여금 담대히 하나님의 말씀을 전하게 하여 주옵소서"(행 4:29).

사도들은 교회가 교회의 협력자들을 뽑도록 지도하고 자신들은 더 많은 시간을 설교하는 데 사용하도록 하였다. 일곱 명의 집사가 교회의 책임을 맡았고 사도들은 "기도와 말씀 전하는 것에" 전무하였다(행 6:4). 그러나 집사들도 설교하였다! 이렇게 사역을 분담하자 놀라운 결과들이 속출하였다. "하나님의 말씀이 점점 왕성하여… 제자의 수가 더 심히 많아지고…"(행 6:7). 복음전파가 교회의 가장 중요한 위치를 차지하면 교회는 자라게 되어 있다.

핍박으로 인해 예루살렘에서는 예배와 회중모임이 무산되었다. 제자들은 사방으로 흩어졌으나 교회의 우선 사역은 계속되었다. "그 흩어진 사람들이 두루 다니며 복음의 말씀을 전할새…"(행 8:4). 설교는 장소를 물론하고 모든 곳에서 행해질 수 있다. 설교는 건물도 그리고 예산도 필요로 하지 않는다. 종종 교회들은 복음을 전하는 것보다 프로그램을 더 강조한다. 초대교회의 프로그램은 복음을 전하는 것이었다. 오늘날에도 강력한 교회들은 설교를 최우선 순위로 여기는 초대교회 성도들의 모범을 따른다.

사람들의 필요

왜 우리 시대에도 계속해서 설교가 있어야 하는지를 설명해 주는 마지막 이유는 사람들의 필요 때문이다.

> 누구든지 주의 이름을 부르는 자는 구원을 얻으리라 그런즉 저희가 믿지 아니하는 이를 어찌 부르리요 듣지도 못한 이를 어찌 믿으리요 전파하는 자가 없이 어찌 들으리요(롬 10:13-14)

> 설교는 잃어버린 세상을 찾아가는 데 가장 중요한 위치를 차지한다. 주님은 구원을 주시지만 이를 듣는 개인들이 예수 그리스도를 신뢰해야만 한다. 그분에 관해 알기 전에는 그들은 결코 그분을 신뢰할 수 없다. 설교는 사람들에게 예수에 관해 말해 주며 그들에게 구원의 기회를 제공해 준다. "그러므로 믿음은 들음에서 나며 들음은 그리스도의 말씀으로 말미암았느니라"(롬 10:17)

하나님은 죽어가는 세상에 생명의 말씀을 주시는 가장 중요한 방법으로 설교를 선택하셨다. 목사는 교회에서 행하는 목회사역 중에 설교를 밑부분에 놓아서는 안 된다. 주님은 당신의 설교를 사용하여 잃어버린 영혼들에게 예수 그리스도의 구원의 지식을 전해 주길 간절히 바라신다. 설교는 설교자가 잃어버린 영혼들이 죽어가고 있다는 사실을 인식할 때 긴박성을 띠게 된다. 찬송가의 한 가사에는 모든 설교자가 복음을 전할 때 기억해야만 하는 사실이 잘 표현되어 있다.

> 형제여, 당신 주변에 있는 불쌍한 죄인들을 보시오
> 그들은 멸망의 언저리에서 잠자고 있소
> 죽음이 몰려오고 지옥은 움직이오
> 그대는 그들이 그대로 가도록 내버려둘 작정이오?[6]

왜 오늘날에도 설교는 계속되어야만 하는가? 성경은 이에 대해 최소한 네 가지의 이유를 제시한다. (1) 하나님이 자신을 계시하시는 기회, (2) 예수의 모범과 명령, (3) 초대교회 성도들의 모범, (4) 사람들의 필요가 바로 그것이다. 설교자가 복음을 선포할 때 주 하나님은 잃어버린 인류에게 그리스도 안에서 자신을 계시하신다. 예수는 우리에게 복음을 선포하도록 명령하셨고 그것을 어떻게 선포할 것인가를 보여주는 가장 훌륭한 모범이 되셨다. 초대교회 성도들의 성공적인 예를 통해 모든 목사들과 교회는 용기를 얻어 오늘날에도 설교를 가장 중요한 것으로 여겨야 한다.

참고와 적용

해든 로빈슨(Haddon W. Robinson)의 저서「성경적 설교」(*Biblical Preaching*)의 "강해설교를 위한 예"를 읽으라.

제2단원

설교자로서의 준비

주님께서 자신의 무오한 말씀의 선포를 우리 같은 사람들에게 맡기시다니 얼마나 위험한 일인가! 바울은 하나님의 말씀이 방해를 받는 것을 원치 않았기에 "주의 말씀이 너희 가운데서와 같이 달음질하여 영광스럽게 되도록"(살후 3:1) 자신의 친구들에게 자신을 위해 기도해 달라고 부탁했다. 설교자에 의해 말씀이 훼방을 받을 수 있기 때문에 설교준비에 있어서 중요한 부분은 설교자 자신을 준비하는 것이다.

하나님은 우리를 여러 면에서 준비시키신다. 삶 속에서 우리는 설교자로 준비되어간다. "우리가 알거니와 하나님을 사랑하는 자 곧 그 뜻대로 부르심을 입은 자들에게는 모든 것이 합력하여 선을 이루느니라"(롬 8:28). 주께서는 고통과 기쁨의 인생경험을 통해서 우리를 준비시키신다. 오랜 동안 달라스제일침례교회의 담임목사였던 조지 트루엣(George W. Truett)은 사냥을 하다가 사고로 자신의 교회 성도 한 사람을 쏴 죽였다. 그의 설교를 계속 들었던 사람들은 그의 설교에 나타난 현저한 변화를 목격하였다. 그 일이 있은 뒤 트루엣은 이전보다 훨씬 많은 긍휼과 긴박성을 가지고 설교하는 것처럼 보였다. 주님은 지혜로운 친구들과 더욱 강한 그리스도인들을 통해 설교자를 격려하며 준비시키신다. 하나님께서 모세를 이스라엘의 지도자로 준비시키실 때 모세가 오랜 세월 기다려야만 했듯이 하나님은 어떤 이들에게는 기다리는 시간을 통해 그들을 준비시키신다. 하나님께서는 인생의 많은 경험을 통해 자신의 설교자들을 준비시키신다.

설교자는 주님과의 개인적인 만남 속에서 준비된다. "그리스도 안에서" 자라가는 삶이 설교를 준비하는 최선의 길이다. 어떠한 설교자도 먼저 주님의 음성을 듣고 대화하지 않으면 다른 사람에게 설교할 준비가 된 것이 아니다.

하나님은 우리가 서재에서 설교를 준비하도록 하신다. 설교준비는 실제적인 사역이다. 그것은 연구라는 훈련을 포함한다. 하나님의 말씀은 사람들이 이해할 수 있는 방법으로 해석되고 그들에게 전달되어야 한다. 연구 이야기를 하자면 "마음은 원이로되 육신이 약하다"(마26:41). 우리는 연구하지 않는 이유에 대해 쉽게 변명한다. 그러나 효과적으로 성경적 설교를 하려면 많은 연구가 필요하다는 사실을 기억하라.

하나님은 당신께서 설교하도록 부르신 자들을 준비시키신다. 설교자로 준비되는 것은 평생이 걸리는 작업이다. 주님의 준비는 우리가 어떻게 협력하느냐에 달려 있다. 바울의 헌신이 우리의 헌신이 되길 바란다. "내게 능력 주시는 자 안에서 내가 모든 것을 할 수 있느니라"(빌 4:13).

제4장

누가 자격이 있는가?

매주 우리는 신문에서 구인광고를 보게 되는데 보통 필요한 사람의 자격요건이 함께 수록되어 있는 것을 보게 된다. 하나님의 말씀에 능한 설교자가 되기를 원하는 사람들에게는 다섯 가지의 자격요건이 요구된다. 가장 유능한 설교자는 이 모든 자격요건을 다 갖추고 있다.

하나님을 아는 자

하나님은 그리스도의 복음을 전하기 위해 거듭난 사람을 사용하신다. 윌리엄 템플(William Temple)은 "'십자가로 가라'로 말하는 대신에 '십자가로 오라'고 말할 수 있어야 한다"고 말했다. 이렇게 효과적으로 초청할 수 있는 목소리는 오직 둘뿐이다. 하나는 죄 없으신 구세주 예수님의 목소리인데 죄인인 우리는 그런 목소리로 초청하지 못한다. 다른 하나는 자신이 용서받았다는 것을 아는 용서받은 죄인의 목소리이다. 이것이 우리가 내야 할 목소리다."[1]

사도 요한은 개인적으로 주님을 알았으며 이렇게 선포했다. "태초부터 있는 생명의 말씀에 관하여는 우리가 들은 바요 눈으로 본 바요 주목하고 우리 손으로 만진 바라"(요일 1:1). 잃어버린 죄인이 개인적으로 예수 그리스도를 만날 때 죄인은 회심을 통해 하나님과 화해한다. 일단 화해가 되면 하나님은 우리에게 "화목의 직책"(고후 5:18)을 주신다.

다메섹 도상에서 바울은 그리스도를 만나고 눈이 멀었다. 주님은 그에게 아나니아라는 사람을 보내어 바울의 장래에 대해 지시하셨다. 아나니아는 새롭게 그리스도인이 된 그에게 말했다. "네가 그를 위하여 모든 사람 앞에서 너의 보고 들은 것에 증인이 되리라"(행 22:15). 바울은 그가 회심하던 날 예수께서 하신 말씀을 회상하였다. "내가 네게 나타난 것은 곧 네가 나를 본 일과 장차 내가 네게 나타날 일에 너로 사환과 증인을 삼으려 함이니라"(행 26:16).

법정에서 제시되는 가장 강력한 증거는 신뢰성 있는 사람의 목격 증언이다. 거듭난 사람이 하는 설교는 목격자의 말과 같다. 선교사이며 설교가였던 스탠리 조운즈(E. Stanley Jones)는 처음에 변호사 훈련과정을 거쳤다. 그가 설교자로 첫 출발했을 때 첫 설교를 마치 변호사가 재판정에서 변론을 하듯이 했다. 조운즈는 자신의 이 첫 설교는 실패라고 생각했다. 그는 그 방을 떠나기 전에 간증을 했으며 이를 통해 한 젊은이가 구원을 얻었다. 후에 조운즈는 회고했다. "그 밤은 그리스도인으로서 저의 사역에 일대 변혁이 일어난 날이었습니다. 하나님께서 무가치한 인생에게 어떤 은혜를 베푸셨는가를 말하려면 그리스도인은 하나님을 위해 훌륭하게 변론하는 하나님의 변호사가 아니라 오히려 하나님의 증인이 되어야 한다는 사실을 깨달았습니다."[2] 만일 당신이 당신의 회심에 대해 의심이 생긴다면 믿을 만한 친구나 목회자와 이야기하라. 당신은 "나의 의뢰한 자를 내가 안다"(딤후 1:12)라고 말할 수 있어야 한다.

주님의 소명을 받은 자

누군가가 당신에게 "하나님께서는 언제 당신을 설교자로 부르셨습니까?"라는 질문을 한 적이 있는가? 성경은 "부르심"에 대해 두 가지 의미를 가지고 있다. 하나님의 부르심은 모든 그리스도인들에게 공통된 것이다. 그러나 구체적인 부르심도 있다. 그분은 어떤 사람들은 지도자의 위치로 부르신다.

성경은 하나님께서 각 사람을 부르신다고 가르친다. 믿음으로 반응하는 자를 하나님께서는 의롭다고 하신다(롬 8:30). 하나님은 모든 그리스도인이 그분을 섬기고 그의 증인이 되도록 부르신다. 각 신자는 거룩한 삶을 살도록 부르심을 받는다(살전 4:7). "오직 너희를 부르신 거룩한 자처럼 너희도 모든 행실에 거룩한 자가 되라"(벧전 1:15). 베드로는 또한 하나님께서 우리를 "어두운 데서 불러내어 그의 기이한 빛"(벧전 2:9)으로 부르셨다고 말했다. 모든 그리스도인은 하나님의 부르심을 공유한다. "몸이 하나이요 성령이 하나이니 이와 같이 너희가 부르심의 한 소망 안에서 부르심을 입었느니라"(엡 4:4). 고린도후서 5장 18-20절에 따르면 하나님과 바른 관계를 가진 사람들은 그리스도의 사신이 되어 다른 사람들과 하나님 사이에서 바른 관계를 가지도록 하는 일을 하게 된다. 이처럼 일반적인 부르심은 모든 그리스도인에게 복음을 전하는 기회와 의무를 부여한다.

성경에 나타난 "부르심"의 또 다른 의미는 보다 구체적이다. 하나님은 어떤 사람들을 평생 동안 설교자로, 또 교회지도자로 부르신다. 어느 누구도 하나님이 부르시지 않으면 이러한 직무를 평생의 직업으로 삼을 수 없다. 사역을 포기하고 싶을 때 하나님이 자신을 부르셨다는 인식은 그로 하여금 계속해서 설교자와 목사로 일하게 만든다. 로버트 마운스는 "이러한 하나님의 강권하심이 없이 효과적인 전도는 일어날 수 없다. 종교적인 개념만을 전달할 때 진정한 설교란 있을 수 없다"고 말했다.[3]

모세는 하나님의 부르심을 받았다. "이제 내가 너를 바로에게 보내어 너로 내 백성 이스라엘 자손을 애굽에서 인도하여 내게 하리라"(출 3:10). 모세는 하나님께서 왜 자신을 택하셨는지 이해할 수 없었기 때문에 항의하였다. 하나님은 모세를 택하신 이유를 전혀 말해 주시지 않았지만 한 가지 놀라운 약속을 하셨다. "내가 정녕 너와 함께 있으리라"(출 3:12).

하나님은 목자요 농부였던 아모스를 부르셨다. "주 여호와께서 말씀하신즉 누가 예언하지 아니하겠느냐"(암 3:8). 아모스는 하나님께서 목자이며 농부인 자기를 부르서서 사용하신다는 사실에 놀라움을 금치 못했다(암 7:14-15). 하나님은 다른 배경과 능력을 가진 개인들을 부르신다. 그분은 복음을 전하고 교회를 가장 잘 이끌 사람들을 알고 계시다.

이사야는 웃시야왕이 죽던 해에 온 나라가 애도하는 가운데 하나님의 부르심을 경험한다(사 6:1). 온 땅은 격변하였으며 지도자들을 필요로 하였다. 하나님은 물으신다. "내가 누구를 보내며 누가 우리를 위하여 갈꼬." 이사야는 자신이 가겠다고 제안했고 하나님은 "가서 이 백성에게 이르라"(사 6:9)고 말씀하심으로 응답하셨다. 하나님께서 당신으로 하여금 이 세상과 교회지도자들이 가지고 있는 필요가 무엇인지 보도록 하셨는지 모른다. 당신은 자신을 드렸다. 하나님이 당신을 불러 사역지로 보내셨는가?

하나님은 예레미야가 태어나기도 전에 그를 택하셨다고 그에게 말씀하셨다! "내가 너를 복중에 짓기 전에 너를 알았고 네가 태에서 나오기 전에 너를 구별하였고 너를 열방의 선지자로 세웠노라"(렘 1:5). 설교자로 부르심을 받은 많은 자들이 예레미야처럼 자신들은 말할 줄 모른다고 항의했다. 하나님이 부르시는 사람은 예레미야의 약속을 함께 받는다. "…두려워 말라 내가 너와 함께하여 너를 구원하리라… 보라 내가 내 말을 네 입에 두었노라"(렘 1:8-9).

제자들도 부르심을 받았다(막 3:13-15). 그들은 그리스도가 택하신 자들이었고 "그분이 원하신 자들"이었다. 그들은 "주께서 지명하셨기" 때문에 섬겼고 "그들로 복음을 전하게 하기 위해서" 주님은 지명하셨다.

바울은 "내 어머니의 태로부터 나를 택정하시고 은혜로 나를 부르신 이가 그 아들을 이방에 전하기 위하여 그를 내 속에 나타내시기를 기뻐하셨다"(갈 1:15-16)라고 썼다. 그는 설교에 대해 강력한 의무감을 느꼈다. "만일 복음을 전하지 아니하면 내게 화가 있을 것임이로라!"(고전 9:16). 혹독한 핍박과 많은 교회의 문제들도 바울이 복음 전하는 것을 중단시키지는 못했다. 하나님께서 그를 부르셨기 때문이었다.

나의 신학대학원 교수이자 상담가였던 클라이드 프랜시스코(Clyde Francisco) 박사가 언젠가 나에게 이렇게 말한 적이 있었다. "하나님께서 당신이 설교하도록 부르셨습니까? 그렇다면 설교하십시오. 그 중심되는 사역에서 벗어나지 않도록 어떤 방해물도 용납하지 마십시오." 모든 그리스도인이 복음을 전하지만 오직 하나님이 부르신 자들만이 일생 동안 설교를 한다. 하나님은 어떤 이들을 "목사와 교사로 부르시며 성도를 온전케 하며 봉사의 일을 하게"(엡 4:11-12) 하신다.

주를 따르는 자

주님은 생명의 주 되신 그리스도를 따르고 교회를 섬기며 말씀을 전파하기 위해 설교자를 따로 부르고 세우신다. 유능한 설교자는 교회와 성경과 주 예수께 헌신해야 한다. 에베소에서의 바울의 경험을 통해 우리는 헌신된 제자도에는 이러한 세 가지 차원의 헌신이 있음을 알게 된다. 바울은 교회에 헌신했다. 하나님은 교회를 통해 "…하나님의 각종 지혜를 알게 하려 하셨으니 이것은 곧 영원부터 우리 주 그리스도 예수 안에서 예정하신 뜻대로 하신 것이다"(엡 3:10-11). 주님은 설교자가 교회를 세우는 일에 헌신하기를 원하신다. 양들을 분열시키고 그들에게 고통을 주고 상처를 입히고 그들을 쫓아내는 설교는 교회 헌신의 차원에서 위배된다.

사도행전 20장 18-25절은 에베소교회의 지도자들에게 한 바울의 고별설교를 기록하고 있다. 그것은 하나님의 사람들로 구성된 교회를 향한 설교자의 사랑을 영감 있게 보여주는 예이다. 바울은 지도자들에게 "하나님이 자기 피로 사신 교회를 치게 하셨음을" 알림으로 격려하였다(28절). 바울은 교회의 장래(29-31절)와 영적인 성장(32절)에 대해 우려를 표했다. 바울과 지도자들은 무릎을 꿇고 함께 기도했다. "다 크게 울며 바울의 목을 안고 입을 맞췄다"(37절). 이 장면은 사도 바울과 그가 3년 동안 섬겼던 교회와의 친밀한 관계를 잘 보여준다. 주님을 따른다는 것은 항상 하나님의 사람들과 사랑의 관계를 갖는다는 것과 교회를 세우는 것을 포함한다.

하나님께서 설교자를 사용하시는 데는 하나님의 말씀에 헌신하는 것이 필수적이다. 바울의 에베소 사역은 하나님의 말씀을 강조한 것이다. 그는 모든 유대인과 이방인들 모두가 "하나님께 대해 회개하고 우리 주 예수 그리스도를 믿어야 한다"(행 20:21)고 설교했다. "하나님의 나라를 전파"하는 것이 그의 가장 중요한 일이었기에 그는 교회를 떠나면서 이렇게 말했다. "나는 꺼리지 않고 하나님의 뜻을 다 너희에게 전하였음이라"(27절).

설교에 대한 부르심은 성령에 감동된 하나님의 말씀을 전하라는 부르심이다. 하나님은 모든 설교자에게 디모데에게 주신 명령으로 말씀하신다. "너는 말씀을 전파하라 때를 얻든지 못 얻든지 항상 힘쓰라 범사에 오래 참음과 가르침으로 경책하며 경계하며 권하라"(딤후 4:2). 사도들은 이차적인 일들이 말씀전파에 전무하는 것을 방해하는 것을 허락하지 않았다(행 6:4).

하나님의 말씀에 대해 헌신한다는 것은 설교자가 정기적으로 성경을 연구함을 뜻한다. 스펄전(C. H. Spurgeon)은 "성경의 바로 그 중심으로 파고들어 마침내… 당신의 영혼이 주의 말씀의 향기로 가득해지고… 성경의 정수가 당신을 통해 흘러넘치게 되는 것은 진정한 축복입니다"라고 썼다.[4]

설교자의 최고의 헌신은 주 예수 그리스도께 대한 것이다. 우리는 교회나 성경을 경배하지는 않는다. 그리스도는 교회를 세우셨고 성경을 성취하신 분이다. 그리스도는 교회의 머리시며(골 1:18) 마땅히 전파해야 할 메시지의 중심이시다(골 1:28). 바울은 "예수 그리스도와 그의 십자가에 못박히신 것 외에는 아무것도 알지 않기로"(고전 2:2) 작정하였다. 그래서 "그분이 만물의 으뜸"(골 1:18)이 되게 했다.

에베소에서 바울은 주님을 섬겼다(행 20:19). "결박과 역경"에 관해 경고를 받았어도 그는 충성되이 일했다. "나의 달려갈 길과 주 예수께 받은 사명 곧 하나님의 은혜의 복음증거하는 일을 마치려 함에는 나의 생명을 조금도 귀한 것으로 여기지 아니하노라"(행 20:24). 그리스도는 설교자의 삶에 가장 중요한 분이 되어야 한다. 그러한 헌신이 없이는 하나님의 뜻에 헌신하지 못한 사람들에게 근본적인 영향력을 미칠 수 없다. 당신은 삶의 주인이신 그리스도를 따르고 있는가?

하나님은 자신의 설교자들을 따로 세우시고 예수님을 따르도록 하신다. 이것은 교회를 사랑하고 섬기며 충성되이 하나님의 말씀을 선포한다는 헌신을 담고 있다.

주님처럼 사는 자

그리스도인의 성품은 그리스도를 생명의 주로 따른 데서 오는 결과이다. 성령의 열매는 순종하는 삶에서 자라간다(갈 5:16-24). 성령과 우리의 죄성은 "서로 반대되기 때문에"(갈 5:17) 이러한 성장과정은 장애에 부딪힌다. 우리는 먼저 성장하려는 의지를 가져야 하며 성령께서 성령의 열매를 맺으시도록 해야만 한다. 예수 그리스도를 닮은 삶을 살아가기 위해서는 매일의 결단이 반드시 필요하다.

주님은 그분의 일을 하실 때 죄지을 가능성이 있는 사람을 사용하는 위험을 감수하신다. 바울은 보화를 담은 "질그릇"에 우리를 비유하였다. 질그릇은 쉽게 깨질 수 있다. 설교자도 죄를 지을 수 있다. 하나님은 여전히 "능력의 심히 큰 것이 하나님께 있고 우리에게 있지 아니함"을 드러내시기 위해 우리를 사용하시기로 선택하신다(고후 4:7).

성경은 교회 지도자들의 행실과 성품에 대해 높은 기준을 설정해 놓는다(딤전 3:1-7; 벧전 5:1-4). 모든 삶의 관계는 진정 그리스도인다워야 하며 "책망할 것이 없어야" 한다. 그리스도인답지 않은 모든 행동, 말, 혹은 태도는 설교자로 하여금 "비방과 마귀의 올무"(딤전 3:7)에 빠지게 한다.

연극배우는 실제로는 자기가 아닌 배역을 연기한다. 연극배우는 헬라어로 '히포크리테스'(hypokrites), 즉 위선자(hypocrite)라는 영어의 어원과 일치한다. 예수의 경고와 심판의 말 중 가장 강한 것은 위선자들을 향한 것이었다(마 6:2-16; 23:13-27). 하나님의 말씀은 위선자가 설교함에도 불구하고 역사한다. 그러나 신실치 못한 설교자의 실상이 드러나면 종종 그의 사역의 열매는 실망스럽고 비난받는 맥빠진 것이 되고 만다. 설교자는 순수하게 그리스도인다운 성품을 지녀야 한다. 그리스도처럼 살라. 그리고 당신이 설교하는 대로 행하라.

주님과 교제하는 자

그리스도와 함께 지속적으로 경건한 교제를 경험하게 되면 설교자로서의 당신의 삶은 깊어지고 당신은 더욱 쓰임받는 사람이 된다. 예수께서 "저가 내 안에 내가 저 안에 있으면 이 사람은 과실을 많이 맺나니"(요 15:5)라고 말씀하셨다. 매일 드리는 기도와 개인적인 성경공부는 이러한 필요를 채우는 데 도움을 준다. 바운즈(E. M. Bounds)는 "설교란 한 시간짜리 공연이 아니다. 그것은 생명이 흘러나가는 통로이다"라고 말했다. 존 스토트(John R. Stott)도 "마음의 준비가 설교준비보다 훨씬 더 중요하다"고 썼다.[5]

당신이 기도를 통해 준비되지 않는다면 당신은 아직도 설교할 준비가 되어 있지 않은 것이다. 그러므로 기도를 통해 스스로를 준비시키라. 사도들은 자신을 기도에 전념하기 위해 드렸다(행 6:4). 기도 없는 설교는 단순한 종교적 담화가 되고 만다. 예루살렘교회는 기도했으며 "무리가 다 성령이 충만하여 담대히 하나님의 말씀을 전했다"(행 4:31). 열정적인 기도와 주님과 나누는 영적인 교제는 설교자로 하여금 하나님의 능력을 맛보게 해준다. 일 주일에 한두 편의 설교를 전해야만 하는 설교자는 종종 설교준비를 위해 성경을 연구한다. 자기 자신의 필요를 위한 개인기도와 경건시간을 통한 성경연구는 간과되기 쉽다. 그러면 설교자는 곧 힘을 잃고 그리스도와 날마다 개인적으로 만남으로써 생기는 능력을 놓치게 된다.

한 가게 점원이 스코틀랜드의 설교자 피터 마샬(Peter Marshall)을 이렇게 묘사하였다. "그는 하나님을 아는 것 같아요. 그래서 그는 제가 하나님을 더 잘 알도록 도와준답니다."[6] 모세가 산에서 내려왔을 때 그의 얼굴은 하나님의 영광으로 빛났다. 설교를 통해 설교자는 자신이 개인적으로 그리스도와 교제할 때 발견한 하나님의 영광을 투사해야 한다.

지금까지 능력 있는 설교자가 갖춰야 할 다섯 가지 자격요건을 살펴 보았다. 설교자는 (1) 주님을 아는 자여야 하고, (2) 그분의 부르심을 받은 자여야 하며, (3) 우리 주 그리스도를 따라 교회를 충성되이 섬기고 성경을 선포하며, (4) 그리스도를 닮아가는 삶을 살고, (5) 그리스도와의 지속적인 개인적 교제를 풍성케 해야 한다.

참고와 적용

스티븐 올포드(Steven F. Olford)가 쓴 「기름부음이 있는 강해설교」(Annointed Expository Preaching)를 읽어 보라.

제5장

설교자의 권세

종교지도자들이 한번은 예수께 질문을 했다. "네가 무슨 권세로 이런 일을 하느뇨"(마 21:23). 동일한 질문을 당신에게 하겠다. 설교자는 어디에서 설교할 권세를 얻는가? 지방정부는 설교자에게 결혼식을 주례할 자격증을 발행해 주고, 교회들도 "설교자격증"(미국교회에서는 교회에서 설교할 수 있는 사람이라는 증명으로 자격증을 준다 - 역자 주)을 준다. 그러나 이것으로 설교자가 권위를 부여받지는 못한다. 설교의 권위는 하나님께로부터 온다. 본 장에서는 하나님이 설교할 권세를 주시는 세 가지 방법에 내해 상고해 보겠다.

성경은 하나님께서 모든 권위의 주인이며 모든 권세의 근원이 되신다고 가르친다. "권세는 하나님께로 나지 않음이 없다"(롬 13:1).

성육신하신 하나님인 그리스도는 영원한 권세를 가지고 계시다. 그 증거는 그의 사역에서 보여진다. "이는 그 가르치시는 것이 권세 있는 자와 같고 저희 서기관들과 같지 아니함일러라"(마 7:29). 예수는 "더러운 귀신들에게도" 명령했으며 그들은 그분께 순종했다(막 1:27). 예수는 "만민을 다스리는 권세"(요 17:2)를 주장하셨다. 주님은 지금 하늘에서 통치하시며 "천사들과 권세들과 능력들이 저에게 순복한다"(벧전 3:22). 하나님은 모든 권세를 가진 하나님이시며 사람이신 예수에게 그 권세를 나타내 보이셨다.

예수의 광야시험은 능력과 권세를 다루는 사례를 보여준다. 사단은 예수께서 "권세 대신에 능력을 사용하도록" 유혹하였다. 예수께서 돌을 떡덩이로 만든다면 사람들은 주님을 좇을 것이다. 그러나 예수는 "가지고 있는 능력들을 적당히 사용하여" 권세를 얻는 것도 거절하셨다. 주님은 사단에게 절하지 않았으며 현재 있는 능력을 과시하지도 않으셨다. 주님은 성전에서 뛰어내리려 하지도 않으셨다. 레이몬드 베일리가 언급한 대로 "예수께서는 마술과 타협, 그리고 볼거리 제공에 근거한 권세는 거절하셨다."[1]

설교자가 현재 갖고 있는 권세는 무엇이든 하나님께서 주신 것이며 그리스도께 위임받은 것이어야 한다. 그리스도의 청지기로서 설교자라는 직무는 권세를 지닌다. 또한 선포된 말씀은 권세를 더해 준다.

권세 - 그리스도로부터 위임된 것

마가복음 13장 34절에서 예수는 멀리 여행을 떠나는 집주인에 비유된다. 그의 종들은 "권한을 받고 각각 사무를 맡았다." 여기서 "권한"이란 말은 헬라어로 "권세"란 의미이다. 예수께서 재림하실 때까지 교회에서 일하는 우리는 "권한을 받고 각각 사무를 맡은" 자들이다. 설교자들은 그리스도로부터 복음을 선포할 권세를 받았다. 설교는 그리스도께서 다시 오실 때까지 그들이 해야 할 일이다. 설교자는 그리스도를 대표하지만 어떠한 경우에도 그를 대신하려 해서는 안 된다. 궁극적인 권세는 그리스도의 손에 달려 있다. 종들은 집주인이 돌아올 때 그에게 회계(會計)해야만 한다.

예수께서는 열두 제자를 부르셨고 그분은 "그들에게 권세와 능력을 주셨다"(눅 9:1). 그들은 나가서 그분의 권세를 의지하여 말씀을 전했다. 유사한 위임이 그리스도께서 몸으로 승천하시기 바로 직전에 이뤄졌다. "예수께서 나아와 일러 가라사대 하늘과 땅의 모든 권세를 내게 주셨으니 그러므로 [그분의 권세 때문에] 너희는 가서 모든 족속으로 제자를 삼고…"(마 28:18-19).

바울은 자신을 청지기로 여겼다. 청지기는 "한 집안의 책임자였으며 집주인은 그에게 자기 일의 모든 경영을 일임했다. 청지기란 말은 특별히 사역에 있어서 하나님의 말씀을 선포하는 특권을 가진 사람들을 가리킨다."[2] 바울은 이 단어를 고린도서에서 사용하고 있다. "사람이 마땅히 우리를 그리스도의 일꾼이요 하나님의 비밀을 맡은 자(청지기)로 여길지어다 그리고 맡은 자에게 구할 것은 충성이니라"(고전 4:1-2). 이러한 유형의 기독교 사역이 고린도교회에 필요했다. 교회지도자들로 인해 회중 내에 분열이 있었다. 세 사람의 지도자는 은사도 많고 능력 있는 설교자들이었고(고전 1:10-12) 각 설교자의 권세는 그리스도께서 위임하셨다는 사실을 바울은 교회에 상기시켰다. 권세는 쟁취의 대상이 아니라 그리스도의 영광과 교회의 유익을 위해 존중되고 사용되어야만 한다. 일꾼 각 사람은 언젠가 교회의 머리이신 그분을 대면하여 심판을 받게 될 것이다(고전 3:10-15). 청지기로서 설교자는 그리스도께서 그에게 주신 권세를 충성되이 사용해야만 한다.

권세 - 그리스도가 주신 직분

청지기는 집주인이 준 직분 때문에 권세를 가지는 것이다. 다른 종들은 그러한 직임을 가지지 않았으며 책임도 따르지 않는다. 책임이 주어지면 그 일을 수행하기 위해서 권세가 필요하다. 어떤 사람에게 상품을 가득 실은 트럭을 운전할 책임이 주어지면 그에게 트럭을 사용할 권세도 주어진다. 그러나 그가 트럭의 짐을 내린 후에 트럭을 다른 이에게 대여해서 부수입으로 돈을 번다면 그는 무책임한 사람이 될 것이다. 지도자의 위치에 선 목사, 즉 설교자도 하나님의 일을 할 권세를 가진다. 바울은 고린도교인들에게 그가 교회 안에서 갖는 권세에 대해 상기시켜 주었다. "주께서 주신 권세는 너희를 파하려고 하신 것이 아니요 세우려고 하신 것이니…"(고후 10:8).

목사는 "하나님의 일을 위임받은 사람이다"(딛 1:7, NIV의 역자 번역). 여기서 "위임받은"이란 단어는 헬라어 "청지기"란 단어를 번역한 것이다(한글개역은 "청지기"로 번역되어 있다. - 역자 주). 위임을 통해 우리는 목양하고 가르치고 교회를 인도할 권세를 받는다. 이러한 권세를 우리는 어떻게 사용해야만 하는가? 목사는 "제 고집대로 하지 아니하며 급히 분내지 아니하며… 구타하지 아니하며… 오직… 절제하며…"(딛 1:7-8). 베드로도 교회지도자들이 권세를 사용하는 데 있어서 다음과 같은 기준을 제안하였다.

> 너희 중에 있는 하나님의 양무리를 치되 부득이함으로 하지 말고 오직 하나님의 뜻을 좇아 자원함으로 하며 더러운 이를 위하여 하지 말고 오직 즐거운 뜻으로 하며 맡기운 자들에게 주장하는 자세를 하지 말고 오직 양무리의 본이 되라 그리하면 목자장이 나타나실 때에 시들지 아니하는 영광의 면류관을 얻으리라(벧전 5:2-4)

이 말씀이 독재자 같은 지도자를 설명해 주는가? 목자는 권세가 있으나 그것을 사랑 안에서 사용해야 한다. 하나님께서 한 그룹을 지도자에게 맡기실 때 그 지도자는 그들의 주인이 아니다. 오직 그리스도만이 주인이시다.

한번은 제자들 사이에서 그들 무리 중 누가 제일 큰 자인지 논쟁이 붙었다. 예수께서 그들에게 말씀하셨다. "예수께서 이르시되 이방인의 임금들은 저희를 주관하며 그 집권자들은 은인이라 칭함을 받으나 너희는 그렇지 않을지니 너희 중에 큰 자는 젊은 자와 같고 두목은 섬기는 자와 같을지니라"(눅 22:25).

히브리서 13장 17절은 교회지도자들의 권세를 인정한다. "너희를 인도하는 자들에게 순종하고 복종하라 저희는 너희 영혼을 위하여 경성하기를 자기가 회계할 자인 것같이 하느니라 저희로 하여금 즐거움으로 이것을 하게 하고 근심으로 하게 말라 그렇지 않으면 너희에게 유익이 없느니라"(히 13:17). 사람들은 그리스도처럼 인도하는 지도자를 따른다. 목사 또는 설교자도 그가 섬기는 사람들에게서 존경과 충성을 얻어야만 하고 좋은 관계로 더욱 발전해 가야 한다. 목사와 성도들은 서로를 알아가야만 한다. 목사의 신실함이 입증되면 성도들은 그를 더욱 신뢰할 것이다. 목사가 권세를 남용할 때 성도들은 다른 지도자를 찾아 그리스도에게로 눈을 돌릴 권리가 있다. 교회의 지도자는 교회의 확증을 얻어야 한다. 어느 지도자든지 자기를 신뢰하지 않고 따르지 않으려는 사람들을 인도할 수는 없다. 목회자가 과도한 권세를 사용할 때 주님의 몸된 교회의 지혜는 이것을 고칠 수 있는 길을 제시해 준다.

우리는 여기서 두 가지 권세의 근원을 언급했다. 권세는 당신을 사역으로 부르신 그리스도께서 주신 신임이다. 권세는 주께서 당신에게 섬김의 직분을 주실 때 직분의 책임과 함께 주어지는 것이다. 또한 권세는 그리스도께서 당신에게 주시는 설교의 말씀 가운데 항상 함께하신다.

권세 - 그리스도께서 주시는 말씀

예수는 말씀이시며 진리이시다. 그러기에 그분은 이렇게 말씀하실 수 있었다. "진실로 진실로 내가 너희에게 이르노니…." 모든 권세가 그분 안에 존재했다. 오늘날 설교자는 이러한 전적인 권세를 가지고 있지 않다. 우리가 한 말은 성경의 표준에 의해 검증된다. 우리는 하나님 말씀의 권세를 가지고 있다. 복음전도자 빌리 그레이엄은 그가 복음을 전할 때 그런 "권위"을 보여주었다. 그의 메시지에서 그는 자주 "성경은 말합니다"란 말을 사용한다. 클라이드 팬트가 쓴 대로 "빌리 그레이엄은 그의 메시지가 자기로부터 나오는 것이 아니며 능력과 권세도 그의 것이 아님을 확신했다. 그래서 그는 확신 있게 말함에도 불구하고 늘 겸손함을 잃지 않았다."[3]

젊은 설교자인 디모데에게 바울은 성경과 설교에 착념하라고 말했다(딤전 4:13). 디모데는 "거짓되이 일컫는 지식의 망령되고 허탄한 말과 변론을 피해야"만 했다(딤전 6:20). 그의 삶은 성경에 푹 잠겨야 했다. 바울은 그가 모든 성경에 능하도록 격려했으며 이는 "하나님의 사람으로 온전케 하며 모든 선한 일을 행하기에 온전케 하기 위함이었다"(딤후 3:14-17). 당신이 디모데의 모범을 따른다면 당신의 설교도 권세를 갖게 될 것이다.

그리스도께서 바울을 보내신 것은 "복음을 전케 하려 하심이니 말의 지혜로 하지 아니함은 그리스도의 십자가가 헛되지 않게 하려 함이었다"(고전 1:17). 능력과 권세는 함께 임한다. 복음 이외의 것을 설교하는 것은 하나님의 능력과 권세를 상실하는 것이다.

> 형제들아 내가 너희에게 나아가 하나님의 증거를 전할 때에 말과 지혜의 아름다운 것으로 아니 하였나니 내가 너희 중에서 예수 그리스도와

그의 십자가에 못박히신 것 외에는 아무것도 알지 아니하기로 작정하였음이라 내가 너희 가운데 거할 때에 약하며 두려워하며 심히 떨었노라 내 말과 내 전도함이 지혜의 권하는 말로 하지 아니하고 다만 성령의 나타남과 능력으로 하여 너희 믿음이 사람의 지혜에 있지 아니하고 다만 하나님의 능력에 있게 하려 하였노라(고전 2:1-5)

앨버트 몰러 2세(Albert Molher Jr.)는 다음과 같이 썼다. "권세라는 문제는 피할 수 없다. 설교자나 혹은 성경의 본문이 권세를 유발하는 인자가 될 것이다. 우리가 설교신학을 잘 알 때 성경본문의 권위와 우리 자신의 권위를 혼동하는 위험에서 벗어날 수 있다. 우리는 '설교' 할 뿐만 아니라 '말씀' 을 설교하도록 부르심을 받았다."[4]

정부는 전언을 가진 대사를 파송한다. 그에게는 자신의 생각이나 메시지를 말할 권세가 없다. 청지기는 집주인의 일을 경영하도록 요청받는다. 그는 다른 이의 것을 바로 다스려 파괴되지 않도록 하기 위해 전력을 다 쏟아야 한다. 즉 청지기는 집주인이 지시한 대로 일을 할 권세를 가진다. 마찬가지로 설교자는 하나님의 말씀을 설교할 권세를 가진다. 이에 이르지 못하는 것은 무엇이든 불충성이 되고 만다. 또 이에서 지나친 것은 다 무책임한 것이 되는 것이다.

요약하자면 설교자의 권세는 세 근원에서 유래한다. 그것은 모든 권세를 가지고 설교자를 사역으로 부르시는 그리스도로부터 오는 위임이다. 또 권세는 교회를 통해 역사하시는 그리스도께서 당신에게 섬기도록 맡기신 교회 내의 직분에서 나온다. 또한 권세는 하나님의 말씀에 이미 거하신다. 권세의 각 경우에 설교자는 충성된 청지기여야 하며 교회의 유익을 위해 자신의 권세를 사용해야 한다. 모든 설교자는 주되신 그리스도 아래서 섬겨야 한다. 우리 모두 언젠가는 심판받기 위해 그분 앞에 서게 될 것이다.

참고와 적용

본장의 내용을 조지 스위지(George Sweazey)가 쓴 「복음설교」 (*Preaching the Good News*) 와 연관지어 상고하라.

제6장

부적절한 준비에 대한 변명들

가치있는 목표를 가지고 우리는 사역에 동기부여를 해야만 한다. 설교준비에 최대의 노력을 기울이도록 목표를 설정하라. 하나님의 은혜로 본 저서를 통해 여러분은 그 목표를 달성하는 데 도움을 얻을 것이다. 하나님의 종이 최선을 다하고자 할 때마다 사단은 이를 방해한다. 그는 우리가 최선을 다하지 않았는데도 편하게 느끼게끔 변명거리를 제공할 것이다. 변명 대신에 최선의 해결책, 즉 회개와 그리스도의 도우심으로 인한 새로운 방향전환을 선택하라.

당신이 아래에 있는 핑계들을 과감히 떨쳐낸다면 당신의 설교능력은 자라갈 것이다. 이러한 문제들이 당신의 사역에 오히려 도움이 되도록 바꾸는 방법을 발견하라. 여기에 기록된 변명과 다른 변명들을 당신은 늘어놓을지 모른다. 그러나 이들 중에 어느 것도 설교를 제대로 준비하지 못하는 데 대한 충분한 이유가 되지 못한다.

변명 1 – 나는 시간이 없다

어떤 사람이 당신에게 매일 86,400달러를 주면서 그 돈을 모두

다 써야 하며 다 쓰지 못할 경우에 잔돈은 모두 잃게 된다는 조건을 달았다고 가정해 보자. 와! 지금 당장 나는 여러 가지 필요한 것들과 원하는 것들을 생각해 낼 수 있다. 며칠 동안은 잔돈이 하나도 남지 않을 것이다. 그러나 현실적으로 당신은 돈보다 더 귀한 것을 받았다. 매일 86,400초라는 시간이 당신에게 주어진다. 당신이 쓰지 않는 시간은 잃어버리게 될 것이다. 우리 각 사람은 동일한 양의 시간을 가지고 있으며 이것을 어떻게 쓸 것인가를 결정해야만 한다. 하나님께서 당신을 설교자로 부르셨다면 당신은 연구하고 준비할 시간을 확보해야만 한다. 설교준비를 당신의 제일 중요한 업무로 생각하고 준비할 시간을 항상 확보하라.

설교자는 시간으로 돌아가는 세계에서 살고 일한다. 성경은 "범사가 기한이 있다"(전 3:1)고 말한다. 당신은 일 주일에 한 번 설교하는가? 매주 당신은 그 시간이 다가옴을 알고 있다. 당신이 그 주간의 설교를 마치는 순간 또 다른 설교를 다음 주에 해야만 한다는 사실을 안다. 시간은 이미 정해져 있다. 설교를 위해 준비하라!

시간을 보다 효율적으로 사용하는 데 도움이 될 만한 다음의 제안을 고려해 보라. 하루를 시작하면서 (아니면 전날 저녁도 좋다) 당신이 해야만 하는 일들의 목록을 적어보라. 그리고 중요도에 따라 항목을 분류하라. 기도와 성경말씀 연구시간을 먼저 가진 후에 그 목록에서 가장 중요한 것부터 일하기 시작하라. 만일 목록의 일들을 다 수행하기 전에 하루가 가버린다면 하지 못한 첫 번째 일을 다음 날의 제1순위의 일로 정하라. 당신이 계획하지 않으면 다른 요소들이 당신의 시간과 계획을 좌지우지할 것이다. 위의 계획에서 잊지 말아야 할 것은 설교준비를 최우선 순위에 두는 것이다.

예기치 않은 방문에 대비하라. 당신이 연구해야 할 때 누군가가 당신과 이야기하려고 방문할 수도 있다. 어떤 문제가 있는지 들어 보라. 하나님께서 당신을 도와주시려고 사람을 보내신 것일 수 있다. 그러나 그가 그저 들러서 인사나 하려고 왔다면 "형제님, 방문해 주셔서 고맙습니다. 그런데 이야기는 나중에 해야겠군요. 지금은 주일설교 준비를 해야 하거든요"라고 말해야 할 것이다.

당신의 책임들을 미루지 말라. 미리 시작하라. 당신이 예정보다 미리 설교준비를 끝내고 다른 것을 준비할 시간을 갖게 된다면 아마 놀랄 것이다. 미리 준비할 때 우리는 더욱 힘이 넘치는 설교를 작성할 수 있다. 여러 생각들과 개념들을 조합해서 구체화시킬 시간을 갖게 될 것이다. 예화들도 찾아내라. 설교준비를 미리 시작하면 당신은 설교의 내용을 재정돈하고 더 훌륭하게 준비할 시간을 확보하게 된다. 본 저서의 후반부에서 우리는 설교계획과 사전연구에 관하여 살펴볼 것이다.

종종 약속시간에 기다린다든가 혹은 아무 일도 하지 않으면서 "잃어버리는" 시간을 이용하라. 읽을거리를 가지고 다니면서 자투리 시간을 사용하라. 여행 때는 사람들과 일어나는 일들을 관찰하라. 그러면 많은 설교예화들을 발견할 것이다. 당신 주변의 사람들의 이야기를 듣고 수님을 승거하라. 우리는 다른 사람들로부터 많은 것을 배운다. 당신은 "때가 악하므로 세월을 아끼고" 있는가?(엡 5:16) 여가시간을 줄일 수 있는가? 텔레비전이나 비디오 시청시간이 너무 길지 않은가?

다른 직업이 있으면서 정기적으로 설교해야만 하는 사람들(미국의 목회자 중에는 직장을 다니면서 목회를 하는 목사들이 많다 - 역자 주)은 시간에 대한 압박감이 더 크다. 하루 중에 연구를 할 수 있는 특별한 시간들을 찾으라. 일을 하는 매일이 설교의 아이디어와 예화들로 가득 차 있다. 눈을 크게 뜨고 "섬광처럼 번뜩이는 영감"이 생각나면 적을 수 있도록 항상 메모지를 갖고 다녀라. 그것들은 후에 설교의 재료가 된다.

"시간이 없다"는 말은 형편없는 설교준비의 변명이 되지 못한다. 당신은 시간을 효과적으로 사용하는 법을 배워야 하며 유용한 시간에는 설교를 준비하는 것을 제일순위로 놓아야 한다. 제프리 메이어(Jeffrey Mayer)는 그의 흥미로운 책 「올바로 일을 처리하지 않으면 그 일을 끝낼 수 없다」(*If You Haven't Got the Time to Do It Right, When Will You Find the Time to Do It Over?*) [1]라는 그의 시간관리에 관한 저서에서 놀라운 제안들을 하고 있다.

변명 2 – 나는 가족에 대한 책임이 있다

가족에 대한 책임 때문에 설교준비에 방해를 받을 수 있다. 때로 자녀나 가족원 중 누군가가 아파서 설교자도 잠을 못 자거나 병자를 보살피기 위해 병원에 있어야만 할 때가 있다. 설교자는 가족을 소홀히 대해서는 안 된다. "누구든지 자기 친족 특히 자기 가족을 돌아보지 아니하면 믿음을 배반한 자요 불신자보다 더 악한 자니라"(딤전 5:8).

바울은 사역에 있어서 가족의 압력에 관해 경고했다. "장가 간 자는 세상 일을 염려하여 어찌하여야 아내를 기쁘게 할꼬 하여 마음이… 내가 이것을 말함은 너희의 유익을 위함이요 너희에게 올무를 놓으려 함이 아니니 오직 너희로 하여금 이치에 합하게 하여 분요함이 없이 주를 섬기게 하려 함이라"(고전 7:33-35). 설교자는 그의 사역을 지지해 줄 배우자가 필요하다. 그녀는 남편의 그리스도에 대한 헌신과 설교를 이해하고 공유해야 한다. 그러면 아내도 그가 설교를 준비하는 데 시간을 할애하도록 도와줄 수 있을 것이다. 설교자도 아내와 가족과 함께 나눌 가장 좋은 시간을 계획해야 한다.

부모들도 당신의 책임 중의 일부분이다. 당신은 "부모를 공경해야 한다"(출 20:12). 부모가 그리스도인이라면 그들은 최대한 가장 훌륭한 설교자가 되도록 당신을 격려해 줄 것이다. 당신의 부모가 그리스도인이 아니라면 당신은 그리스도께 누를 끼치지 않으면서 그들을 공경할 특별한 은혜와 힘이 필요하다.

예수께서도 가족의 압력을 경험하셨다. 마리아와 다른 형제들은 처음에 예수의 사역을 지지하지 않았다. "예수의 친속들이 듣고 붙들러 나오니 이는 그가 미쳤다 함일러라…." 예수께서 "대답하시되 누가 내 모친이며 동생들이냐 하시고 둘러앉은 자들을 둘러보시며 가라사대 내 모친과 내 동생들을 보라 누구든지 하나님의 뜻대로 하는 자는 내 형제요 자매요 모친이니라"(막 3:20-21, 33-35). 예수께서는 하나님의 뜻을 최고의 우선순위에 두셨다. 하나님의 뜻에 당신의 가정이 잘되는 것도 포함되어 있다. 십자가상에서 나타난 예수의 마리아에 대한 사랑과 돌보심은 하나님의 뜻과 가족에 대한 책임이 어떻게 함께하는지를 잘 보여준다.

가족관계 때문에 예수께서 하나님의 뜻을 행하는 데 방해받은 것은 아니었다. "아비나 어미를 나보다 더 사랑하는 자는 내게 합당치 아니하고 아들이나 딸을 나보다 더 사랑하는 자도 내게 합당치 아니하고 또 자기 십자가를 지고 나를 좇지 않는 자도 내게 합당치 아니하니라"(마 10:37-38). 우리는 가족에 대한 책임 때문에 설교준비와 충성을 요하는 사역에 소홀할 수밖에 없었다는 변명을 늘어놓아선 안 된다.

변명 3 - 교회가 너무 많은 것을 요구한다

대부분의 설교자들은 목사로 교회를 섬긴다. 교회 성도들은 목사에게 무엇인가를 기대한다. 목사의 역할에는 상담, 행정, 다른 교회와의 관계, 전도, 레크리에이션, 지역사회 봉사, 교육, 설교 등 많은 일들이 있다. 그리고 성도마다 목사가 하는 일 중에 어떤 것이 가장 중요한 일인지에 대한 개념이 다르다. 설교가 모든 성도들에게 가장 중요한 일은 아니라는 생각 때문에 당신은 덜 중요한 일들에 헌신토록 교회가 압박을 가해 옴을 느낀다.

목사직을 수락하기 전에 이 문제를 해결하도록 하라. 그들에게 설교가 얼마나 중요한 것인지 교회와 교회지도자들과 함께 대화하라. 설교로 당신을 부르신 소명의 중요성을 강조하라. 그들이 이 점에 있어서 당신을 지지하는가? 그들은 당신의 연구시간을 존중하는가? 당신의 의견과 일치되지 않는 부분이 있다 할지라도 하나님은 당신이 그들의 목사가 되길 원하실지 모른다. 그렇다면 당신은 그들에게 설교에 대한 이해를 증진시키고 설교가 무엇인지 피부에 와 닿도록 해주는 기회를 갖게 될 것이다.

어떤 교회사역이든 선한 것이요 꼭 필요한 것이다. 어떤 특정교회가 기대하는 바는 아마도 성도들이 그 교회를 향하신 하나님의 뜻을 찾고 구한 결과일 것이다. 유능한 지도자는 이 점에 대해 고민하지 않는다. 대신에 그는 예루살렘교회가 일곱 집사를 뽑아 과부들에게 음식을 배분하는 일을 맡겼듯이 교회에서 지도자들을 양육하여 그 책임을 맡길 것이다.

목사 또는 설교자는 교회 성도들을 온전케 하는 자로서의 역할을 수행해야 한다. 하나님은 교회에게 "목사와 교사로 주셨으니 이는 성도를 온전케 하며 봉사의 일을 하게 하며 그리스도의 몸을 세우려 함" 이셨다(엡 4:11-12). 하나님은 목사가 교회의 모든 업무를 맡아 하라고 결코 요구하지 않으신다. 당신의 직무는 다른 이들을 훈련시키고 교육시켜 사역을 나누어주는 일이다.

당신은 기꺼이 교회에서 책임들을 분배하고자 하는가? 당신은 목사와 지도자로서의 위치에 안전감을 느끼는가? 당신은 다른 사람이 당신의 권한을 "빼앗아 갈까 봐" 두려워하는가? 당신은 교회 내에서 다른 사람에게 이목이 집중되거나 그가 일을 잘했다고 인정을 받으면 질투심이 생기는가? 이러한 질문들에 대해 당신은 정직하게 직면해야 한다. 문제는 다른 사람을 훈련시키거나 사역을 다른 사람에게 분담시키는 데 실패한 경우, 많은 목사들이 "교회가 너무 많은 것을 저에게 요구했기 때문입니다"라고 변명을 한다는 데 있다. 하지만 성도들도 당신이 할 수 있는 만큼의 일을 할 수 있는 능력이 있다. 성도들이 교회 일을 할 수 있도록 그들에게 일을 분담해 준다면 당신은 자유롭게 설교를 최우선 순위에 놓을 수 있으며 당신 가족과 유익한 시간을 가질 수 있을 것이다.

변명 4 - 나는 충분히 연구하지 않았다

이것은 설교자들이 부족한 설교준비를 합리화하는 데 사용하는 네 번째 변명이다. 연구하는 데 믿음의 부족이란 것이 있는가? 어떤 사람들은 예수의 말씀을 인용하여 답변을 한다. "너희를 넘겨줄 때 어떻게 또는 무엇을 말할까 염려치 말라 그 때에 무슨 말 할 것을 주시리니…"(마 10:19). 예수께서는 설교에 관해 말씀하신 것이 아니라 핍박을 받을 때 증거할 말을 주시겠다는 말씀을 하신 것이다. 설교자는 다음의 명령에 직면해야 한다. "네가 진리의 말씀을 옳게 분변하며 부끄러울 것이 없는 일꾼으로 인정된 자로 자신을 하나님 앞에 드리기를 힘쓰라"(딤후 2:15). 연구하지 않고서는 설교자가 최선을 다한 것이 아니다. 연구가 곧 사역이다! 연구는 설교자가 복음을 제시하기 위하여 자신을 준비하는 한 방편이다. 연구를 통해 설교자는 "말씀을 옳게 분변하도록" 도움을 받는다. 연구가 없을 때 성경이 잘못 해석되고 그릇되게 적용될 수 있다. 성령께서는 강단에서뿐만 아니라 서재에서도 우리를 인도하신다. 설교하기 전에 연구에 모든 노력을 아끼지 말라. 그러면 당신은 "난 충분히 연구하지 않았다"는 변명을 할 필요가 없을 것이다.

적절한 연구는 정기적인 연구습관에서 나온 결과다. 정기적으로 정해진 장소에서 연구하게 되면 보다 나은 준비를 하는 데 도움이 된다. 당신이 연구하기에 가장 좋은 시간을 정하라. 어떤 설교자들은 "올빼미형"이어서 늦은 시간에도 제약을 받지 않는다. 어떤 시간이 가장 좋은 시간이든간에 그 시간을 신실하게 지켜라. 성도들이 당신의 정기적인 설교연구 시간이 언제인지 알게 되면 교회 성도들과의 관계도 개선되고 그들로부터 더 우호적인 지지를 얻을 수 있다.

연구계획을 세우면 도움이 된다. 물론 당신은 다음 시간에 전할 메시지를 연구할 것이다. 당신의 연구는 미래의 설교를 위해서 필요한 것들도 포함해야 한다. 성경의 각 권을 연구하라. 주제별로도 연구검토하라. 성경은 죽음, 탐욕, 그 외 다른 주제에 대해 무엇이라고 말하는가? 폭력, 결혼, 재정문제 등과 같이 성도들이 삶에서 부딪히는 문제들을 연구하라. 뉴스잡지, 신학저널, 전기, 소설, 그리고 현시대 사람들의 관심대상이 되는 도서들까지 다양한 자료들을 읽으라. 폭넓은 독서는 설교의 아이디어와 예화를 제공해 주고 당신으로 하여금 계속해서 최신정보에 익숙하게 해준다.

책은 가격이 비싸기 때문에 원하는 만큼 다 소장할 수는 없다. 그러나 목표를 세워 돈을 절약해서 사역을 강화시켜 주는 서적들을 구입하라. 중고도서를 구입하고 할인서적이 있는지 주의 깊게 살피라. 양질의 주석전집과, 성경의 각 권에 대한 관련도서들과 당신이 설교하고자 하는 주제에 관한 책들을 구입하여 개인서재를 만들라. 일정시간이 지나면 당신의 서재에는 다양한 책들이 구비될 것이다. 학교도서관과 공공도서관을 이용하라. 날마다 일어나는 사건들과 과학과 자연의 세계, 그리고 유명인사나 평범한 사람들의 이야기들은 당신의 설교를 보다 더 흥미진진하게 만들어줄 것이다.

연구하면서 당신은 많은 정보를 얻게 될 것이다. 독서와 연구 도중에 반드시 메모를 하라. 그리고 그 메모들을 보관하고 어디에 당신이 필요한 정보가 있는지를 알 수 있도록 체계적인 정리를 하라. 이 책의 후반부에서 우리는 자료를 보관하고 준비시간을 최대로 활용할 수 있는 몇 가지 방법들에 대해 다룰 것이다.

한 편의 설교를 준비하는 데 여러 시간을 연구한 후에도 계속해서 더 연구할 필요성을 느낄 때가 있을 것이다. 그런데 설교할 시간이 다 되어 당신은 설교를 해야만 한다. 설교를 계획하고 준비하면서 시간의 부족을 느낀다고 해도 당신은 "나는 충분히 연구하지 않았다"는 변명을 하지는 않을 것이다. 당신은 연구했기 때문이다. 당신은 같은 본문을 다시 설교할 기회를 갖게 될지도 모른다. 그 때는 이전보다 설교를 더 강화시킬 수 있을 것이다. 연구를 충분히 못했다는 변명은 연구할 시간이 있음에도 불구하고 그 시간을 사용하지 않은 설교자에게 해당되는 것이다. 매주 우리에게는 연구할 시간이 있다. 당신은 설교준비를 최우선의 일로 삼아야 한다.

이 외에도 많은 변명들이 부족한 설교준비를 합리화하는 데 사용된다. 다음의 네 가지 변명에 주의하자. 나는 시간이 없다. 나는 가족에 대한 책임이 있다. 교회가 너무 많은 것을 요구한다. 나는 충분히 연구하지 않았다. 당신은 이 변명의 각 항목들이 당신의 삶의 영역에 있어서 긍정적인 부분과 관련이 있다는 사실을 눈치챘는가? 시간, 가정, 교회, 연구는 모두가 효과적인 설교를 위해 필요한 것들이다. 바울은 "너희의 선한 것이 비방을 받지 않게 하라"(롬 14:16)고 썼다. 삶 속에서의 헌신과 훈련을 통해 당신은 이 모든 변명들을 훌륭한 자원으로 바꾸어 놓게 될 것이다.

참고와 적용

당신이 목사라면 현재 다른 사람들이 교회 일을 할 수 있도록 어떤 배려를 하고 있는가? 이 일을 위해 훈련받을 만하고 그 책임을 질 수 있는 사람들은 누구인가?

두 주간의 연구계획을 세우라. 그리고 시간을 어떻게 사용할지 차트를 작성하라. 당신이 이루어야 할 변화는 무엇인가?

제3단원
말씀이해

제3단원에서 제5단원까지 우리는 설교준비의 기본단계들에 대해 보다 상세히 살펴볼 것이다. 이 단계들은 매일 그리스도와의 교제와 성령의 인도하심에 기초한다.

- 본문선택과 해석
- 목적결정
- 주제와 제목준비
- 설교의 본론작성
- 결론과 강단초청 준비
- 서론준비

이 과정에서 가장 중요한 부분은 설교본문을 선택하고 정확한 해석을 하는 것이다. 이 과정을 가볍게 여기고 설교를 준비할 수는 있지만 성경적이지 못하다. 설교는 예수의 복음을 선포하는 것이다. 하나님의 뜻은 성령에 감동되어 기록된 성경을 통해 알게 된다. 앞으로 몇 장에 걸쳐 우리는 본문을 선택하고 그것을 해석하는 원리들에 관해 배울 것이다. 어떤 건물을 지탱해 주려면 적절한 기초공사를 해야 한다. 우리는 기도와 본문해석을 위해서 노력해야만 한다. 이것을 등한히 취급하려는 유혹을 물리치라. 기초공사가 부실하다면 건물에 무슨 일이 일어나겠는가?

"더 좋은 설교를 찾으면 그것을 설교할 거야"라고 어떤 설교자들은 농담을 한다. 어떤 사람들에게는, 아니 내가 생각하는 것보다 훨씬 더 많은 사람들에게 이 말은 농담이 아니다. 정식으로 훈련을 받고 나서도 얼마 되지 않아 설교자는 성도들의 기대로 인한 압박 때문에 "성공적인 설교자들"의 설교집을 들척거린다. "합리화"의 새로운 의미가 그의 삶의 습성 속에 들어오고 곧 그 쉬운 길은 다른 사람이 이뤄놓은 설교로 도로포장이 된다. 개인적인 연구를 통해 진리를 찾아낼 때의 그 환희에 찬 만족감은 편리함으로 대치된다. 오래 전에 나는 다른 설교자들처럼 그렇게 탁월한 재능을 타고난 설교자가 아니라는 사실을 깨닫게 되었다. 그러나 나는 감사한 마음으로 나의 부르심과 은사를 받아들였고 그것들을 사용하기로 결심하였다. 예수께서는 "나를 사람 낚는 어부로 만드시겠다"고 말씀하셨다. 우리가 다른 사람이 해놓은 것을 그분께 계속해서 드리면 주님은 자신이 원하시는 것을 우리를 통해 이루실 수 없다. 아마도 다윗이 사울의 갑옷을 거절한 이유도 그러한 이유 중 하나일지 모른다. 다윗은 자신이 할 수 있는 것을 했으며 주님께서 그 나머지를 하셨다!

제 7 장

예수의 위대한 생각들은 어디서 왔는가?

우리 집의 쓰레기를 내다 버리는 일은 보통 내 몫이다. 우리는 쓰레기를 지정장소에만 갖다 버려야 하는 대학교정에 살고 있는데 우리 집 앞은 지정장소가 아니다. 그래서 나는 출근할 때 쓰레기를 자동차 뒤 트렁크에 넣어 간다. 그 날 할 일에 마음을 쓰다 보면 어느새 쓰레기 버리는 일을 잊어버리고 쓰레기는 트렁크 안에 머물게 된다. 어느 날 아내와 나는 노스캐롤라이나의 애쉬빌이라는 곳으로 여행을 떠났다. 그리고 한 곳에 들러 쇼핑을 하였다. 내가 물건을 집어넣으려고 트렁크를 열자 두 봉지의 쓰레기가 거기 있었다. 이때껏 나던 고약한 냄새는 전부 길 아래쪽에 위치한 제지공장에서 흘러나오는 게 아니었다! 나는 이 사건을 통해 빌립보서 3장 1-10절에 근거하여 "쓰레기 버리기"라는 제목의 설교 아이디어를 얻었다. 바울은 자신의 매우 중요한 자산들을 배설물로 여기는 혁명적인 결단을 하였다. 무엇을 배설물로 버려야할지 어떻게 결정할 것인가? 단지 그것을 멀리 내다 버릴 것인가 아니면 자신을 바쁘게 만들어서 잊어버릴 것인가? 이 아이디어는 보다 더 중요한 이슈를 시작하는 데 필요한 예화에 지나지 않을 것이다. 모든 아이디어는 당신이 직접 검토해야 한다. 설교의 아이디어는 예기치 못하게 나타난다. 주의하라. 당신은 좋은 아이디어들을 쓰레기처럼 내다 버릴 수도 있다.

시작부분이 설교준비의 가장 어려운 부분이다. 모세가 하나님의 대변인으로 보내심을 받았을 때 그는 "내가 무엇이라고 그들에게 말하리이까"(출 3:13)라고 질문했다. 모세처럼 시작하고 무엇을 설교할지 하나님께 질문하라! 설교의 아이디어를 위해 기도하고 설교할 본문을 구하라. 관주성경을 찾아보면 "전하다"(설교하다)란 단어 다음에는 "기도"란 말이 나온다. 성경적 설교는 기도로 시작된다. 자신이 무엇을 전할지 확신이 없었을 때 선지자 예레미야는 "네게 무엇을 명하든지 너는 말할지니라"는 음성을 듣는다(렘 1:7-9). 예레미야는 하나님께서 그에게 메시지를 주심을 믿고 설교했다.

바울도 에베소성도들에게 "또 나를 위하여 구할 것은 내게 말씀을 주사 나로 입을 벌려 복음의 비밀을 담대히 알리게 하옵소서 할 것이니"(엡 6:19)라고 기도를 부탁했다. 바울은 하나님께서 자신에게 할 말을 주실 것을 기대했다. 하나님은 서재에서 그리고 강단에서 말씀을 주신다. 영감은 우리가 연구하고 기도하고 하나님의 말씀을 관찰할 때 온다.

설교는 설교본문에 있어서의 기초적인 사고인 하나의 아이디어에서 시작된다. 설교 전체는 무엇에 관한 것인가? 설교를 해야 할 때가 되면 제일 먼저 하나님께 아이디어를 달라고 구하라. 그리고 하나님께서 전하기 원하시는 말씀을 그분의 대리자인 당신에게 반드시 주신다는 것을 믿으라.

하나님은 교회 성도들을 관찰할 때, 그리고 독서와 대화, 성경연구를 통해 당신에게 아이디어를 주실 것이다. 어떤 아이디어가 하나님께서 당신으로 하여금 말하기를 원하신다는 사실을 인식하게 될 때 당신은 그 말씀으로 인해 흥분할 것이다. 그리고 당신은 설교 준비를 하면서 격려를 받게 될 것이다.

적합한 아이디어

모든 아이디어가 설교에 적합한 것은 아니다. 당신의 설교 아이디어에 대해 다음의 세 가지 질문을 던져보라. 그것은 성경적인가? 삶의 필요와 상관이 있는가? 그것은 적절한가?

그것은 성경적인가? 설교의 아이디어는 성경의 지지를 받아야 한다. 지역사회의 단체나 정치조직들은 그들이 지지하는 프로그램이나 생각들을 당신이 말하도록 영향력을 행사하려 한다. 디모데에게 한 권면은 당신에게도 해당된다. "디모데야 네게 부탁한 것을 지키고 거짓되이 일컫는 지식의 망령되고 허한 말과 변론을 피하라 이것을 좇는 사람들이 있어 믿음에서 벗어났느니라"(딤전 6:20-21). 모든 아이디어는 성경적이어야 한다. 하나님은 성경에서 지지를 받지 못하는 아이디어는 절대로 주시지 않을 것이다. 특정 본문이 당신의 설교와 때로는 정확하게 맞지 않을런지 모른다. 그러나 그 설교의 아이디어는 성경의 진리와 관련된 성경구절의 지지를 받아야 한다.

내 친구 하나가 젊은 시절에 자기가 다니던 교회에 관해 말해 준 적이 있다. "그 목사님은 설교중에 유엔과 같은 시사문제에 대한 이야기를 더 많이 하셨지. 성경에 대해서는 설교하지 않으셨어." 그 친구는 결국 성경적인 설교를 하는 교회를 찾아냈다. 사회적이고 도덕적인 이슈들은 많은 아이디어의 재료가 된다. 하지만 이러한 아이디어들은 성경의 지지를 받아야 한다. 아이디어와 성경본문 사이에 밀접한 관계가 있을 때 그 설교는 더 강력한 힘을 발휘한다.

아이디어가 삶의 필요와 상관이 있는가? 주님은 사람들의 필요를 채워주기 위해 우리를 보내신다. 사람들의 필요를 채우기 위한 아이디어를 주시도록 하나님께 기도하라. 창세기 6장은 노아와 방주에 관한 정보를 기록하고 있다. 이 본문을 읽다 보면 우리는 방주 건설의 세부사항에 관심이 간다. 목수는 이러한 점을 매우 흥미롭게 읽겠지만 설교의 아이디어로서 그것은 우리의 삶의 필요와 충분한 상관성을 갖지 못한다. 후에 언급하겠지만 이 본문은 알레고리적으로 해석해서도 안 된다.

요한계시록의 본문들도 짐승과 다른 생물들의 모습을 그리고 있다. 설교자들은 마지막 날을 해석하기 위해 이러한 본문을 사용할 수 있다. 메시지는 흥미로울지 모르지만 실생활과는 전혀 상관이 없다. 적절한 아이디어는 삶의 필요와 상관성이 있어야 한다.

아이디어가 적절한가? 당신의 설교는 전체 본문을 충분히 설명해 주는 진리를 포함해야 한다. 당신의 설교가 본문의 한 부분만을 잘 설명해 주는 것일 수도 있다. 그럴 경우 그 위에 전체 설교의 집을 지을 수 있겠는가?

교회에서 스포츠를 좋아하는 사람이 당신에게 "우리 교회가 농구팀을 결성해야만 하는 이유"에 대해 설교해 달라고 요청할지 모른다. 이것은 적절한 아이디어도 아니며 성경적인 것도 아니다. 교회 농구팀과 관련된 이슈는 교회가 결정해야 한다. 교회가 농구팀을 결성했다면 당신은 고린도전서 9장 22절의 말씀 "약한 자들에게는 내가 약한 자와 같이 된 것은 약한 자들을 얻고자 함이요 여러 사람에게 내가 여러 모양이 된 것은 아무쪼록 몇몇 사람들을 구원코자 함이니"라는 본문을 가지고 설교할 수 있다. 이렇게 결성된 농구팀에 대해 설교함으로써 당신은 성도들로 하여금 그리스도를 위하여 사람들을 구원하는 일에 자신들을 헌신하도록 만들 수 있다. 농구팀은 사람들에게 다가가는 하나의 "잠재력을 지닌 수단"이 된다. 농구팀 창단의 아이디어는 성경에 나타난 보다 더 강력한 아이디어를 설명해 주기는 해도 설교 자체가 되기에는 적절치 못하다.

적절한 설교 아이디어는 다음의 세 가지 사항을 만족시켜야 한다. 그것은 성경적이어야 하고 적절해야 하며 삶과 상관성이 있어야 한다. 당신이 주님의 뜻을 좇고 기도하고 정기적으로 연구하는 습관을 유지한다면 주님께서는 당신에게 설교할 아이디어들을 주실 것이다. 아이디어가 주어지면 당신은 정말로 흥분하고 동기부여가 되어 그 아이디어를 사람들을 위해 개발할 것이다. 각 설교의 아이디어는 주께로부터 왔다는 확신에 차야 한다.

좋은 아이디어를 어디서 얻을 수 있는가?

주님은 당신의 설교를 위한 아이디어를 만드시는 데 여러 가지 자료들을 사용하신다. 성경적 설교를 하는 설교자로서 가장 중요한 설교자료는 성경이다. 날마다 성경을 연구함으로써 우리는 설교의 아이디어를 얻게 된다. 성경은 삶의 필요와 문제와 관련된 무한한 보고이다. 미움, 사랑, 질투, 두려움, 슬픔, 감사, 기쁨, 그리고 분노와 같은 감정들이 성경에 다 묘사되어 있다. 성경인물들의 경험은 오늘날을 사는 우리의 경험과 유사하다. 성경의 사건에 당신을 개입시켜 그림을 그려보라. 당신은 어떻게 느끼고 반응할 것인지 생각해 보라. 성경은 가족, 직장, 정부, 교회, 친구, 그리고 적과의 관계가 어떠해야 하는지를 보여주는 안내서 역할을 한다. 설교 아이디어의 가장 좋은 자료로 성경을 애용하라.

　나는 성경의 각 권이나 한 부분을 설교하면서 주님의 인도하심을 찾을 것을 강력하게 권한다. 시리즈로 설교하면서 당신은 절기의 주제나 교회의 필요, 혹은 교리적 주제들을 필요에 따라 사이 사이에 넣을 수 있다. 성경 전체를 설교하면서 설교자는 믿음의 여정을 증거할 수 있다. 당신은 다음 설교할 본문에서 주께서 당신에게 설교의 메시지를 주실 것을 신뢰한다. 성경의 각 부분은 최소한 한 가지의 설교 아이디어를 포함하고 있다. 어떤 설교자들은 다음 해 자신이 설교해야 할 성경의 각 권에 대해 주님의 인도하심을 받기 위해 매 여름마다 한 주간 이상 연구할 시간을 휴가로 갖는다. 나는 민수기 전체를 설교하면서 가졌던 경험을 잊을 수 없다. 거의 매주 본문에 나타난 아이디어는 교회와 지역사회, 그리고 국가 전체의 필요와 관련이 있음을 발견했다. 민수기의 각 장에 나타나는 사람들의 성정은 언제나 내 설교를 듣는 사람들과 공통점이 있었다. 민수기를 시리즈로 설교한 후 이 내용은 주요 설교학 잡지에 수록되었다.

　교회에서 정기적으로 읽히는 성구집도 성경전체를 체계적으로 설교하는 또 다른 방법을 제공해 준다. 성구집은 3년 동안 성경의 주요한 가르침들을 다룬다. 어떤 목사는 "다음 주일 설교본문에 대한 강한 인도하심을 느끼지 못할 때마다 이 성구집에 있는 말씀으로 설교했다"고 전하였다. "저는 일 년의 삼분의 일을 이 성구집을 이용하여 설교합니다. 성구집은 제가 종종 눈여겨 보지 않던 성경본문을 다시 생각나게 만들어줍니다."

　성경의 어떤 부분을 눈여겨 보지 않음으로 당신은 많은 적절한 아이디어들을 간과하게 된다. 모든 성경은 성령의 감동으로 된 것이기에 유용하다. 몇 년 전에 나는 지난 3년 동안 내가 교회에서 설교한 설교 리스트를 뽑아보았다. 그리고 그것들을 성경의 책별로 분류해 보았다. 놀랍게도 성경 중에서 약 15권의 책에 대해서는 한 번도 설교를 하지 않았다. 모든 성경을 읽고 연구하라. 그러면 당신의 설교 아이디어의 자료는 늘어날 것이다.

새로운 아이디어는 종종 성경의 여러 역본들을 읽을 때 생긴다. 사도행전 21장 13-14절을 다음의 두 가지 역본을 가지고 비교해 보라.

> 바울이 대답하되 너희가 어찌하여 울어 내 마음을 상하게 하느냐 나는 주 예수의 이름을 위하여 결박받을 뿐 아니라 예루살렘에서 죽을 것도 각오하였노라 하니 저가 권함을 받지 아니하므로 우리가 주의 뜻대로 이루어지이다 하고 그쳤노라

> 왜 이리들 히스테리를 부립니까? 왜 여러분은 계속해서 난리법석을 떨어 나를 어렵게 만듭니까? 여러분은 지금의 이 상황을 거꾸로 보고 있습니다. 예루살렘에서의 문제의 핵심은 나를 체포하든 사형에 처하든 그들이 나를 어떻게 하는가가 아니라 바로 주되신 예수께서 저의 순종을 통하여 무엇을 하시고자 하는가입니다(유진 피터슨의 「말씀」에서).

매일 성경을 읽을 때 유진 피터슨의 현대어 번역은 나에게 새로운 사실을 말해 주었다. 이 본문은 계속해서 나의 마음속에 하나님과 우리의 관계, 그리고 어떻게 바울이 하나님의 뜻을 행하기 위해 자신을 헌신했는지에 대한 설교의 아이디어를 제공해 주었다. 나는 설교할 설교대지를 얼마 후에 작성하였다.

무엇이 문제입니까?(행 21:1-14)

Ⅰ. 당신은 신체적 장애를 문제로 삼은 적이 있는가? 바울은 육체의 가시 때문에 하나님의 뜻을 행하는 데 방해가 되는 것을 거절했다 (고후 12:7).

Ⅱ. 당신은 직책이 문제가 된 적이 있는가?(빌 3:4-11)
Ⅲ. 당신은 소유가 문제가 된 적이 있는가?(빌 4:11-13, 19)

당신에게는 무엇이 문제인가? 당신은 "문제의 핵심은 나에게 무슨 일이 일어날 것인가가 아니라 바로 주되신 예수께서 나의 순종을 통해 무엇을 하시고자 하는가에 있다"라고 말할 수 있는가?

한 해 동안 우리 교회는 "성경일독" 캠페인을 벌였다. 매주 사람들은 성경의 일정부분을 읽어서 일 년이 지나면 성경 전체를 읽게 되어 있었다. 그래서 나는 그들이 그 전 주에 읽은 성경에서 설교를 하기로 작정하였다. 주께서 지정된 부분에서 말씀을 주시도록 신뢰했을 때 주님은 언제나 그리하셨다. 그 결과 나는 성경 전체를 설교할 수 있었다. 우리가 매주 읽어야 할 부분들은 여러 가지 아이디어들을 포함하고 있어서 나는 후에 그것들을 개발하여 설교하였다. 내가 강단에 서서 설교할 때마다 사람들은 격려를 받았으며 그들은 약속을 지켰고 나의 설교는 더욱 높은 관심을 불러일으켰다.

모든 설교자는 설교의 아이디어들로 가득찬 한가운데 산다. 삶의 경험들은 개발되기 위해 기다리고 있는 아이디어들로 가득차 있다. 당신은 그것들이 보이는가? 그리고 듣고 있는가? 예수의 설교는 이러한 경우의 가장 좋은 예를 보여준다. 그분은 막 칠을 끝낸 무덤의 빗장에서 무언가를 보시고 위선에 관해 설교하셨다(마 23:27). 들의 꽃들과 공중에 나는 새들에서 그분은 걱정에 관한 설교의 아이디어를 얻으셨다(마 6:25-30). 장터에서 노는 아이들을 보시고 예수께서는 이기적인 마음으로 비난하는 사람들에 대해 진리를 가르쳐 주셨다(눅 7:31-35). 당신의 눈과 귀를 훈련하여 설교의 아이디어를 찾아내라.

내 아내가 식료품점에서 나오기를 기다리는 동안 한 사람이 나에게 자기가 갈 수 있도록 내 차를 빼달라고 했다. 그러면서 그가 이렇게 말했다. "제 차는 뒤로 갈 수가 없고 앞으로밖에 가지 못합니다." 순간 나는 우리 교회들이 후진기어가 없어서 오직 앞으로만 가야 한다면 얼마나 멋질까 하는 생각이 들었다. 이 경험은 그리스도께서 "영원히 앞으로 전진하라"고 부르신 교회에 대해 설교할 때 중요한 아이디어를 제공해 주거나 혹은 예화로 사용될 수 있을 것이다.

당신 자신의 삶의 경험들도 풍부한 설교의 아이디어를 제공해 준다. 어느 날 우리 딸 메리(그 때 그 아이는 겨우 세 살이었다)가 나에게 물었다. "아빠, 사랑이란 단어의 철자가 어떻게 되지요?" 그녀의 질문이 어버이날 설교의 제목이 되었으며 서론의 예화로 사용되었다. 주께서 내가 우울할 때 우울증을 극복하도록 도우신 방법이 "기쁨과 즐거움의 길에 머물라"는 것이었는데 그것이 곧 나의 설교의 제목과 내용이 되었다. 당신 자신의 경험을 사용하는 데 조금도 망설이지 말라. 사람들은 당신의 진지함을 깨달을 것이며 그 설교는 개인의 경험으로부터 오는 권위를 지니게 될 것이다.

다른 사람들의 경험도 설교의 아이디어를 제공해 준다. 강단에서 다른 사람에게 창피를 주거나 그들이 알리고 싶지 않은 것을 말하지 않도록 주의하라.

일 년 동안 특별한 행사나 국경일 등은 설교의 아이디어를 자극해 준다. 많은 사람들은 특별한 날에 대해 생각한다. 그들이 갖고 있는 특정한 관심에 대해 설교하지 않을 이유가 무엇인가? 1985년 필리핀에서 9월 8일에 시작되는 성모 마리아 축제가 있었다. 내가 목회했던 마닐라에서도 곳곳마다 성모 마리아에 대한 깃발과 포스터가 나붙었다. 그날 주일 아침에 나는 "예수의 어머니 마리아"라는 제목을 가지고 설교했다. 물론 그 설교는 주로 가톨릭 신자들이었던 청중들의 주요 관심사였다. 당신도 이처럼 특별한 날에 관련된 설교의 아이디어를 개발할 수 있다.

특별행사	설교제목	설교본문
신년	당신이 한 번도 건너지 않은 길	수 3:1–4
발렌타인데이	하나님의 심장에서 온 발렌타인	요일 3:1–3
부활절	성금요일이라 불리는 어둠의 날	눅 23:44–54
어머니날	칭찬받으실 어머니	잠 31:10–31
아버지날	아버지의 발자취를 따라	왕상 22:41–53
독립기념일	자유하십니까?	요 8:31–37
현충일	죽음은 기억 이상의 것	고후 5:6–11
크리스마스	우리를 한 가족이 되게 하려 태어나신 분	갈 4:4–5

광범위한 독서는 아이디어를 낳는다. 제6장에서 당신은 연구하는 중에도 독서를 하도록 격려받았다. 신문, 소설, 잡지를 독서하면 설교에 사용할 수 있는 많은 아이디어들을 얻는다. 라디오나 텔레비전이 사람들에게 미치는 영향력은 크다. 이러한 자료들로부터 얻은 아이디어들은 교회성도들이 잘 받아들인다. 성도 중에 많은 사람들이 광고를 듣고 프로그램을 보았으며 스타들을 알고 있다. 이러한 것들을 설교에 사용하면 보다 높은 관심을 살 수 있다.

미리 계획하라

설교자가 설교 아이디어를 얻었는데도 메시지를 작성하기 위해 주말까지 계속 기다리기만 한다면 이는 화를 자초하는 것이다. 나는 내가 일찍이 내 사전에서 없애버린 소위 "토요일 밤의 기적"에 대해 얘기를 나눈 적이 있다. 미리 계획하라. 항상 아이디어가 떠오르면 적을 메모장을 가지고 다니라. 만일 적지 않으면 다른 일들로 인해 그 아이디어를 잊게 될 것이다. 어떤 설교자들은 독서와 관찰에서 수확한 아이디어들을 저장할 "아이디어 폴더"를 유지하고 보수한다.

제23장에서 우리는 설교계획을 세우는 방법들을 제시할 것이다. 당신은 매주 지정된 폴더나 혹은 절기별 관심사를 따라 구성된 폴더를 사용할 수 있다. 교회의 필요를 재고한 후에 매주 설교할 것을 계획하라. 가능한 본문들과 함께 아이디어들을 열거하라. 독서하고 연구하고 사람들을 섬기면서 이 계획된 설교의 추가적인 아이디어나 예화 또는 지지자료들을 만나게 될 것이다. 이 자료들을 적절한 서류형태로 기록하고 보관하라. 여러 가지 아이디어들이 많이 있을 때 설교준비는 훨씬 더 쉬워진다.

아이디어를 숙성시켜라

과실은 먹기 전에 충분히 익어야 한다. 대부분의 설교 아이디어는 하나의 설교로 완성되기 전에 숙성될 충분한 시간이 필요하다. 농부는 씨를 뿌리고 마지막 추수때를 기다린다. 많은 일들이 추수 전에 일어난다. 비가 오고 해가 나며 농부는 수고를 한다. 설교의 아이디어 역시 보다 더 생산적이기 위해서는 약간의 도움이 필요하다. 아이디어를 당신 자신의 경험과 관련시키라. 설교 아이디어의 예화가 될 만한 과거의 경험을 기억해 내라. 당신이 설교할 대상들에 대해 생각하라. 그들은 그 아이디어를 어떻게 받아들이겠는가? 당신의 상상력의 날개를 펴라. 아이디어를 다른 말로 표현해 보라. 다른 사람에게 그 아이디어에 대해 어떻게 생각하는지 물어보라. 아이디어에 대해 연구를 다한 후에 그것을 잠시 동안 가만 두어라. 그 후에 당신은 다른 생각들과 자료들이 떠오르게 될지도 모른다. 당신의 설교를 숙성시키고 적절한 시기에 사용하라.

본장의 내용을 복습해 보자. 설교는 간절한 기도의 결과로 하나님께서 당신에게 주시는 아이디어에서 시작된다. 메시지의 근간이 되는 이 설교 아이디어는 성경적 설교에 적합해야 하며 다음의 세 가지 사항을 만족시켜야 한다. 아이디어는 성경적인가? 아이디어는 삶의 필요와 상관이 있는가? 아이디어는 적절한가?

하나님은 당신에게 설교의 아이디어를 주시는 데 여러 가지 자료들을 사용하신다. 가장 중요한 자료는 성경이다. 정기적으로 성경을 연구하면 당신이 사용할 것보다 더 많은 아이디어를 얻게 될 것이다. 다른 설교 아이디어의 자료는 당신과 다른 사람들의 삶의 경험이며, 특별한 사건이나 여러 가지 독서들과 매스 미디어도 설교의 자료가 된다.

아이디어를 얻을 때마다 그것들을 기록하고 설교할 내용을 미리 계획하라. 설교의 아이디어와 상관이 있는 자료들을 보고 들으라.

한 아이디어를 받아서 그것이 자라서 하나의 완성된 설교로 자라가는 것을 바라보는 것은 흥분되는 일이다. 설교자의 사역의 기쁨은 그가 자기의 영적 생활과 연구를 통해 또 사람들을 섬기면서 얻은 아이디어들을 개발해 나아갈 때 배가 된다.

참고와 적용

실험적으로 메모장을 2주 동안 사용해 보라. 각 페이지를 두 부분으로 나누라. 한 쪽에는 "아이디어"라고 제목을 달고 다른 쪽은 "자료출처"라는 제목을 붙이라. 설교의 아이디어를 얻을 때마다 그것들을 메모장에 적으라. 아이디어가 당신의 생각으로 숙성하면 각 아이디어를 다른 종이에 옮겨 적고 관련된 아이디어들을 기록하라. 그리고 인도하심을 받는 대로 그 아이디어를 개발하라.

제8장

설교본문

조지 스위지는 체코슬로바키아의 코마노에 위치한 어느 오래된 교회에서 설교해 달라는 부탁을 받았다. 그가 강단에 올랐을 때 사람들은 서 있었다. 그가 사람들에게 인사를 하고 잠시 멈췄는데도 사람들은 여전히 서 있었다. 조지는 설교를 시작하였고 몇 분 후에 그는 다시 잠시 설교를 중단하였다. 그래도 사람들은 여전히 서 있었다. 조지는 통역자에게 몸을 돌려 물었다. "사람들이 정말 앉고 싶어하지 않는 겁니까?" 통역자는 당황한 기색이었으나 사람들에게 앉으라고 말하자 그들 모두는 자리에 앉았다. 설교자가 하나님의 말씀으로부터 설교본문을 읽을 때까지 서 있는 것이 그들의 풍습이라는 것을 조지는 나중에 알게 되었다. 조지는 "회중은 성경본문 말씀을 듣기 전에는 앉으려 들지 않았습니다"라고 말했다.[1] 설교를 하기 위해 성경의 본문을 택하는 것은 설교준비를 할 때 상당히 중요하다. 항상 성경에서 본문을 택하면 당신이 성경적 설교를 할 가능성은 더 높아진다.

아이디어와 본문

아이디어와 본문 중에서 어느 것이 먼저인가? 나는 본문이 있으면 쉽게 설교준비가 된다는 사실을 알고 있지만 어느 것이 먼저이든 상관없다. 하나님께서 먼저 아이디어를 주시면 당신은 그 아이디어를 지지할 본문을 찾을 수 있다. 또 성경을 읽다가 설교를 위한 아이디어를 하나님으로부터 받을 수 있다. 두 방법 모두가 당신에게 유용하다. 중요한 것은 아이디어와 본문이 서로 일치해야 한다는 것이다. 계속적으로 연구를 해보면 서로 일치하는지 아닌지를 판가름할 수 있다.

설교본문은 설교의 아이디어를 담고 있거나 이를 지지하는 성경에서 택한 것이어야 한다. 각 설교에는 해당 본문이 반드시 있어야 한다. "본문"(text)이란 말은 "직조물"이란 의미를 가진 단어에서 유래하였다. 직조자는 먼저 디자인에 대한 아이디어를 가지고 짜기 시작한다. 직조기에 먼저 기본 실을 걸고 이 실 사이에 다른 색실을 섞어가면서 디자인한 대로 제품을 생산해 낸다. 직조자는 여러 색실을 기본배경 실 위에 좌우로 움직여 짠다. 그러면 곧 계획한 디자인이 나온다. 설교의 본문은 아이디어를 담고 있는 성경의 기본 "실"과 같다. 설교자는 본문에 해석과 예화, 그리고 삶의 적용과 관련된 색실을 짜넣어 주님께 받은 메시지를 전달한다.

본문과 아이디어는 딘 디킨스(Dean Dickens) 목사가 소위 "결혼"이라고 부르는 방식으로 연합한다.[2] 본문과 아이디어가 결혼할 때 본문은 항상 더 강력한 파트너가 되어준다. 아이디어와 본문은 항상 동일한 중심사상을 공유해야 한다. 양쪽 모두가 동일한 주제에 관한 것이어야 한다. 필립스 브룩스(Phillips Brooks)는 이렇게 말했다. "당신이 보기에 전혀 본문에 있지도 않은 의미를 본문에서 끄집어내지 마십시오. 본문이 당신이 말하고자 하는 진리를 담고 있지 않으면 담고 있는 다른 본문을 찾으십시오. 성경에서 당신의 아이디어에 대한 본문을 찾을 수 없다면 다른 것을 설교하십시오."[3]

성경본문은 어떤 특정한 아이디어에 일반적인 근거를 부여한다. 클래런스 매카트니(Clarence Macartney)는 디모데후서 4장 9, 21절을 가지고 유명한 설교를 했다.[4] 바울은 디모데에게 "겨울 전에… 너는 어서 속히 오라"고 부탁했다. 그의 설교 아이디어는 우리가 시간이 있는 동안 영적인 결단을 내리라는 것이었다. 본문은 그 아이디어를 지지해 주고 있으며 설교예화 몇 가지를 제공해 준다. 겨울에는 로마로 항해하는 배가 없었기 때문에 바울은 디모데에게 속히 오라고 한 것이다. 겨울에 여행하려 했던 자들이 가끔씩 있었지만 결국 위험한 여행에 실패하였다. 디모데가 겨울이 지나기를 기다렸다면 바울은 아마도 이미 저 세상으로 떠난 후였을 것이다. 바울은 자기를 체포한 자들이 곧 자기를 사형시키리라는 것을 느꼈다(6절). 아이디어와 본문이 함께 "기회가 있을 때 행동하라"는 주제를 잘 지지해 준다.

한 학생에게 "하나님의 말씀을 전하는 데 담대함은 필수적이다"라는 설교 아이디어가 떠올랐다. 그는 관련된 본문을 찾기 위해 "담대함"이란 단어의 관주를 찾아보았다. 그는 잠언 28장 1절을 골랐다. "악인은 쫓아오는 자가 없어도 도망하나 의인은 사자같이 담대하니라." 이 구절의 후반부는 아이디어를 지지해 주는 것처럼 보인다. 그러나 본문과 아이디어와의 연합은 매우 약하다. 잠언 28장 1절은 학생이 하려는 설교에 관한 내용이 아니라 죄가 우리로 하여금 죄의식과 두려움을 느끼게 한다는 것에 대해 논하고 있다. 죄가 없는 사람은 담대하여 부끄럼이나 죄의식 때문에 도망하지 않는다. 이 설교자의 아이디어에는 사도행전 4장 13-17절의 본문이 더 적합할 것이다. 이 본문은 "담대함"에 대해 세 번씩이나 언급하고 있고 담대함으로 그리스도인들이 말씀을 전파하는 것을 묘사하고 있다. 아이디어와 이 본문이 "연합"할 때 강력한 것이 되는 것이다.

   성경본문으로 설교하게 되면 우리에게 몇 가지 유리한 점이 생긴다. 본문설교는 우리가 하나님의 말씀을 설교하기 위해 부르심을 받았다는 사실을 입증해 준다. 성경본문 없이 설교하는 습관이 생기면 당신은 스스로를 하나님의 진리를 선포하는 설교자로서가 아니라 단순한 연설자로 보기 시작할지 모른다. 바울처럼 당신도 모든 사람들에게 하나님의 말씀을 전하는 "택한 그릇"이다(행 9:15). 만일 본문을 정확하게만 사용한다면 당신이 본문을 사용할 때 권위와 신뢰가 메시지에 더해진다. 당신 개인의 아이디어나 다른 가르침들을 판단하는 것은 바로 성경본문이다.

   성경본문을 사용함으로써 당신은 성경의 문단을 연구하고 설명하는 기회를 갖게 된다. 성경이 삶과 관련될 때 청중들도 개인적으로 성경을 연구해야겠다는 도전을 받게 된다.

   성경본문을 사용하면 메시지 이해의 폭이 넓어진다. 대부분의 사람들은 성경을 가지고 있으며 본문을 읽을 수 있다. 설교로 택한 성경본문은 자체적으로 통일성을 가지고 있기 때문에 청중은 본문을 촉매제로 하여 자기가 들은 설교를 기억할 수 있다.

본문 선택

   설교본문을 선택할 때 모든 성경은 하나님의 감동하심으로 되어 유익한 것이므로 성경의 어떤 부분도 소홀히 대해서는 안 된다. 설교자는 모든 성경을 설교함으로써 다양성을 보여줘야 한다. 모든 설교자에게는 성경에서 특별히 선호하는 부분이 있다. 이러한 본문만 여러 번 설교하고 다른 훌륭한 설교본문을 소홀히하는 일이 없도록 주의하라.

당신은 분명히 당신의 관심을 끄는 본문을 선택하고 싶어할 것이다. 만일 당신이 본문에 대하여 열정을 느끼지 못한다면 청중들에게도 호감을 주지 못할 것이다. 설교본문이 적절하려면 다음의 네 가지 기준을 충족해야 한다. (1) 의미가 명백해야 한다. (2) 완전하고 적절한 사고의 통일성을 가져야 한다. (3) 문맥에 충실해야 한다. (4) 사람들의 필요를 충족시켜야 한다.

의미가 분명한 본문

기본적인 해석을 하고 예화를 들었을 때 분명하게 이해할 수 있는 본문을 택하라. 어떤 성경본문은 너무나 낯설고 호기심으로 가득 차 있어서 그것을 사용했을 때 단지 호기심만 불러일으킨다. 이러한 본문을 사용하면 해석자들이 주장하는 대로 분명한 의미 너머의 숨겨진 의미까지도 보게 만드는 "감추어진 지혜"에 깊이 빠질 수는 있지만 영적인 필요들은 채워지지 않은 채 그대로 남아 있게 된다. 가인이 자기 아내를 어디서 얻었는가(창 4:17) 하는 문제는 흥미로운 추측들을 남발하지만 "영적인 음식"은 거의 제공해 주지 않는다.

성경은 성경자체가 알레고리적인 해석을 요구하지 않는 이상 절대로 알레고리적으로 해석하면 안 된다. 알레고리는 특별히 숨겨진 의미를 담고 있는 이야기이다. 사람들, 장소, 혹은 사물들이 보다 더 깊은 진리를 대표하는 상징들로 사용된다. 갈라디아서 4장 21-31절은 하나님 앞에서의 두 가지 관계를 설명하는 상징으로 사라와 하갈을 사용한다. 바울은 "이것은 비유니 이 여자들은 두 언약이라"(24절)고 했다.

사도행전 9장 17-26절을 가지고 "창문, 광주리, 밧줄"이란 제목의 설교본문으로 사용했다고 하자. 이 본문은 바울이 자신의 적들로부터 탈출하는 모습을 보여준다. "그의 제자들이 밤에 광주리에 사울을 담아 성에서 달아내리니라." 설교자는 "사도행전 9장의 창문은 세계를 바라보는 시각을 상징합니다. 선교에 있어서 우리는 하나님께서 우리에게 창문, 즉 비전을 주시길 기도해야만 합니다"라고 말한다. 여기서 광주리는 교회로, 밧줄은 신자들로 해석되었다. 하지만 본문의 명확한 의미는 그런 것과 아무 상관이 없다. 본문은 분명하게 하나님께서 자기의 종들을 지켜 보호하심을 보여준다. 창문은 아무것도 상징하지 않는다. 그것은 단지 바울이 내려질 때 사용된 구멍에 불과하다. 광주리도 교회를 나타내지 않는다. 그것은 단지 바울을 아무런 상처 없이 바닥에 달아내리려고 사용된 도구일 뿐이다! 이 본문은 하나님께서 자기의 종들을 돌보신다는 설교로는 사용이 가능하다. 하나님은 교회의 성도들을 통해 그분의 돌보심을 나타내신다. 바울을 구한 신자들은 헌신과 끈기와 용기를 보여준 교회성도들이었다. 본문이 특별한 숨겨진 의미를 담고 있는 알레고리로 해석될 때 그것은 분명 잘못 사용된 것이다. 의미가 분명한 본문을 택하라. 본문이 특별한 의미를 부여하지 않는다면 있지도 않은 의미를 덧붙이지 말라.

사고의 완전한 통일성

사고가 하나의 완전한 통일성을 이루고 있는 본문을 선택하라.

유다에게 하신 예수의 말씀 "네 하는 일을 속히하라"(요 13:27)는 나머지 문단과 분리한다면 아무런 의미가 없다. 요한복음 3장 16절처럼 많은 구절들은 독립적으로 사용되어질 수 있다. 하지만 다른 구절들은 그 구절 앞뒤의 문단들과 함께 보지 않으면 의미가 완전해지지 않는다. 번역자들은 성경을 영어로 번역할 때 본문에 장절을 달았다. 때로 이 장절이 완전한 하나의 사고단위로 쪼개지기도 한다. 그러나 항상 통일된 사고의 단위를 가진 본문을 선택하도록 하라. 대개의 경우에 한 문단은 하나의 완전한 사고의 단위가 된다.

한 편의 완전한 설교가 될 수 있도록 충분히 긴 성경의 본문을 택하라. 요한복음 3장 16절과 같은 구절들은 너무나 많은 진리를 담고 있기 때문에 그 한 구절에서 여러 편의 설교를 할 수 있다. 대부분의 설교가 완전한 설교가 되려면 충분한 자료를 지닌 여러 구절을 필요로 한다. 너무 긴 성경본문을 택하면 설교가 너무 길고 따라오기가 어렵게 된다. 물론 긴 본문의 각 아이디어가 다 설교로 발전해야만 하는 것도 아니다. 오직 선택한 본문에서 하나의 아이디어만을 발전시켜라.

문맥에 충실하라

본문은 본문을 감싸고 있는 성경전체의 문맥과 관련지어 사용되어야 한다. 절은 한 문단의 일부이다. 문단은 한 장을 이룬다. 한 장은 한 책 혹은 한 서신서를 이룬다. 한 책은 구약성경과 신약성경에 위치하며 문맥은 본문에 영향을 미치기 때문에 본문을 절대로 문맥과 떼어서 생각해선 안 된다.

로마서 13장 11-14절을 복음전도용 설교로 선택했다고 하자. 본문은 불신자들에게 적용되는 것처럼 보인다. 성경의 문맥을 살펴보면 이 본문은 신자들에게 쓰여졌음을 알 수 있다. 로마서는 "성도로 부르심을 받은 자들"(롬 1:7)에게 기록된 책이며 로마서 12장 1절은 "형제들"을 향한 호소를 담고 있는 책의 마지막 도입부이다. 그들은 그리스도인이었고 바울은 그들이 그리스도에게 온전히 헌신할 것을 요청한다. 로마서 13장 11절은 그들이 "성도로 부르심을 받은 자들" 임을 말한다. 따라서 본문은 이미 신자된 사람들에게 그들의 삶을 재헌신하고 죄로부터 돌이키며 그리스도를 위해 살도록 요청할 때 사용되어야만 한다.

설교본문을 선택할 때 문맥에 충실해야 한다. 하나의 완전한 사고를 담고 있는 본문을 택하고 그 문단에서 분명한 의미를 붙들라. 로마서 13장에 대한 다음의 설교대지가 본문을 적절하게 사용했는지 반영해 주는가?

빛 가운데 행하라(롬 13:11-14)

바울은 그리스도인의 바른 삶을 위해 세 단계를 보여준다.
- Ⅰ. 그리스도인이여, 깨어나라(11절). 당신의 상황을 인식하라. 그리스도께서 곧 다시 오심을 깨닫고 일터로 나가 세상을 정복하라.
- Ⅱ. 그리스도인이여, 죄를 벗어버리라(12-13절). 그리스도인이 죄를 범하면 그리스도의 얼굴에 먹칠을 하게 되고 그리스도인의 증거가 약화된다.
- Ⅲ. 그리스도인이여, 그리스도를 닮도록 하라(14절). 죄 대신에 그리스도로 옷입으라.

본문에 충실하다는 것은 전체문장이 가르치는 것과 다른 어떤 것으로 해석하지 않는 것을 의미한다. 어떤 사람들은 사도행전 2장 38절을 바탕으로 세(침)례는 죄를 씻어주기 때문에 구원에 절대적으로 필수적인 조건이라고 가르친다. 이러한 아이디어와 사도행전 2

장 38절을 결합시킨 설교는 항상 증거구절로써 이 구절을 사용한다. 문맥을 살펴보면 사람들이 "베드로의 말을 받아들였다"(41절)는 것을 알 수 있다. 이것은 세(침)례를 받기 전에 믿음이 먼저 역사했음을 보여준다. 베드로는 또한 "그러므로 너희가 회개하고 돌이켜 너희 죄없이 함을 받으라 이같이 하면 유쾌하게 되는 날이 주 앞으로부터 이를 것이요"(행 3:19)라고 말했다. 클라이드 팬트는 "1세기부터 지금까지 모든 이단들은 증거구절들을 길게 늘어놓지만 올바른 해석은 언제나 짧다"라고 말했다.[5]

적절한 본문은 분명한 의미를 가지며, 온전하고 적절한 사고의 단위로 구성되어 있다. 본문을 사용할 때는 문맥에 충실해야 한다. 다음의 지침들도 동일하게 중요하다.

사람들과의 상관성

본문은 사람들의 필요와 상관이 있어야 한다. 본문이 흥미롭다고 설교를 듣는 사람들에게 도움이 될 것인가? 당신은 성경의 본문에 대한 신간서적을 읽었을지 모른다. 당신은 책의 새로운 아이디어를 사람들과 나누고 싶어한다. 사람들은 그 메시지를 들을 만큼 충분히 성숙한가? 그들을 준비시킬 만한 어떤 주제를 먼저 설교해야만 하는가? 사람들의 필요와 상관이 있는 본문을 선택하라. "설교가 현대용어로 가득하고 현대사회의 상황에 관한 것이라고 해서 무조건 상관성을 갖는 것은 아니다. 진실로 상관성을 갖기 위해서 설교는 인간의 궁극적인 영적 필요를 언급해야 한다… 오직 복음의 선포만이 진정으로 상관성이 있는 설교이다."[6]

설교 아이디어와 본문은 하나님께로부터 오는 메시지의 시작이다. 이제 이 본문을 어떻게 해석할지 살펴볼 것이다. 해석은 이해를 돕기 위해 예화와 적용을 필요로 한다. 이 모든 것들은 사람들이 메시지를 이해하고 그에 합당한 결단을 내리는 일을 돕도록 제시되어야 한다.

참고와 적용

해든 로빈슨은 본문에서 "가장 중요한 아이디어"를 찾는 것을 강조한다. 이 원리를 「성경적 설교」(*Biblical Preaching*)에서 연구하라.

제9장

본문해석

이제 본문을 찾았다. 다음은 어떻게 할 것인가? 본문은 해석되어야 하며, 이 해석과정은 설교준비에서 가장 중요한 단계일 것이다. 이것은 항상 기도로 진행되어야 한다. 주님은 성령께서 우리를 진리 가운데로 인도하실 것이라고 약속하셨다. 설교는 본문이 가르치는 내용을 말해야 한다. 성경은 "알기 어려운 것"(벧후 3:16)을 포함하고 있다. 신중한 해석은 자신도 모르게 하나님의 말씀을 혼잡케 하는 것을 예방해 준다. 우리는 "하나님의 말씀을 혼잡케 아니하고"(고후 4:2)라고 한 바울의 증언을 추구해야 한다. 참된 해석을 위해 기도하고 연구하라.

성경은 "성령의 감동하심을 입은 사람들이 하나님께 받아 말한"(벧후 1:21) 각기 다른 66권의 책으로 이루어진 영적 "도서관"이다. 성령께서는 성경을 영감화하셨으며 성경을 해석하는 일에 지금도 역사하신다. 예수께서는 진리의 성령이 오셔서 우리를 진리 가운데로 인도할 것이라고 약속하셨다(요 16:13). 바울도 "하나님께서 우리에게 은혜로 주신 것들"을 이해하도록 성령께서 우리를 도우신다는 확신을 주었다(고전 2:12). 성경을 연구할 때 성령께서 당신을 인도하신다는 사실을 믿으라.

성경의 통일성으로 인해 우리는 해석하는 데 격려를 받는다. 예수께서 "이 성경이 곧 내게 대하여 증거하는 것"(요 5:39)이라고 말씀하면서 성경의 통일성을 설명하셨다. 성경에 통일성을 주시는 분은 바로 예수 그리스도시다. 구약성경은 그분의 오심을 가리킨다. 신약성경은 만인을 위한 그분의 구원사역을 펼쳐보인다. 모든 해석은 성경의 이러한 기본주제를 지지해야 한다.

존 스토트[1]는 설교를 과거와 현재를 잇는 다리 건설에 비유했다. 해석을 통해 설교자는 성경의 본래 의미를 발견하고 이를 오늘의 삶에 적용시킨다.

토목기사는 교량건설에 필요한 일들을 안다. 성경해석도 이처럼 연구와 창조적인 사고, 믿음을 필요로 한다. 이러한 과정을 밟을 때 설교자는 보다 강력한 성경적 설교를 할 수 있는 자료를 대가로 받게 된다.

귀납적 성경연구를 통한 설교해석

가치 있는 해석방법은 귀납적 성경연구이다. 이 연구법은 본문이 담고 있는 일반진리들을 발견하기 위해 본문을 연구한다. "귀납적"이란 말은 특정한 사실에서 일반적인 사실로 나아가는 것을 의미한다. 그래서 귀납적 성경연구에서 우리는 성경본문의 일반적인 진리를 찾기 위해 특정한 세부사항들을 연구하기 시작한다. 파라 패터슨(Farrar Patterson)은 "귀납적 성경연구는 다른 이들의 저서나 해석의 노예가 되지 않고 당신 스스로 성경을 연구하는 방법이다"라고 말한다.[2] 귀납적 성경연구는 다른 주석들을 참고하기 전에 행해진다. 오직 성경만을 가지고 기도하면서 본문을 보다 더 깊이 이해하고 적용할 수 있도록 성령께서 당신을 이끄시게 한다.

연역적 성경연구는 주석들을 가지고 시작하며 결론들이 당신의 메시지를 인도하도록 한다. 귀납적 방법의 첫 단계는 개인이 본문을 연구하도록 독려하는 것이다. 귀납적 성경연구는 믿음과 더욱 효과적인 기도생활을 촉진시킨다. 당신은 주석서에서 읽은 것보다 주님의 계시를 더욱 의존하게 된다. 설교자가 말씀을 통해 주님과 만날 때 그 사람은 말씀을 선포할 최선의 준비를 하게 된다. 귀납적 성경연구를 함으로써 당신은 청중에게 말하기 전에 주님이 당신에게 말씀하시도록 한다.

> 나는 귀납적 성경연구가 설교준비에 탁월한 도구라고 생각하지만 그것은 단지 시작일 뿐이며 주의사항이 요구된다고 생각한다. 존 쿠퍼(John C. Cooper)는 다음과 같이 묻는다. 귀납적 성경연구가 정통신학적 입장을 떠나도 좋다는 의미는 아닙니까? 짐 존스, 데이비드 코레쉬, 모제스 데이비드(하나님의 자녀들 단체의 창시자)나 다른 많은 이단들에서 보는 것처럼 그들 자신의 "신학"을 창안하게 되지는 않을까요? 저는 귀납적 성경연구가 신학적인 기초가 튼튼한 사람에게는 유익하지만 그렇지 않은 사람들에게는 유익한 것만이 아니라고 생각합니다. 성령 이외에도 다른 영들이 있습니다. 우리는 거룩하지 않은 영들이 우리 주변에서 미

치는 영향들을 봅니다. 인간적인 편견들을 종종 설교하면서도 그것이 하나님의 말씀으로부터 온 것이라고 선포하는 이유가 바로 이 때문입니다. 19세기의 설교들을 읽으면 노예제도를 성경적인 것이라고 변호하는 것을 보게 되는데 그것은 참으로 정신이 번쩍 들게 만듭니다![8]

선택한 본문에 대해 귀납적으로 설교준비를 시작하되 항상 당신의 개인적인 아이디어를 견제할 다른 연구결과들을 참조하라.

귀납적 성경연구는 사고하고 상상력을 발휘함으로써 당신의 정신적 능력을 증진시킨다. 만일 다른 사람의 설교를 베낀다면 당신의 창조적 능력은 감소될 것이다. 근육은 반드시 사용되어야 하며 그렇지 않으면 약해진다. 상상력과 정신적 창조력도 사용할수록 배가된다.

귀납적 성경연구는 다음의 네 가지 요소를 가진다.

1. 성경본문
2. 관찰
3. 질문
4. 본문 아이디어/적용

이제 데살로니가후서 1장 3-4절을 귀납적 성경연구법으로 연구해 보자.

성경본문

먼저 성령께서 당신을 진리 가운데로 인도하시도록 의지하면서 성경본문을 여러 번 읽으라. 나에게는 흰 종이의 한쪽에 한 구절씩 성경을 직접 쓰는 것이 도움이 되었다. 이렇게 하면 주를 달 공간이 생긴다. 이 때는 강단에서 사용할 성경의 번역본을 사용하라. 강단용 번역본을 사용하면 본문이 당신에게 친숙해진다. 그리고 적기 전에 다른 역본들을 비교해 보라. 왜냐하면 다른 역본들이 당신의 해석에 영향을 끼치기 때문이다. 구절들을 너무 촘촘히 붙여 쓰지 말라. 중요단어에 밑줄을 치고 주를 달기 위해선 여백이 필요하다. 어떤 사람들은 중요단어나 구절을 연관짓거나 강조하는 데 여러 색깔의 색연필을 사용하는 것이 도움이 된다고 말한다.

성경 예문

형제들아 우리가 너희를 위하여
항상 하나님께 감사할지니
이것이 당연함은
너희 믿음이 더욱 자라고
너희가 다 각기
서로 사랑함이 풍성함이며

We are bound
to thank God always
for you, brethren,
as it is fitting
because your faith
grows exceedingly
and the love
of every one of you all
abounds
toward each other

전체 본문을 적으라. 쓰는 도중 전체 해석에 영향을 줄 중요단어를 빼놓을 수도 있음을 주의하라.

웨인 맥딜(Wayne McDill)[4]은 본문의 전체 조감도를 얻기 위해 "구조 다이어그램"(structural diagram)의 방법을 제안하였다. 이 방법은 "당신이 사용하는 성경역본의 정확한 배열대로 본문의 구절들을 자세하게 차트로 그리는 것이다. 이 방법의 목적은 본문 속에 담긴 여러 다양한 개념(ideas)간의 관계를 그림으로 보여주는 것이다." 첫 번째 구절을 가지고 시작하라. 주된 개념을 왼쪽에 적고 종속절을 오른쪽에 적으라. 동일한 개념들이 수직으로 배열된 결과를 보게 될 것이다. 접속사를 괄호로 묶어라. 데살로니가후서 1장 3-4절의 구조 다이어그램은 다음과 같다.

  우리는 하나님께 감사를 드릴 수밖에 없습니다
  We are bound to thank God

     항상
     always

     형제 여러분을 위하여 말입니다
     for you brethren

     이것은 당연한 일입니다
     as it is fitting

   (왜냐하면) 여러분의 믿음이 크게 자라고
   (because) your *faith grows* exceedingly

    (또)
    (and)

    서로를 향하여 사랑이 충만하여
    the *love abounds* toward each other

     한 사람 한 사람에게 다 미치기 때문입니다
     of every one of you

(그러므로)
(so that)

우리는 여러분을 자랑합니다
We boast of you

        하나님의 여러 교회 안에서
        among the churches of God

        여러분이 간직한 인내와
        for your patience

>   (그리고) 믿음 때문에
>   (and) faith
>
>   즉 여러분이 겪는 모든 핍박,
>   in all your persecutions
>
>   (그리고) 환난 가운데서의 (인내) 때문입니다
>   (and) tribulations

(위 구조도는 영문의 다이어그램 구조를 살리고 한글로 적절히 번역을 덧붙인 것이다. – 편집자 주)

바울이 하나님께 감사하는 데 세 구절이 관련되어 있음을 주의하라. 즉 "항상, 형제 여러분을 위하여, 이것은 당연한 일입니다"이다. 기도는 하나님께 초점을 맞추며, 다른 이들에 대해 관심을 가지며, 그리스도인이 마땅히 해야 할 지속적인 경험이다. 접속사 "왜냐하면(because)"은 바울이 감사기도를 드리는 이유를 설명해 준다. 바울은 왜 하나님께 감사를 드리고 있는가? 두 가지 개념이 다이어그램에 동일하게 나타나 있다. "믿음이 자라고 사랑이 충만하기" 때문이다.

관찰

성경본문 옆에다 본문에서 당신이 관찰한 것들을 적어 넣어라. 본문 전체를 세밀히 관찰하라. 동사의 시제에 주의를 기울여라. 본문을 관찰할 때 다른 성경구절이 마음에 떠오를 것이다. 그것을 적어 놓으라. 성경의 저자가 사용한 단어를 설명하는 데 도움이 될 만한 다른 성경구절을 찾기 위해 성구사전을 이용하라. 핵심단어들은 무엇인가? 그 단어의 의미를 알지 못한다면 사전을 참조하라. 사전에도 없는 신학적 의미를 그 단어가 가지고 있는가? 당신이 이해한

단어를 설명하기 위해 다른 말로 생각해 보라. 데살로니가후서 1장 3절의 "형제"(brethren)란 말은 우리에게 가족을 연상케 한다. 바울은 교회를 믿음의 가족으로 생각했으며 그들 때문에 감사하고 있다.

이것들은 내가 데살로니가후서 1장 3-4절에 대해 귀납적 성경연구를 통해 찾아낸 관찰들이다. 감사는 기도의 한 부분이다. 우리는 다른 사람과 항상 의견이 일치하지는 않는다. 그러나 우리는 믿음의 가족 안에서 모든 이들을 사용하시는 하나님께 감사할 수 있다. 바울은 교회 안에서 믿음이 자라고, 사랑이 풍성해지며, 핍박중에도 인내와 믿음이 계속해서 살아 있는 것으로 인해 감사한다. 교회 성도 중에 어떤 이들은 출석은 성실하게 하지만 그들의 믿음은 자라지 않는다. 사랑은 우리가 주님의 제자임을 입증해 준다. 데살로니가 교회의 소문이 온 세상으로 퍼져나갔다. 모든 교회는 저마다의 명성을 갖고 있다. 데살로니가 교회는 환난중에도 인내하는 것으로 인해 소문이 났다. 그들은 자신들이 믿는 것을 위해 기꺼이 고난을 받으려 했다.

본문은 대조와 비교를 담고 있는가? 본문에서 반복되고 있는 의미에 주의하라. 접속사 "그리고"(and), "왜냐하면"(because), "그러므로"(therefore) 등에 유의하라. 이 단어들은 한 부분을 다른 부분과 연관시켜야 하는 것이다. 관찰한 것들을 해당 구절 옆에 적어 넣어라. 본문의 앞뒤 문단을 간과하지 말라. 문맥은 의미에 영향을 주기 때문이다.

귀납적 성경연구의 관찰부분에서는 당신의 상상력을 동원하라. 스스로 본문의 상황 속에 들어가기 위해 노력하라. 눈을 감고 무슨 일이 일어나고 있는지 생각하라. 당신이 "보는 것"을 적어 넣어라.

귀납적 성경연구의 이 부분을 소위 "닭장"(chicken yard) 국면이라고 부른다. 웨인 맥딜이 말한 대로 "모든 시골 소년들은 닭장에 커다란 빵조각을 던져 넣으면 무슨 일이 일어나는지 안다. 닭들은 무더기로 덤벼들어 빵을 갈기갈기 찢는다. 한 놈이 눈에 띌 정도의 큰 덩어리를 물고 도망가면 다른 두세 놈이 뒤를 쫓아 그 놈을 쫀다. 마침내 그 커다란 빵 덩어리는 작은 조각으로 부숴진다. 이것이 바로 성경본문을 가지고 당신이 하기를 원하는 것이다. 성경 안에 무엇이 들어 있는지 보기 위해서 그것을 가장 작은 조각으로 분해해야 한다."5

귀납적 성경연구 부분에서는 서두르지 말라. 상세히 연구한 후에 잠시 동안 그대로 놔두라. 그 부분을 다시 보게 될 때는 아마도 새로운 관계들이 본문에 등장하는 것을 깨닫게 될 것이다.

질문

귀납적 성경연구의 세 번째 부분은 본문에 관해 질문을 던지는 것이다. 질문 중에서 어떤 것들은 관찰단계에서 생성되기도 하지만 본문에서 가능한 한 많이 "보일" 때까지 계속해서 질문하라. 당신이 생각할 수 있는 모든 것을 질문하라. 후일의 연구를 위해 질문들을 여백이나 혹은 다른 페이지에 적어 넣으라. 누가, 무엇을, 왜, 어디서, 언제, 어떻게라는 질문을 본문에 던지라. 등장인물은 어떻게 느끼며 왜 그렇게 행동하는가를 생각하라. 데살로니가후서 1장 3-4에서 첫 단어는 "우리는"이다. 우리는 누구인가? 문맥을 살피라. "바울과 실루아노와 디모데"를 언급한 1절이 그 답을 제공해 준다. "형제들"은 누구인가? "데살로니가인의 교회에"라는 1절이 그 답을 말해 준다. 질문은 아이디어를 만들어내고 본문에서 관계들을 보도록 도와주며 적용할 수 있도록 해준다.

나는 귀납적 성경연구를 할 때 다음과 같은 질문을 던진다. 우리가 사람들에게 감사한 마음을 표할 때 우리는 그들을 더욱 깊이 이해하고 용납할 수 있는가? 무엇이 우리의 믿음을 자라게 해주는가? 하나님은 성도들을 이미 용서하셨고 받아들이셨는데 왜 믿음이 필요한가? 믿음은 무엇과 상관이 있는가? 우리는 서로 사랑하는가? 왜 우리의 사랑은 자라지 않는가? 어떻게 하면 교회 안의 "모든 사람", 특별히 내가 좋아하지 않거나 나에게 잘못하는 성도들을 사랑할 수 있을 정도로 사랑이 성숙해질 수 있는가? 우리 교회가 가지고 있는 명성은 무엇인가? 우리 교회는 어떻게 사람들의 입에 오르내리는가? 왜 어떤 그리스도인들은 중간에 포기하고 다른 이들은 끝까지 인내하는가? 데살로니가교인들이 직면하고 있었던 시련은 무엇인가? 그들이 겪은 핍박은 정부로부터 온 것인가? 불신자들로부터 온 것인가? 아니면 교회 내부에서 온 것인가?

패터슨은 너무 성급하게 질문에 답하지 말라고 경고한다. "우리가 질문에 대답하기 시작하면 우리는 곧바로 질문하는 것을 멈춘다. 질문을 많이 하면 할수록 해석은 더욱 풍부해진다. 질문은 관찰과 해석을 연결시켜 주는 결합부이다."[6]

본문의 아이디어/적용

해당구절을 교회에서 어떻게 적용할지 생각하라. 이 구절은 우리와 어떤 관련이 있는가? 본문의 모든 구절들 간에 어떤 관계가 있는지 주의 깊게 살피라. 우리는 한 구절에서 아이디어를 발견할 수 있지만 그것이 전체본문의 지지를 받지 못할지도 모른다. 마음에 떠오르는 모든 생각을 다 적어라. 후일에 그 생각들이 더 진전될 수도 있기 때문이다. 본문의 중심진리를 당신의 말로 적어보라. 본문의 원래 사건에서 오늘날에도 계속해서 일어나야 할 필요가 있는 원리는 어떤 것인가? 가능한 한 대지와 예화 그리고 주제들을 적으라. 그러나 본문에 대한 설교대지를 너무 조급하게 작성하지 말라. 본문에 대해 보다 더 흥미로운 작업을 해야 할 필요가 있다. 한 아이디어가 당신 설교에 열정을 더해 준다 할지라도 앞으로 계속 연구하면서 정확하게 조정되어야 한다.

귀납적 성경연구는 설교할 본문을 선택한 후에 첫 번째로 해야 할 연구이다. 주석이나 설교집 같은 다른 자료들이 도움은 되지만 당신 스스로 성경연구를 끝낸 후에 그것들을 참조해야 한다.

당신은 아이디어를 가지고 본문을 선택하고 본문에 대한 귀납적 성경연구도 하고 본장의 나머지 부분에서 언급한 연구들을 추가적으로 했으나 결과적으로 성경이 당신의 설교 아이디어를 지지하지 않는다는 사실을 깨달았다. 그렇다면 어떻게 할 것인가? 그 때는 설교 아이디어를 지지해 주는 다른 본문을 찾거나 아니면 당신이 성경연구에서 발견한 다른 아이디어 중에서 하나를 택하여 설교하라.

먼저 성경을 연구하라. 이 때는 오직 당신과 성경, 그리고 당신의 백성들을 위해 메시지를 찾고 계시는 주님만 있게 하라. 바울은 디모데에게 "네가 진리의 말씀을 옳게 분변하며 부끄러울 것이 없는 일꾼으로 인정된 자로 자신을 하나님 앞에 드리기를 힘쓰라"(딤후 2:15)고 권면한다. 귀납적 성경연구는 노력을 요한다. 각 구절을 연구할 때마다 시간을 요구한다. 나는 당신이 귀납적 성경연구 시간에 많은 질적인 투자를 할 것을 강력하게 권하고 싶다. 월요일부터 일찌감치 설교준비를 하라. 아이디어가 숙성되려면 시간이 필요하다. 귀납적 성경연구의 기술을 개발하면 당신은 설교를 준비할 때 가장 생산적인 시간들을 보내게 될 것이다. 성경은 당신의 일부분이 될 것이며 보다 깊은 자신감과 열정과 상관성을 가지고 메시지를 전하게 될 것이다.

귀납적 성경연구는 당신 자신의 아이디어를 개발하도록 격려한다. 내가 데살로니가후서의 두 구절을 상고했을 때 다섯 개의 서로 다른 아이디어가 떠올랐다. 관찰과 질문이 이 아이디어들을 지지한다. 물론 이 아이디어들을 설교로 만드는 데는 많은 노력이 필요하다. 성경연구시에 항상 메모를 하라. 같은 본문을 다시 설교할 때 당신은 그 아이디어들이 필요하게 될 것이다.

말씀의 더 깊은 의미 찾기

본문을 해석하는 첫 단계인 귀납적 성경연구는 본문을 이해하기 시작하는 데 도움을 주며 당신에게 새로운 아이디어를 공급해 줄 것이다. 귀납적 성경연구가 끝난 뒤에 당신은 본문을 더 상세하게 살펴야 한다. 네 가지의 다른 연구를 할 때 더욱 풍성한 자료가 당신의 설교노트에 추가될 것이다. 그 네 가지는 다음과 같다. (1) 단어와 단어간의 관계 연구, (2) 문맥의 연구, (3) 문체의 형태 연구, (4) 유사 관주의 연구. 이 연구들을 완성하는 것은 마치 보석을 캐내기 위해 땅을 깊이 파는 것과 같다. 하나님은 그분의 말씀을 보다 더 잘 이해하기 위해 열심히 일하는 사람들을 축복하신다! 성경연구시에 본문을 깊이 파고드는 것은 항상 값진 결과들을 얻게 만든다. 본문을 깊이 팔 때 우리는 어떤 것을 연구해야 하는가?

단어와 단어간의 관계 연구

성경을 바르게 해석하기 위해서 당신은 본문의 단어들과 그것들이 서로 어떤 관계를 가지고 있는지를 연구해야 한다. 헬라어 단어들은 여러 가지 의미들을 가지고 있다. 한 문장 안에서 단어의 위치는 그 문장이 어떻게 강조되고 있는지를 보여준다. 이것은 단지 단어들과 그것들의 관계가 해석에 왜 영향을 끼치는지를 설명해 주는 두 가지 이유에 불과하다.

예를 들어, 로마서 3장 23-25절은 복음전도용 설교로 자주 사용된다. 단어를 연구해 보면 우리는 본문에 대한 더 훌륭한 해석을 얻게 된다. 반드시 이해해야만 하는 본문의 몇 개 주요 단어들을 강조체로 표시해 놓았다.

> 모든 사람이 죄를 범하였으매 하나님의 영광에 이르지 못하더니 그리스도 예수 안에 있는 구속으로 말미암아 하나님의 은혜로 값없이 **의롭다 하심**을 얻은 자 되었느니라 이 예수를 하나님이 그의 피로 인하여 **믿음**으로 말미암는 **화목 제물**로 세우셨으니 이는 하나님께서 길이 참으시는 중에 전에 지은 죄를 간과하심으로 자기의 **의로우심**을 나타내려 하심이니(롬 3:23-25).

> Since all have sinned and fall short of the glory of God, they are *justified* by his *grace* as a gift, through the *redemption* which is in Christ Jesus whom God put forward as an *expiation* by his blood, to be received by *faith*. This was to show God's *righteousness*(Romans 3:23-25 RSV).

이 단어들은 모두가 하나님과 인간과의 관계를 나타내는 신학적인 용어들이다. 성경에서 이 단어들의 의미는 불신자들에게 의미하는 것과는 완연히 다르다. 설교자인 당신의 임무 중 하나는 이 단어들을 연구하는 것이다. 당신은 불신자나 혹은 새신자가 이 단어들을 이해할 수 있도록 해야만 한다.

이 본문에서 우리는 그리스도의 구원사역을 설명해 주는 세 단어를 발견한다. 사람들은 어떻게 구원받는가? 바울은 "화목 제물로 세우신 그리스도 안의 구속으로 말미암아 의롭게 된다"고 말한다. 이 세 단어를 설교에 그냥 사용하는 것은 어린 아이에게 "큰" 알약을 그냥 집어 삼키게 하는 것과 같다. 단어를 연구해 보면 우리는 이 단어들이 바울시대의 생활용어인 것을 알게 된다. "의롭게 된다"라는 말은 법정용어로서 판사가 범죄자에게 옳다고 선고하고 "마치 그가 전혀 죄를 지은 적이 없는 자처럼" 사면하는 경우에 쓰였다. "구속"이란 말은 시장에서 사용된 용어였다. 경매구역에 나온 노예는 값을 주고 사서 그를 자유의 몸으로 풀어줄 수 있었다. 그리스도의 죽음은 우리를 죄와 사망의 노예상태에서 해방시켜 주시는 것이다. "화목 제물"이란 말은 성전에서 들을 수 있는 종교적 단어였다. 이 단어는 피를 뿌리고 용서를 구하는 장소에서 사용되었다. 예수는 우리가 죄로부터의 용서와 구원을 발견하는 장소인 것이다.

단어와의 관계는 해석에 중요하다. 로마서 3장 23-25절을 다시 보고 다음의 단어들에 주의하라. "they", "which", "whom"(이 단어들은 우리말 성경에서는 번역되어 있지 않다. 앞부분의 영어성경인용문을 참조하라 - 역자 주), "이는"(this)이다. 이 단어들은 구절의 다른 부분을 설명해 준다. "they"는 모든 죄인(all have sinned)을 가리킨다. "which"는 구속(redemption)을 말한다. "whom"은 그리스도 예수(Christ Jesus)를 의미한다. "이는"은 앞에 나오는 문장 전체 - 그리스도의 십자가에서의 죽음 - 을 가리킨다. 세 핵심단어의 정의를 사용하여 본문을 주해하면 다음처럼 읽을 수 있다.

> 모든 사람이 죄를 범하여 하나님의 영광에 이르지 못했기 때문에(모든 죄인들은) 예수님안에 있는 구속을 통하여 은혜로 말미암아 선물로 의롭다는 선고를 받는다. 하나님은 주님의 피를 통해 우리가 믿음으로 받아

들일 때, 예수님을 우리의 죄의 용서자로 내어주셨다. 모든 죄인을 위한 그리스도의 이 죽음은 하나님의 의로우심을 보여준다(역자 번역).

새로운 성경 번역본들은 단어연구의 산물이다. 역본들을 비교하는 것은 본문을 해석하는 데 도움이 된다. 로마서 8장 28절의 두 역본에 나타난 다른 해석을 주의해서 살펴보라. 두 역본은 종속절의 주어로 서로 다른 단어를 사용하고 있다.

(1) 우리가 알거니와 하나님을 사랑하는 자 곧 그 뜻대로 부르심을 입은 자들에게는 모든 것이 합력하여 선을 이루느니라

(2) 우리가 알거니와 하나님을 사랑하는 자 곧 그 뜻대로 부르심을 입은 자들에게는 하나님이 모든 일에서 선을 이루시느니라

(1)역본에서의 주어는 무엇인가? 주어는 "모든 것"이며, "모든 것이 합력하여 선을 이루느니라"이다. (2)역본에서는 하나님이 주어이다. "하나님이 모든 것에서 선을 이루신다." 헬라어 사본은 두 번째 번역을 지지한다. 우리의 삶의 경험에 비춰봐도 그렇다. 모든 것이 항상 선을 위해 역사하지는 않지만 하나님께서는 우리가 그분이 일하시도록 허락만 한다면 모든 일에서 분명히 선을 이루신다! 단어와 그것들과의 관계연구는 성경해석에 있어서 매우 귀중한 도구이다.

몇 가지 자료들이 단어연구에 도움을 준다. 「스트롱 성구사전」(*Strong's Exhaustive Concordance*)은 당신이 택한 본문의 헬라어와 히브리어 단어들을 모두 보여준다. 또한 성경사전은 신학적인 단어들을 정의하고 그 단어가 성경의 다른 곳에서는 어떻게 사용되었는지 그 용례를 열거해 준다. 「바인의 성경단어사전」(*Vine's Expository Dictionary of Biblical Words*)과 같은 단어연구 저서들은 매우 유용한

도구이다. 이것들은 성경이 기록된 당시의 일상생활에서 성경의 단어들이 어떻게 쓰였는지를 설명해 준다. 당신이 연구하는 주석들도 대개는 단어연구를 포함하고 있다.

우리가 앞장에서 귀납적 성경연구 본문으로 택한 데살로니가후서 1장 3-4절의 단어들을 연구해 보자. 바인의 사전은 "자라다"(grow)라는 단어란에 9개의 헬라어 단어를 보여준다. 이들 중 하나가 데살로니가후서 1장 3절에서 "크게 자라다"(grow exceedingly)로 번역되었다. 이 단어는 어근인 "자라다 혹은 증가하다"(grow or increase)라는 단어와 접두사 "…을 넘어서, 초과하여"(over)의 합성어이다. 바인의 사전은 이 단어가 "데살로니가 교인들의 실제 삶에 나타난 믿음과 사랑에 연관지어 사용되었음을 말해 준다. 라이트풋(Lightfoot)도 이 동사와 같은 구절의 다음 동사(플레오나조, [pleonazo], "풍성하다"[abound]란 의미)를 비교했다. 그는 전자는 "나무처럼 내적이고 유기적인 성장"을 의미하며 후자는 "땅에 범람하는 홍수처럼 확산적이고 팽창적인 성격"을 나타낸다고 하였다.[7] 데살로니가인들의 내적인 믿음의 자원인 그들의 사랑은 다른 이들에게 퍼져나가면서 자라갔다. 주석에서 얻은 이 회화적인 단어는 당신이 후일에 설교를 작성할 수 있게끔 하는 실마리를 제공할 수 있다.

문맥을 연구하라

문맥연구에는 세 가지 종류가 있다. 첫 번째는 본문의 앞뒤 구절들을 살펴보는 것이다. 이 구절들은 본문과 연결되어 있다. 그리고 이 구절들은 성경의 각 권과 연결되어 있고 각 권은 구약성경과 신약성경의 부분을 이룬다. 앞에서 우리는 문맥의 중요성을 이미 살펴보았다.

해석상의 가장 일반적인 실수는 본문 주변에서 발견되는 의미와의 관계를 검토하지 않고 한 구절에 오직 한 가지 의미만을 부여하는 것이다. 고린도전서 2장 9절에서 바울은 이사야 40장의 말씀을 인용한다. 사람들은 일반적으로 "눈으로 보지 못하고 귀로도 듣지 못하고 사람의 마음으로도 생각지 못하였다"는 말씀을 천국을 가리키는 것으로 해석한다. 그러나 문맥을 살펴보라(6-15절). 바울은 영적인 지혜에 관해 쓰고 있다. 하나님의 지혜가 처음에는 불신자에게 감추어져 있었으나 이제는 "하나님이 성령으로 이것을 우리에게 보이셨다"(10절).

두 번째는 역사적 문맥연구이다. 본문을 연구할 때 본문에 언급된 장소와 사람들에 관한 사실들을 연구하라. 이것들은 본문을 이해하는 데 중요하다. 데살로니가전서 1장 7-8절에 따르면 데살로니가교회의 소문이 "각처에" 퍼졌다. 이 사실은 우리가 데살로니가가 주요 무역로가 있는 항구도시였다는 사실을 알게 될 때 더 잘 이해할 수 있게 된다. 로마와 동방을 잇는 가장 중요한 도로가 이 도시를 관통하여 지나갔다. 이 도시는 여행자들과 순례자들로 가득 찼었다. 얼마나 흥미진진한 곳에 교회가 있었는가! 그들은 전도하는 데 성공했고 그들의 증거는 주요 도로를 타고 "각처의" 사람들에게 퍼져나갔다.

마지막은 사회적 문맥연구이다. 예수께서 사마리아 여인에게 물을 달라고 청하자 그녀는 놀라움을 금치 못했다. 저자인 요한은 "이는 유대인이 사마리아인과 상종치 아니함이러라"는 사회적 정황을 제공해 준다(요 4:9). 역사적 자료들을 찾아보면 사마리아 사람들은 혼혈족이었기 때문에 유대인들로부터 부정한 사람이라고 경멸당했음을 알게 된다. 본문은 모든 사람을 향한 예수님의 사랑을 보여준다.

충실한 해석은 문맥연구를 요구한다. 본문 주변의 내용을 살펴봄으로 문맥연구가 시작된다. 역사적, 사회적 문맥은 또한 해석에 유용한 정보를 제공해 준다.

문체연구

성경은 율법서, 역사서, 시가서, 예언서, 전기, 그리고 서신서와 같은 여러 다양한 장르를 가지고 있다. 각 장르의 책들은 해석시에 고려해야 할 특징들을 공유한다. 시가서는 "병행구" 형식으로 기록되어 있어서 한 절은 다른 절을 설명해 준다. 예언서는 시가서와는 다르게 기록되었다.

성경 저자들은 책을 보다 흥미롭게 만들기 위해서 서로 다른 문체를 사용했다. 비유는 진리를 가르치기 위해 구어체와 문어체의 형식으로 사용되었다. 비유는 "하늘의 의미를 지닌 땅의 이야기"라고 정의된다.[8] 비유는 오직 한 가지만을 말하며 모든 상세한 내용들은 한 가지 주요 진리를 강조한다. 알레고리는 각 세부사항들이 의미를 가지고 있는 이야기이다. 비유는 알레고리와 다르게 해석되어야 한다.

성경 저자들은 다른 수사법도 사용했다. 수사법이란 무엇을 묘사하고 설명하는 문학적인 장치이다. 직유법은 두 개의 사물을 "…같이", "… 처럼"과 같은 단어를 사용하여 비교한다. 요한계시록 1장 12-16절은 예수님을 설명하는 많은 직유법을 담고 있다. 신흠정역(NKJV)은 "… 같은"(like)이란 단어를 이 본문에서 5번이나 사용하고 있다. 은유법은 두 사물을 "… 같이", "… 처럼" 등의 단어를 사용하지 않고 비교한다. 그리스도인은 "세상의 소금과 빛"으로 불린다(마 5:13-14). 요한복음은 생명의 떡, 문, 선한 목자와 같은 예수님에 대한 많은 은유들을 사용하고 있다. 역설법도 서로 모순되어 보이는 두 가지의 진실을 언급하는 수사법이다. 마태복음 16장 25절과 요한일서 2장 7-8절이 바로 역설법의 예이다. 과장법은 진리를 가르치기 위해 과장한다. 예수께서도 "어찌하여 형제의 눈 속에 있는 티는 보고 네 눈 속에 있는 들보는 깨닫지 못하느냐?"(눅 6:41)라고 질문하셨을 때 이 수사법을 사용하셨다.

때때로 성경 저자는 자신의 기록에 수사법의 문체를 사용했다. 요한이 그러했다(요 2:19, 21-22). 바울도 알레고리를 사용할 때는 자신이 수사법을 사용하고 있음을 우리에게 말한다(갈 4:24). 다른 곳에서도 상식이 당신의 해석의 길잡이가 된다. 최후의 만찬에서 예수께서는 제자들에게 떡을 주시면서 "받아 먹으라 이것이 내 몸이니라"고 하셨고, 잔을 가지사 사례하시고 "너희가 다 이것을 마시라 이것은… 언약의 피니라"고 말씀하셨다(마 26:26-28). 이것은 상징이고 은유적인 언어이다. 예수께서는 "나는 문이다", "나는 빛이다"와 같은 여러 은유들을 사용하셨다. 그분은 자신의 사역을 설명하기 위해 이러한 것들을 수사법으로 사용하신 것이다.

수사법은 글을 더욱 더 흥미롭게 만들어준다. 본문을 해석할 때 수사법은 반드시 고려되어야 한다.

병행구절 연구

본문을 해석하는 데 도움이 되는 또 다른 단계는 동일한 단어를 사용한 성경의 다른 구절들을 연구하는 것이다. 성구사전은 이러한 해석작업에 있어 유용한 자료이다. 영어와 헬라어를 함께 적은 원어대조성경도 헬라어 어근을 결정하는 데 도움을 준다. 좋은 성구사전일수록 많은 단어가 수록되어 있으며 그 단어의 어근이 사용된 정확한 위치를 가리켜 준다. 그러나 성구사전이 문맥상의 의미까지 당신에게 말해 주지는 않는다. 유사한 문맥에서 그 단어가 어떻게 사용되었는지는 당신이 세심하게 읽고 결정해야 한다.

데살로니가후서 1장 3-4절을 귀납적 방법으로 연구하면 "성장하는 믿음"이란 아이디어를 얻게 된다. 이 문맥은 이 구절이 데살로니가에 있는 교회를 향해 쓰여졌다는 것을 가르쳐 준다. "믿음"이란 단어는 그리스도인의 삶의 질을 말한다. 그러므로 이 아이디어는 강한 "믿음"을 가진 교회 성도들과 관련이 있다. 이 아이디어는 처음 구원받을 때의 결단과 다르다. 이러한 문맥을 염두에 두고 병행구절을 찾기 위해 성구사전을 참조하라.

신약성경에는 믿음과 관련된 226개 이상의 구절이 수록되어 있다! 많은 부분이 구원과 관련된 믿음을 말하고 있기 때문에 이들 중 모두가 당신의 아이디어를 지지해 주는 것은 아닐 것이다. 교회 안에서 역사하는 믿음과 관련된 구절들을 살피라. 먼저, 데살로니가서에 나타난 병행구절이 있는지 찾아보라. 같은 책에 수록된 병행구절들은 보통 같은 문맥과 해석을 담고 있기 때문이다. 이러한 병행구절들은 데살로니가전서 1장 3, 8절, 3장 2, 10절 그리고 5장 8절이다. 데살로니가후서 3장 2절은 믿음에 관해 말하고 있지만 새신자의 믿음의 반응과 관련이 있기 때문에 당신의 설교에는 사용하지 못할 것이다. 오직 당신의 아이디어를 지지해 주는 구절들만 사용하라.

이제 견고한 믿음을 가진 교회를 설명해 주는 바울의 다른 서신서들에 나타난 병행구절들을 연구하라. 로마서 1장 8절에서 바울은 로마교회에 대해 비슷한 칭찬을 한다. 고린도후서 10장 15절은 선교사역의 확장을 가져오는 성장하는 믿음에 대해 말해 준다. 골로새서 2장 6절은 교회에 믿음 안에서 성장하라는 도전을 준다. 두아디라교회는 "사랑과 믿음"으로 인해 칭찬을 들었다(계 2:19). 이 모든 구절들은 성구사전을 가지고 찾는다. 각 구절이 설교 아이디어의 문맥과 일치하는지 연구를 통해 살펴보아야 한다.

병행구절에 대한 연구는 보통 당신이 사용할 수 있는 것보다 더 많은 자료를 만들어낸다. 당신의 설교 아이디어를 가장 강력하게 지지하는 구절들을 택하라. 연구를 통해 당신은 다음에 다른 설교에 사용할 수 있는 아이디어도 얻게 될 것이다.

네 가지 연구법을 가지고 설교준비를 하면 당신은 선택한 본문을 해석하는 데 도움을 받게 될 것이다. 단어들과 그것들의 관계를 연구하라. 문맥을 연구하라. 문체와 관주를 연구하라. 귀납적 성경연구의 결론과 이 네 가지 해석연구의 결론을 가지고 당신은 본문의 주요 아이디어를 쓸 수 있어야 한다. 이제 그 주요 아이디어를 설명하고 예증해 주는 다른 자료를 수집하기 시작하라. 가끔씩 이러한 연구는 설교의 아이디어를 바꿔야 하는 일을 야기시킨다. 본문이 당신의 처음 아이디어를 지지하지 않을 수도 있다. 해석은 결국 본문과 밀접한 관계가 있는 더 강력한 아이디어로 끝나야 한다.

참고와 적용

누가복음 14장 25-27절에 대한 귀납적 성경연구를 완성하라. 이 본문에서 당신이 설교를 작성할 수 있는 주요 주제는 무엇인가? 추가적인 연구가 요구되는 단어들이 있는가? 26절은 앞의 문맥과 어떤 관계가 있는가? "십자가를 지고 나를 좇으라"는 말씀을 이해하는 데 도움이 되는 다른 병행구절이 있는가?

    로버트슨 맥퀼킨(Robertson J. McQuilkin)이 쓴 성경해석에 관한 매우 유용한 책인 「성경이해와 적용」(*Understanding and Applying the Bible*)을 가지고 더 연구하라.

제4단원
설교구성

이 책의 인쇄를 준비하는 동안 우리 대학교 교정에서는 여러 건물들이 건축중이었다. 각 건물은 시간, 자금, 많은 자원봉사자와 고용인들의 노동력이 제공되었다. 공사를 시작하기 전에 계획이 수립되었고 우리는 원하는 목적에 부합하는 최종 건물의 구조형태를 결정해야 했다. 설교준비도 성령의 지도 아래 설교자가 설교를 건축하는 건설공사와 같다.

　지금까지 건축하는 과정에서 우리는 아이디어를 택하고 그 아이디어의 본체를 구성하는 성경본문을 해석했다. 어떤 때는 먼저 본문을 택하고 해석한 후에 본문의 어떤 주요 사상이 당신의 설교가 될지 결정하기도 한다. 이제 "설교가 어느 방향으로 갈 것인가?"라는 기본적인 질문에 대답하라. 이것은 목적에 관한 질문이다. 모든 설교는 우리가 지금 어디로 가고 있는지에 대한 방향이 필요하다. 저 유명한 "무명"(無名)의 사람이 말한 대로 "아무데도 가고 있지 않는 사람일지라도 그는 거기에 도착한다." 목적은 설교의 방향을 말해 준다. 설교는 삶의 주요 영역과 상관이 있어야 하며 청중들에게 특정한 목표를 주어야 한다.

　분명한 목표가 부족하면 설교가 일반적으로 힘이 약해진다. 성경적 설교는 "하나님의 뜻에 청중들이 긍정적으로 반응하도록" 호소하는 것이라는 사실을 기억하라. 목적은 원하는 반응을 피력하고 효과적인 설교를 하기 위해 필수적이다.

　목적은 설교의 방향이 무엇인지를 말해 준다. 설교라는 "건축공사"에는 서론, 본론 그리고 결론부분이 있다. 그리고 그 건물은 진리를 밝히는 데 도움이 되는 예화인 창문을 가지고 있다. 설교자는 이 모든 것을 사람들에게 흥미를 주고 그들에게 호소할 수 있도록 배열한다.

11장부터 19장까지는 이 건설과정을 다룰 것이다. 건축가는 설계도를 그리고 여러 구조들을 자유롭게 디자인 하는 법을 배운다. 나는 모든 집이 같은 디자인으로 지어진 주택단지를 좋아하지 않는다. 당신의 설교는 다양성을 가져야 하며, 설교자로서 당신은 회중의 필요에 적합한 설교를 자유롭게 디자인하고 건축해야 한다. 예수는 수석 디자이너이시고 그분께서 설교를 건축할 때 당신을 인도하신다는 사실을 명심하라.

제10장

설교목표

모든 설교는 목적이 있어야 한다. 목적은 설교의 목표이며 메시지의 목적이기도 하다. 말씀을 설교할 때 당신이 원하는 결과는 무엇인가? 목적 없는 설교는 마치 영향력이 없는 종교적 담소와 같다. 설교에 목표가 없다면 설교자는 "가장 새로 되는 것을 말하고 듣는 것 이외에 달리 시간을 쓰지 않는" 아덴 사람들과 같다(행 17:21). 설교는 전체 목적, 주요 목적, 구체적 목적이라는 세 단계의 목적을 가진다.

전체 목적

사역의 전체 목적은 다른 이로 하여금 "생명을 얻게 하고 더 풍성히 얻게 하려는" 데 있다(요 10:10). 사역의 한 부분인 설교는 생명을 사람들에게 전달하는 전체 목적을 나눈다. 예수 그리스도 안에 있는 생명을 사람들에게 제시할 때 어떤 설교이든 합당한 설교가 된다. 그러므로 설교의 전체 목적은 풍성한 생명이다.

주요 목적

주요 목적은 삶의 일반적인 이슈들과 관련이 있다. 모든 사람이 삶에 관심이 있으나 거기에는 서로 다른 필요가 존재한다. 주요 목적은 삶의 특정분야에 초점을 맞춘다. 설교의 주요 목적을 정할 때 우리는 통일성을 유지하고 방향성을 갖게 된다. 당신이 선포할 설교에는 여섯 가지의 주요 목적이 있다. 다음 장들에서 이 중 네 가지 주요 목적을 상세히 다루게 된다.

1. 복음적 목적 – 구원받지 못한 사람들을 예수 그리스도께 인도하여 교회의 교제권 안에 들어오도록 하는 설교를 말한다.
2. 경건의 목적 – 사람들로 하여금 하나님을 사랑하고 사모하고 경배하도록 감동을 주기 위한 설교를 말한다.
3. 교리적 목적 – 특정한 성경의 교리를 설명하기 위한 설교를 말한다.
4. 윤리적 목적 – 성경의 가르침을 도덕과 일상생활에 적용하기 위한 설교를 말한다. 원하는 결과는 사람들이 성경의 가르침대로 생각하고 행동하며 사는 것이다.
5. 헌신적 목적 – 신자들로 하여금 그리스도와 그분의 사역에 더 깊은 헌신을 요청하기 위한 설교를 말한다.
6. 목회적 목적 – 소망과 위로 그리고 격려함으로써 위기와 고난의 시기에 있는 사람들을 섬기는 설교를 말한다.

이러한 주요 목적들은 삶의 문제들과 관련이 있다. 지역교회에서 목사의 설교는 이 모든 목적들을 다 포함해야 한다. 다양한 목적들을 사용할 때 당신은 사람들의 다양한 필요를 채우는 설교를 하는 데 도움을 얻는다.

데살로니가후서 1장 3-4절의 귀납적 성경연구에서 얻은 설교의 아이디어는 믿음이 있는 교회, 사랑이 있는 교회, 인내가 있는 교회라는 세 대지로 이루어진 "자랑할 것이 있는 교회"란 제목의 설교로 발전했다. 이 설교가 신자들을 향한 것이며 "그리스도를 향한 보다 더 깊은 헌신"을 요청하기 때문에 이 설교는 헌신적 목적을 가진 설교이다. 이 설교를 가지고 "역동적인 교회의 특징들"이란 3부로 된 시리즈 설교를 개발하는 것도 가능하다. 각 설교는 교회의 기본 모델을 제공해 주는 데살로니가교회를 더 깊이 다루게 될 것이다. 믿음에 관한 설교는 교리적 목적을 가지고, 사랑에 대한 설교는 전도적 목적을 가지며, 고난 중의 인내에 관한 설교는 목회적 목적을 가지게 된다.

설교할 때마다 주요 목적을 정하는 습관을 들이라. 선택된 주요 목적은 설교의 대상인 청중이 누구인지를 반영한다. 전도적 설교는 잃어버린 사람들이나 혹은 교회 교제권 밖에 있는 사람들을 목표로 삼는다. 헌신적 설교는 교회 성도들을 목표로 삼는다. 경건의 설교는 신자들을 대상으로 한다. 자료를 수집하여 주요 목적의 방향을 정하라. 그 결과 우리는 설교의 통일성과 힘을 얻게 될 것이다.

어떤 본문들은 한 가지 목적 이상에 맞는 자료들을 가지고 있다. 기도, 사람들의 필요에 대한 인식, 시사문제, 개인적 흥미 및 다른 고려사항들이 당신이 어떤 목적을 취할 것인지 도움을 줄 것이다. 사도행전 8장 26-40절은 한 가지 이상의 목적을 담고 있다. 나는 일전에 이 본문을 가지고 여러 가지 목적들이 함께 뒤섞인 설교를 들은 적이 있었다. 그 결과는 힘이 약해진 설교였다. 우리는 에디오피아 내시가 하나님을 찾고 그리스도께 결단하는 과정에 초점을 맞춤으로써 복음적 목적을 가진 설교를 개발할 수 있다. 또한 빌립에게 초점을 맞추어 영혼을 얻는 그리스도인에 관한 헌신적 목적의 설교를 만들 수도 있다. 이 본문은 또한 전도에 있어서 성령이 하시는 역할에 관한 교리적 목적의 설교에 적합한 자료도 가지고 있다.

구체적 목적

효과적인 설교가 되기 위해서는 구체적 목적을 가져야 한다. 이 목적은 청중이 설교를 들은 후에 무엇을 하기 원하는지를 진술한다. 제1장에서 우리가 내린 설교의 정의를 기억하라. "설교란 그리스도를 대표하는 사람이 예수의 복음을 선포하는 것으로, 청중이 하나님의 뜻에 긍정적으로 반응하도록 긴박하게 선포하는 것이다." 구체적 목적은 원하는 반응이 무엇인지를 피력하고 또한 대상청중을 정한다. 그것은 구체적이어야 하며 주요 목적에서 자라난다.

로마서 6장 16-23에 대해 복음적 목적의 설교를 하는 경우의 구체적 목적을 다음과 같이 적어 보았다. 그것은 "그리스도 안에서 종이 된다는 것이 무엇을 의미하는지를 보여주는 것"이다. 이 말은 대상청중에 대해 언급하고 있지 않으며 또한 청중들이 무엇을 해야 할지도 말하고 있지 않다. 이러한 설교는 설교자가 분명히 정의된 목적을 가지고 있지 않기 때문에 그의 설교는 강력한 호소력과 정확한 방향성의 결핍양상을 나타낸다. 구체적 목적은 다음처럼 더욱 분명하게 기록되어야 한다. "불신자들로 하여금 회개하여, 죄의 종됨을 버리고, 그리스도의 자유를 받아들이게 한다." 누가? "불신자들이", 무엇을? "회개하고… 그리스도의 자유를 받아들인다."

누가복음 16장 19-31절에 대해 구체적 목적을 가지고 "죽음 후의 생명"이란 제목의 설교를 만들었다. 그 구체적 목적은 "죽음 이후에 생명이 존재한다는 것을 사람들로 알게 하는 것"이다. 그렇다면 어떤 사람들인가? 그들이 이 진리를 안 후에 무엇을 해야 하는가? 설교자는 복음적 목적의 설교를 하기를 원했지만 그의 목적은 복음적 목적의 결과에 대해 말하고 있지 않다. 구체적 목적은 "잃어버린 자들이 복음을 받아들이고 그리스도를 신뢰함으로 죽음 이후의 영생에 대한 확신을 갖도록 하는 것"으로 바뀌어야 한다.

사도행전 8장 26-39절을 본문으로 한 "하나님을 찾아"라는 제목의 복음적 설교는 다음과 같은 구체적 목적을 갖는다. "모든 잃어버린 죄인들 - 특별히 종교적이고 자의적(self-righteous)인 죄인들 - 이 자신의 잃어버린 죄인의 상태를 깨닫고 죄인을 찾으시는 하나님께 대한 반응으로 그리스도를 개인의 주와 구세주로 영접하도록 만든다." 이 목적은 다소 길긴 하지만 구체적이고 원하는 반응을 진술해 준다. 설교중에 설교자는 "모든 잃어버린 죄인들, 특별히 종교적이고 자의적인 사람들"에게 계속해서 집중적으로 말한다.

마태복음 3장 13-17절을 가지고 세(침)례에 대한 교리적 목적의 설교를 할 때 우리는 다음과 같은 구체적 목적을 갖는다. "신자들에게 세(침)례의 의미를 상세히 설명하고 그들이 세(침)례를 받지 않았다면 세(침)례를 받도록 격려한다." 주요 목적과 구체적 목적은 서로에게 의존하며 특정 그룹과 반응을 제시해 준다.

목적은 일반적인 것에서 구체적인 것으로 흘러간다. 내려갈수록 목적은 더 구체화된다. 목적의 세 단계 간에 존재하는 관계는 다음과 같은 그림으로 나타낼 수 있다.

사도행전 8장의 설교대지에서 주요 목적과 구체적 목적 사이의 관계를 생각해 보자.

복음적 목적

광야길에서의 기쁨(행 8:26-40)
I. 우리는 생명과 기쁨을 찾는다(26-31절).
II. 예수는 우리가 기쁨을 찾는 종착지이다(32-35절).
III. 예수를 믿기로 결단하고 광야에서 기쁨을 발견하라(36-40절).

구체적 목적: 불신자들이 예수 그리스도를 영접하고 구원의 기쁨을 경험하도록 한다

주요 목적, 설교내용, 구체적 목적 모두는 구원의 필요성이라는 동일 주제와 불신자라는 대상청중 위에서 연합된다. "기쁨"이라는 주요 단어는 설교의 통일성을 나타내준다. 다음의 설교대지에서는 제목이 각 대지에 반복해서 사용됨으로 통일성을 더해 준다.

헌신적 목적

성공적인 그리스도인의 증거(행 8:26-40)
I. 성공적인 증거는 성령의 인도하심에 예민하다(26-29절).
II. 성공적인 증거는 성경에 능하다(30-34절).
III. 성공적인 증거는 끝까지 수행된다(36-40절).

구체적 목적: 그리스도인들이 영혼을 구원하는 일에 헌신하도록 한다.

교리적 목적

증거에 있어서 성령의 역할(행 8:26-40).
I. 성령께서는 불신자들에게 죄를 깨닫게 하신다(에디오피아 내시에게 초점을 맞춤).
II. 성령께서는 신자들을 인도하신다(빌립에게 초점을 맞춤).

III. 성령께서는 말씀에 대해 마음을 얻게 하신다(28-35절).
IV. 성령께서는 회개를 이루신다(36-38절).

구체적 목적: 전도의 현장에서 성령께서 하시는 역할을 가르쳐서 그리스도인들로 하여금 성령의 능력을 신뢰하고 충성되게 증거할 수 있도록 한다.

이러한 교리적 목적을 가진 설교의 대지는 위의 네 가지 진리를 지지하기 위해 추가적인 성경말씀을 필요로 하지만 주요 아이디어는 본문에서 나온다. 본문은 네 개의 대지 각 부분에 대한 예증을 제공해 준다. 교리적 목적은 결과적으로 행동으로 귀착되어야 하며, 구체적 목적은 그리스도인들로 하여금 나가서 증거하고 성령의 능력을 신뢰하도록 만들어야 한다.

목적이 없는 설교는 사냥감이 보이지도 않는데 허공에 대고 총을 쏘아 사냥감을 맞추지 못하는 사냥꾼과 같다. 총에 가늠자와 가늠쇠가 있긴 하지만 사냥꾼은 사냥감에 적합한 화약을 장전하여 원하는 목표물을 겨냥해야 한다. 연습을 통해 사냥꾼은 목표물을 맞추고 자신의 목적을 성취할 수 있다. 설교자도 설교를 통해 특정한 필요들을 겨냥하고, 그 필요들을 채워줄 수 있는 자료들로 말씀을 장전한다. 그 결과는 효과적인 설교와 축복된 삶이 될 것이다.

참고와 적용

누가복음 14장 25-27절의 연구 결과에 의거했을 때 어느 주요 목적이 본문에 적합한가? 이 본문의 설교에 해당하는 구체적 목적을 적으라.

제11장

설교의 통일성 유지

 귀납적 성경연구와 본문의 다른 연구를 통해 당신은 설교본문의 기본적 의미를 찾게 된다. 이 기본적인 진리를 듣게 될 대상청중과 그들로 하여금 무엇을 행하도록 할 것인지 결정하라. 성경이 여러 가지 진리들을 가르칠 경우에는 설교에서 강조할 한 가지의 주요 목적을 정하라. 가장 강력한 설교는 한 가지 주제를 중심으로 연합된다. 어떤 주요 목적이 당신이 선택한 주제에 가장 적합한가? 중심 주제와 주요 목적을 염두에 두고 구체적 목적을 기술하라. 구체적 목적은 다음의 질문에 답을 해야 한다. 누가 설교를 듣게 되는가? 당신은 청중들이 무엇을 하길 원하는가? 구체적 목적이 일단 작성되면 당신은 두 가지의 다른 요소들, 즉 명제문장과 제목에 대해 작업을 할 준비가 되었다. 이 두 가지 요소는 설교의 통일성을 유지해 준다.

명제문장

 명제문장은 "설교의 핵심문장"이다. 이것은 한 문장으로 설교를 표현하는 것이다. 자우엣(J. H. Jowett)은 "나는 설교의 주제를 수정 같이 분명한 하나의 짧은 문장으로 표현하기 전에는 어떤 설교도 준비된 것이 아니라고 믿으며… 어떤 설교도 그 문장이 떠오를 때까지는 전해져서도 안 된다고 생각한다"고 썼다.[1] 이 문장이 설교의 방향을 결정한다. 그 문장을 일단 들으면 사람들은 당신이 무엇을 하려는지 안다. 이 문장은 보통 서론부분인 앞부분에서 언급되어야 한다. 명제문장은 설교의 다른 부분에서도 효과적으로 반복될 수 있다. 이것은 통일성을 지지하고 사람들에게 계속해서 주제가 무엇인지 상기시켜 준다.

분명하고 단순하며 확신을 주는 문장이 될 때까지 이 명제문장을 쓰고 또 써보라. 불필요한 단어들은 제거하라. 설교의 방향을 진술하는 데는 8에서 15단어만으로도 충분하다. 문장이 사람들에게 호소하도록 만들라. 격언의 특성을 지닌 문장으로 만들도록 노력하라. 명제문장은 설교의 대지를 요약한 것도 아니며, 주제가 어떻게 발전하는지를 말해 주는 것도 아니다. 명제문장은 설교가 무엇에 관한 것인지를 말해 준다.

명제문장은 "계속해서 바른 길을 가도록 해주는 자석과도 같다."[2] 설교의 본론은 이 명제문장의 진리를 설명하고 예증하고 적용하는 것이다. 결론과 초청은 이 문장에 근거하여 결단을 내리도록 촉구한다.

다음의 문장들은 신약성경에 나타난 제자 데마에 관한 설교를 소개해 준다. "일을 끝까지 마치는 능력"이라는 제목의 이 설교는 빌레몬서 24절, 골로새서 4장 14절, 디모데후서 4장 10절을 본문으로 이용하였다.

    여기 신약성경에서 단지 세 번만 언급된 사람이 있습니다. 많은 그리스도인들은 그의 이름을 들어본 적이 없을지도 모릅니다. 그의 이름은 데마입니다. 그는 시작은 좋았으나 종말은 비참한 인생에 있어서 가장 친숙한 비극 하나를 우리에게 보여줍니다. 그는 일을 끝까지 마치는 능력이 부족했습니다.[3]

위의 마지막 두 문장 중 어느 것이나 설교의 명제문장으로 쓸 수 있다. 설교의 도입 부분에서 청중은 설교내용이 우리가 시작한 것을 끝내는 능력에 관한 것임을 알게 된다. 그리고 서론부분에서 보다 더 구체적으로 다음과 같은 문장을 통해 설교의 명제를 다시 한 번 자세히 설명한다. "저는 사람들이 인생에서 무엇인가를 끝까지 해낼 수 있도록 능력을 부여해 주는 믿음과 인격을 축복하고 싶습니다."

"믿음의 방패"라는 제목의 한 설교에서 명제문장은 설교를 여는 질문으로서 사용되었으며, 이 질문은 성경본문을 읽은 후에 곧바로 던져졌다.

> 모든 것 위에 믿음의 방패를 가지고 이로써 능히 악한 자의 모든 화전을 소멸하고(엡 6:16)
>
> 그러나 이 지혜의 말씀을 전한 사도 바울은 자신의 믿음이 정말로 모든 것을 막아내기에 충분한 방패라고 생각했을까요?[4]

이러한 질문은 설교의 방향을 지시해 준다. 설교의 본론은 이 질문에 대답하며 믿음의 적합성을 입증해 줄 것이다.

어머니날 설교를 위해 열왕기하 4장 8-37절을 사용하였다. 명제문장은 다음과 같았다. "이상한 세대를 사는 오늘날의 모든 어머니들에게는 매우 감동적인 모범 하나가 필요합니다. 그것은 오늘날의 어머니들로 하여금 인생이라는 천으로 새로운 라이프스타일을 재단하게 하는 모범인 것입니다." 이 문장의 길이가 다소 길어보일지 모르겠다. 짧으면 짧을수록 문장은 더 강력한 힘을 발휘한다. "어머니들은 인생이라는 천으로 새로운 라이프스타일을 재단하는 데 성경의 모범을 성공적으로 사용할 수 있습니다." 더 간결한 표현은 "어머니들이여, 여기 완전히 다른 라이프스타일의 성경적 모범이 있습니다"이다. 이 설교는 성경본문에 기록된 수넴 여인에게 초점을 맞추고 그녀의 라이프스타일을 보여줄 것이다. 결론과 강단초청은 어머니들로 하여금 이러한 성경적 모범을 받아들이도록 촉구할 것이다.

"하나님은 죽은 것을 살리실 수 있습니다"는 에스겔 37장 1-10절을 본문으로 한 설교의 명제문장이다. 이 명제는 다음과 같은 설교 대지에서 보는 것처럼 전체설교의 방향을 정해 주었다. (1) 죽은 가정도 다시 살 수 있다. (2) 죽은 교회도 다시 살 수 있다. (3) 죽은 죄인도 다시 살 수 있다. 우리는 본론에서 이 명제를 설명할 뿐만 아니라 결론에서 이 주제를 다음과 같이 확대했다. "하나님의 아들 예수께서 그들에게 가시기만 하면 죽은 것들은 다시 살아날 수 있습니다."[5] 이 설교의 대지 순서가 죄인에서 시작하여 가정, 교회순으로 바뀌었다면 더 강력한 힘을 발휘했을 것이다. 생명을 경험한 죽은 죄인은 가정을 변화시키고, 변화된 가정은 죽은 교회를 다시 살리기 때문이다. 세 영역 모두가 예수의 임재를 통해 생명을 얻는다.

에베소서 1장 15-23절을 주해하면서 나는 서론부분에 다음과 같은 명제문장을 넣었다. "너무나 많은 그리스도인들이 예수 그리스도로 말미암아 하나님께서 그들의 구좌에 입금해 놓으신 막대한 영적인 부를 찾기 위하여 자기의 은행통장을 꺼내보지 않습니다."[6] 이 문장은 서론의 예화에서 취한 중요한 어구인 "은행통장을 꺼내보다"라는 단어를 삽입하였다. 제목도 같은 구를 사용하였다. 이 문장

바로 뒤에는 예화를 사용하였는데 거기서는 더욱 짧은 문장으로 힘을 모았다. "그리스도인들은 부유하지만 그 사실을 모릅니다. 그들은 결코 자신의 영적 은행통장을 꺼내보지 않습니다." 이 설교는 예수 그리스도로 말미암아 그리스도인들이 소유하고 있는 부요에 대해 말한다.

명제문장을 작성하는 것은 쉬운 일이 아니다. "저는 명제문장을 작성하는 일이 제 연구에서 가장 어려운 부분이며, 가장 흥분되는 일이면서 동시에 가장 큰 보람을 가져다 주는 작업임을 발견했습니다."[7] 설교의 주제를 짧은 한 문장으로 표현하게 될 경우에 당신은 당신의 수고가 가치가 있음을 입증하게 될 것이다. 당신은 결과적으로 설교의 방향성과 통일성 그리고 호소력을 얻게 될 것이다.

제목

한 목사가 고백했다. "저는 효과적인 제목을 작성하기 위해 최선의 노력을 기울입니다. 제가 그렇게 하는 이유는 불신자들이 '저건 바로 내가 듣고 싶은 거야'라고 말하지 않는 이상 그들은 결코 교회에 다시 오지 않을 것이라는 것을 알기 때문입니다." 그가 설교했던 일련의 제목들은 다음과 같다. "하나님도 감정이 있다", "집을 가정으로 바꿔라", "서로에게 진실을 말하라", "결혼의 불에 부채질을 하라", "위험에 처한 인격" 등이다.

제목은 의사소통에 있어서 매우 친숙한 부분이다. 신문과 잡지도 제목을 사용한다. 신문의 헤드라인은 신문 가판대에서 당신의 시선을 사로 잡는다. 영화나 책도 광고용 문구를 사용한다. 설교제목은 설교사역에 있어서 매우 유용한 도구가 될 수 있다.

제목은 설교의 주제를 가리켜 준다. 좋은 제목은 흥미를 유발시킨다. 그러한 제목하에서 청중들은 설교의 방향을 알게 된다. 많은 사람들이 그 제목으로 설교를 기억할 것이다.

효과적인 제목은 다음의 다섯 가지 사항들을 만족시켜야 한다.

1. **명확성.** 제목은 설교의 요약이 아니다. 대신에 당신은 설교가 무엇에 관한 것인지를 명확하게 말해 주는 몇 개의 단어들을 사용해야 한다. 분명하게 이해될 수 있는 제목을 선택하라. 때때로 모호함이 흥미를 유발할 수 있으나 제목으로 게임을 하는 일은 삼가라.

2. **정확성.** 설교제목은 정확하게 설교의 목적과 내용을 정의해야 한다. 설교를 준비하고 난 후에 제목이 참으로 설교와 잘 일치가 되는지 검토하라. 그렇지 않다면 설교의 제목을 바꾸라. 설교의 제목이 "왜 교회에 나가야 하는가?"라면 교회에 나가는 이유들을 말해야 한다. 설교가 교회의 기원에 대해 초점이 맞춰졌다면 제목은 정확하지 않은 것이다.

3. **한정성.** 제목을 설교의 주제에 한정시키라. 설교에서 당신이 다룰 수 없는 것들을 포함시키지 말라. "부활의 권능"이란 제목은 부활이란 주제가 광범위한 것이지만 설교는 부활의 한 측면에 한정되어야 한다. "거듭남"이란 제목은 너무나 광범위한 주제여서 제목으로 적합하지 않으며 설교의 주제로도 적합하지 않다. 이것을 "왜 우리는 거듭나야만 하는가?"와 같이 거듭남의 어떤 부분에 한정시키라.

4. **간결성.** 둘에서 일곱 단어 정도만으로도 흥미로운 제목을 작성하기에 충분하다. 한 단어로 된 제목도 보통은 너무나 일반적이다. "회개"라는 제목은 너무 일반적이고 광범위하며 범위가 넓다. 보다 나은 선택은 "어디서 회개를 발견할 수 있는가?"일 것이다. 긴 제목은 이해하기 어렵고 설교에서 사용하기가 어렵다. "구속받은 사람들의 성화에 관한 종말론적 고찰"과 같은 제목은 흥미로운 설교라기보다는 학위논문처럼 들린다.

5. **적합성.** 제목은 강단에서 사용하기에 적합해야 한다. 선정적인 제목

은 설교와 맞지 않는다. 삼손에 관한 설교의 제목을 "여인을 홀로 두려 하지 않는 남자"라고 붙인다면 적절한 제목이 아니다. 호세아의 일생에 관한 설교제목을 "창녀와의 사랑"이라 붙인다면 이 제목은 정확하기는 하지만 너무 선정적이다.

명제문장과 제목은 설교의 통일성을 유지하는 데 중요한 요소이다. 성경본문을 해석하고 구체적 목적을 기술한 후에는 이 두 가지 도구들을 준비하라. 제목은 명제문장에 의존한다. 각 도구는 동일한 명제를 가지고 있으며, 동일한 청중을 향하여 조준되어 있고, 동일한 결과를 성취하기 위해 움직인다. 이러한 일이 발생할 때 설교는 통일성을 가지게 되며 당신이 설교를 준비한 목적에 도달하게 될 것이다.

참고와 적용

누가복음 14장 25-27절의 연구에 근거하여 명제문장과 설교의 제목을 써보라.

제12장

본문작성

당신의 설교준비는 이제 설교의 본론을 작성하는 시점에 도달했다. 서론을 준비하기 전에 많은 시간을 본론에 투자하라. 누군가를 알고 있을 때 당신은 그 사람을 더 잘 소개할 수 있다. 설교의 본론을 준비한 후 무엇을 소개할 것인지 당신은 알게 될 것이다. 설교의 본론은 설교의 명제를 설명하고 예증하고 적용한다. 본론은 한두 개의 대지들, 즉 부분들(divisions)이 있으나 각 대지는 하나의 특정한 아이디어와 관련이 있어야 한다. 본론의 모든 것은 성경본문의 지지를 받아야 한다. 본문과 목적이 설교의 본론을 결정한다.

주요 대지

설교전문 잡지 "선포"(Proclaim)의 편집자로 있는 마틴 실린(Martin Thielen)은 다음과 같이 썼다. "오늘날 설교를 읽고 듣거나 혹은 설교를 준비할 때 내가 묻는 질문은 '설교의 요점들(the points)은 무엇인가?'가 아니라 '설교의 유일한 요점(the point)은 무엇인가?' 하는 것입니다. 나는 점차적으로 좋은 설교란 하나의 특정한 아이디어에 초점을 맞춘 것이어야 한다는 확신이 듭니다." 그는 피츠버그 보험회사 직원인 노라 디레니에게서 들은 이야기를 말해 준다. "우리 회사의 한 훈련강사는 14개의 주요 사항들을 15분 동안에 이야기합니다. 그의 강의를 들은 다음 날 청중 가운데 겨우 30퍼센트가 두 가지 주요 사항을 기억할 수 있습니다. 100명 중 2명도 안 되는 사람들이 네 가지를 기억해 내었습니다. 우리는 강사가 주제를 적게 잡으면 잡을수록, 예를 들어 두 가지 중요한 것만 잡았다면 최소한 15배는 더 효율적이었을 것이라고 결론지었습니다."[1]

설교의 대지 숫자는 본문과 그리고 아이디어를 전개해 나가는 방식에 따라 달라질 것이다. 모든 설교를 동일한 구조로 준비하는 습관을 피하라. 초점을 좁게 잡고 각 대지는 오직 한 가지의 아이디어만을 지지하도록 만들라.

갈라디아서 6장 7-8절을 가지고 "죄는 파멸을 가져온다"는 제목으로 오직 한 가지 대지(one-point)로 구성된 설교를 우리는 할 수 있다. 이 설교의 본론에서는 구약성경의 인물인 밧세바, 신약성경의 인물인 아나니아(행 5장), 그리고 오늘날 우리 시대의 한 사람인 찰스 콜슨(Charles Colson, 미국 닉슨 대통령의 특별보좌관이었으나 워터게이트 사건으로 실형을 선고받고 복역, 출옥 후 회심한 그리스도인으로서 평생 복음전파 사역을 해온 인물 - 편집자 주)의 이야기를 다룬다. 각 인물들은 한 가지 대지의 주제를 설명하고 예증하고 적용한다.

다음 주에 같은 본문의 마지막 부분을 가지고 "성령께서는 영생을 가져오신다"라는 또 다른 설교를 할 수 있다. 여기서도 바울의 생애와 당신의 생애 그리고 또 다른 사람의 생애를 예로 들어서 본문의 진리를 입증하는 동일한 접근법을 우리는 사용할 수 있다.

또한 이 본문을 가지고 "어떤 추수를 당신은 원하십니까?"라는 두 가지 대지(two-point)를 가진 설교를 할 수 있다. 1대지는 육신과 죄의 추수를 묘사하고 2대지는 성령의 추수에 초점을 맞춘다.

마가복음 2장 1-12절은 중풍병자를 고치시는 예수에 대해 말한다. 본문은 다음에 열거한 많은 진리들을 담고 있다. (1) 사람들이 예수께로 온다(1-2절), (2) 예수께서 말씀을 전파하신다(2절), (3) 행동하는 믿음(3-5절), (4) 죄의 용서(5-11절), (5) 치료자이신 예수님(12절), (6) 그리스도의 권세와 바리새인과 종교인들의 권세(6-10절). 한 가지 주제에 초점을 맞춰서 이 본문을 가지고 여러 개의 설교를 준비할 수 있다. 당신은 성령의 인도하심에 따라 특정한 주제와 목적을 정해야만 한다. 그리고 나서 선택한 주제를 가지고 본문을 연구하라.

귀납적 성경연구를 통해서 우리는 본문에서 많은 아이디어와 정보를 얻게 된다. 당신은 지붕의 구조라든가 사람들이 중풍병자를 예수께 데려오기 위해서 어떤 일을 했는가 하는 흥미로운 구체적 사항들을 연구를 통해서 발견하게 될 것이다. "예수께서 저희의 믿음을 보시고 중풍병자에게 이르시되 소자야 네 죄 사함을 받았느니라 하시니"라고 하신 5절 말씀이 핵심구절이다. "저희"는 누구를 말하는가? 단어들을 연구하고 그들 상호간에 갖는 관계들을 기억하라. "저희"는 침상을 들고 온 네 사람만을 가리키는가 아니면 침상 위의 병자도 포함되는가? 나는 본문이 다섯 명 모두를 포함한다고 해석한다. 그들 모두는 믿음이 있었다. 본문은 믿음에 관해 무엇을 말하는가? 예수께서는 믿음으로 반응하는 병자를 고치셨다.

어떻게 설교를 개발해 나갈 수 있는가? 먼저 목적을 정하라. 당신은 그리스도인들에게 설교할 것인가 아니면 불신자들에게 할 것인가? 교리적 목적을 취할 수도 있다. 그럴 경우에 구체적 목적은 "신자들로 하여금 믿음의 두 가지 성격을 이해시키는 것"이 된다. 명제 문장은 "동전의 앞뒤처럼 믿음은 두 가지 면을 가지고 있습니다. 하나는 예수를 믿는 것(faith in Jesus)이며 다른 하나는 예수의 믿음(faith of Jesus)입니다"이다. 설교의 의도를 말해 주는 제목을 지어보라. "믿음의 양면성", "예수께서는 믿음을 찾으신다", "당신은 예수님께 믿음을 보여드리고 있습니까?" 등이 가능한 제목들이다.

당신은 본문의 처음과 끝의 모든 내용을 이용하여 설교의 본론을 전개할 수 있다.

> I. 예수님을 믿음으로 말미암아 그분은 우리를 변화시키신다.
> "소자야, 네 죄 사함을 받았느니라." 그는 예수님을 믿었다.
> II. 예수님의 믿음으로 살면 그분이 우리를 사용하신다.
> 중풍병자를 메고 온 네 사람은 예수의 믿음을 가지고 있었다.
> 그들은 믿음으로 행했다.
> III. 예수께서는 두 종류의 믿음을 다 찾으신다.
> "예수께서 저희의 믿음을 보시고…" 예수께서는 죄인이 구원받기를 원하신다.
>
> 그분은 자기의 제자들이 믿음으로 살기를 원하신다.

이 본문을 가지고 전도를 주 목적으로 삼는 설교를 만들 수 있다. 이 목적은 설교로 구원받지 못한 사람들을 향하도록 해준다. 구체적 목적은 "모든 잃어버린 죄인들이 그리스도를 신뢰하고, 예수를 믿는 것이 새 새명을 얻는 데 필요하다는 사실을 깨닫게 한다"이다. 복음적 목적은 이제 설교의 대지를 인도한다. 모든 자료들을 당신의 대상청중인 죄인을 강조하기 위해 배열하라. 본문을 살피고 중풍병에 걸린 죄인에 관한 정보들을 알아보라. 그의 상태(3절 전반부), 그를 보살펴 준 사람(3절 후반부-4절), 그가 예수께서 자신을 도와 주실 수 있다는 사실을 믿고 그로 하여금 집안으로 데려가 달라고 한 사실(3-4절), 그가 친구들이 지붕을 열고 자신을 내릴 때 그들을 신뢰한 사실(3-4절), 예수께서 그에게 죄사함을 베푸신 사실(5절), 병자가 주님께 순종한 사실(12절) 등을 알아보라. 1-2절과 6-8절은 이차적인 것들과 관련이 있다. 이것들을 가지고 주요 대지들을 세우지 말라. 이 구절들은 주요 초점인 중풍병자(죄인)와 그의 결단을 지지해 주는 자료로 사용하라.

네 개의 대지를 가진 복음적 설교는 다음과 같은 명제문장을 가질 수 있다. "죄의 중풍병을 극복하는 것은 가능한 일입니다", "죄로부터 탈출하라", "죄의 중풍병을 극복하라", "죄의 용서를 얻는 법" 등이 가능한 제목들이다. 이 제목들은 모두가 본문의 단어들을 강조한다. 두 번째 제목의 설교는 죄를 어떻게 극복할 것인가에 대해 대답해 준다.

> 다음처럼 행동할 때 당신은 죄의 중풍병을 극복할 수 있습니다.
> I. 죄로 말미암아 발생한 당신의 상태를 인정하십시오(3-4절).
> II. 당신을 보살펴주는 사람들의 사랑의 권고를 따르십시오(3-5절).
> III. 믿음으로 예수께 돌아가십시오(3-5절, 11절).
> IV. 지금 예수께 순종하여 죄를 극복하십시오(12절).

새 대지를 소개할 때마다 당신은 제목을 사용할 수 있다. 또한 당신은 제목의 주요 단어들을 새 대지마다 사용할 수 있다.

> I. 당신은 죄의 중풍병을 인정해야 합니다.
> II. 다른 사람들은 당신이 죄의 중풍병을 이기길 원합니다.
> III. 예수께서는 당신의 죄의 중풍병을 이길 능력을 가지고 계십니다.
> IV. 당신이 예수님을 신뢰하고 순종할 때 당신은 죄를 이길 것입니다.

동일한 본문을 가지고 헌신적 목적의 설교를 작성할 경우에는 다음과 같은 구체적 목적을 가진다. "신자들이 전도의 책임을 인정하고, 잃어버린 사람들을 예수께로 데려오는 일에 자신을 헌신하도록 한다." 명제문장은 "나는 그리스도의 용서의 통로인가?"이다. 이 설교는 예수께로 중풍병자를 메고 온 네 사람에게 초점을 맞춘다. 그들은 믿음이 충만한 그리스도인 전도자들에 대한 모범이다. 그들의 잃어버린 친구에 대한 관심은 결국 그 병자의 구원과 연결된다. 이 설교에 있어서 가능한 제목들은 "죄인들을 예수께 데려오라", "그들을 데려오라", "영혼을 얻는 믿음", "영혼을 얻는 자의 믿음" 등이다.

　마지막 제목은 5절 말씀에 있는 주요 단어를 사용하고 있다. 설교의 본론은 중풍병 걸린 죄인을 예수께로 데려오는 네 사람의 믿음을 입증한다. 이러한 관점에서 본문을 다시 연구하라. 본문이 네 사람과 그들의 믿음에 관해 무엇을 말해 주고 있는가? 더 큰 문맥(1:21-37)에서 살펴보면 우리는 예수께서 이전에 이 동네를 방문하셨음을 알게 된다. 많은 사람들이 병과 귀신으로부터 놓임을 받았다. "온 동네가 문 앞에 모였더라"(1:33). 네 사람은 아마도 그 무리 중에 있었을 것이다. 그들은 예수에 대해 들었고 그분의 기적을 보았고 그분을 믿게 되었다. 당신의 상상력을 사용하여 그들이 서로 협조하고 결정하고 행동하는 믿음을 마음 속으로 그려보라. 그들은 자기들의 친구를 예수께 인도하는 데 걸리는 장애물들을 다 인내하였다. 그것은 행동하는 믿음에 있어서의 흥분되는 장면이다. 예수께서는 "그들의 믿음을 보셨고" 그들은 자기들의 친구가 변화를 받는 큰 복을 받았다. 그들이 메고 왔던 그 사람이 자리를 들고 앞문으로 걸어 나온 것이다! 본문은 영혼을 얻는 전도자의 믿음에 관해 네 가지 대지를 제공해 준다.

  I. 영혼을 얻는 전도자는 예수님을 안다(1:21-37).
  II. 영혼을 얻는 전도자는 예수께서 누구든지 변화시키실 수 있다는 것을 믿는다(2:3).
  III. 영혼을 얻는 전도자는 결단의 믿음을 가지고 있다(2:4).
  IV. 영혼을 얻는 전도자의 믿음은 실망하지 않는다(2:5-12).

지금까지 언급한 세 설교에서 본문과 구체적 목적이 대지를 결정한다. 설교의 본론은 구체적 목적과의 관계에서 형성된다. 명제와 구체적 목적을 지지하는 아이디어들만이 설교의 본론에서 사용된다. "예수께서는 죄를 용서하시는 권세를 가지고 계시다"라는 아이디어는 상기의 헌신적 목적의 설교에 적합한가? 7-9절은 이 아이디어를 담고 있으나 이것은 제1대지의 자료를 지지하는 것 외에는 전도설교에 적합하지 않다. 당신은 예수께서 하실 수 있는 일과 종교 지도자들이 하고 있던 일을 서로 비교할 수 있다. 이 아이디어는 복음적 목적의 설교의 제3대지에 포함된다.

설교의 주요 대지는 청중에게 아이디어를 설명하고, 예증하며, 적용시킨다. 또한 주요 대지들은 설교의 본문에서 서로 부드럽게 연결되어야 한다. 이러한 부드러운 연결은 전환문장을 통해 가능해진다.

전환문장

전환문장은 방과 또 다른 방 사이의 문과 같은 역할을 한다. 이것은 설교의 부분들을 연결하여 설교의 한 부분을 다른 부분과 관련시킴으로써 설교의 통일성을 돕는다. 전환문장이 없다면 설교의 구조는 부러진 뼈대와 같다. 전환문장은 보통 세 가지 형태를 취한다.[2]

1. 각 대지를 말한다. 이런 경우의 전환문장은 앞의 개념을 진술하고 그리고 뒤이어 나오는 개념을 말한다. 마가복음 2장에 관한 상기의 설교에서 제1대지와 제2대지간의 전환문장은 다음과 같이 될 수 있다. "영혼을 얻는 전도자는 예수님을 알고 또한 예수께서 누구든지 변화시키실 수 있다는 것을 믿습니다." 두 대지의 문장 모두가 언급되었다.

2. **제1대지를 말하고 다른 대지는 넌지시 나타낸다.** 이러한 형태의 전환문장은 두 대지 중에서 오직 한 대지만을 언급한다. 영혼을 얻는 전도자의 설교에서 제2대지와 제3대지 사이의 전환은 다음처럼 이뤄질 수 있다. (가) "영혼을 얻는 전도자의 믿음은 예수께서 누구든지 변화시키실 수 있다는 것을 믿습니다. 그러나 그의 믿음에는 또 다른 특성이 있습니다." (나) "이것은 영혼을 얻는 전도자의 믿음에 대한 두 번째 특성이지만 그러나 그는 또한 인내하는 믿음을 가지고 있습니다." (가) 문장은 제2대지를 언급하고 제3대지를 넌지시 나타낸다. (나) 문장은 제2대지를 넌지시 나타내고 제3대지를 모두 진술한다. 이 둘 모두가 대지를 이어주는 전환문장으로 사용될 수 있다.

3. **두 대지 모두를 넌지시 나타낸다.** 이 전환에서 두 대지 모두 완전히 언급되지 않는다. 이러한 전환의 예는 마가복음 2장의 영혼을 얻는 전도자의 설교의 제3대지와 제4대지 사이에서 찾을 수 있다. 전환문장은 다음과 같다. "이 네 사람은 우리에게 그들의 믿음의 세 가지 특성을 보여 주었습니다. 그러나 한 가지 특성이 더 있습니다."

이제 마가복음 2장 1-12절에 관한 복음적 설교의 대지는 이 모든 전환문장을 사용하여 아래와 같이 확장된다. 전환문장들은 모두 강조되어 있다.

> I. 당신은 **죄의 중풍병을 인정해야만 합니다**(3-4절). 당신은 당신이 무능한 존재라는 사실을 기꺼이 인정하시겠습니까? 죄는 당신을 중풍병자로 만듭니다(이 부분은 죄의 파괴성과 또한 성령이 죄를 깨닫게 하심과 하나님을 향한 회개가 없이는 죄를 극복할 수 없는 인간의 무능력

함을 설명한다). **당신이 당신의 상태를 인정할 때 그리고 또한 당신이 그것을 이기길 원하는 사람들의 도움을 받아들일 때 당신은 죄를 이기기 시작합니다.**

II. **다른 사람들도 당신이 죄를 이기길 정말로 원합니다(3-5절).** 이 중풍병자가 이러한 네 명의 친구들을 두었다는 것은 얼마나 다행스러운 일입니까? 그들은 그에게 예수님에 대해 이야기했습니다. 그리고 그를 메고 예수님께 갔습니다. 그들은 친구를 예수님 앞으로 데려가는 데 존재하는 모든 장애물들을 극복했습니다. 다른 사람들도 당신이 죄를 이기길 원합니다. 친구들이 이 시간 기도하고 있습니다. 어떤 사람이 당신을 이곳으로 초대했습니다. 당신의 아내가 당신에게 증거했습니다. 어린 아이가 당신에게 성경을 주었습니다. 이러한 사랑에 당신은 어떻게 반응하시겠습니까? 예수님을 아는 사랑하는 이 친구들의 말을 들으십시오. 그러면 당신은 그것이 사실이라는 것을 알게 될 것입니다. 이 중풍병자는 우리에게 죄를 이기는 두 가지 단계들을 보여 주었습니다. 그러나 한 가지가 더 남아 있습니다.

III. **예수께서는 당신에게 있는 죄의 중풍병을 이기실 능력을 가지고 계십니다(5-11절).** 당신이 시도한 모든 것들은 실효를 거두지 못했습니다. 예수께서는 그것을 하실 수 있습니다! 그분의 대적자들은 "오직 하나님 한 분 외에는 누가 능히 죄를 사하겠느냐?"라고 말했습니다. 예수께서는 하나님이십니다. 그분은 당신의 죄를 위해 죽으셨고 죄와 사단을 이기시고 무덤에서 승리하심으로 부활하셨습니다. 예수께서는 오늘 이 자리에서 모든 사람들에게 이렇게 말씀하고 싶어하십니다. "아들아, 네 죄 사함을 받았느니라!" 예수께서는 죄를 이길 능력을 가지고 계십니다. 하지만 당신은 그 승리를 경험하기 위해 한 가지 마지막 단계를 취해야만 합니다.

IV. **당신이 예수님을 신뢰하고 순종할 때 당신은 죄를 이길 수 있을 것입니다(12절).** 중풍병자는 예수님을 믿었습니다. "그가 일어나 곧 상을 가지고 모든 사람 앞에서 나가거늘…." 중풍병자는 예수님의 말씀을 듣고 그분의 말씀을 믿었습니다. 당신도 예수님을 믿으시겠습니까? 당신이 참으로 죄의 중풍병에 걸리게 하는 능력으로부터 자유함을 얻기 원한다면 당신은 이 시간에 주님을 신뢰해야 합니다. 그분은 당신의 인생을 변화시키실 능력을 가지고 계십니다. 성령께서도 당신이 변화되어야 할 필요를 확신시키십니다. 성령께서 그 일을 하시도록 하십시오. 다른 사람들도 당신이 예수님을 신뢰하길 원하지만 그것은 당신이 결단해야만 합니다. 지금 결단하시고 죄의 중풍병을 이기는 승리와 새생명의 삶을 경험하십시오.

전환문장은 설교의 각 부분을 부드럽게 전환시켜 준다. 서론과 첫 대지 사이, 그리고 각 주요 대지 사이에서 전환할 때 여러 가지 형태들을 사용하라.

설교의 본문은 성경본문에서 택한 한 가지 주제를 다뤄야 한다. 그리고 대지들은 자연스럽게 본문에서 나온 것들이어야 한다. 중심내용을 지지하지 않는 자료들은 버리라. 그리고 각 대지는 반드시 구체적 목적을 지지하고 전환문장과 함께 설교의 각 부분과 연결되도록 하라.

참고와 적용

당신의 서가에서 설교집 한 권을 선정하여 그 가운데 설교 한 편을 대상으로, 위의 기준에 따라 본문 부분을 평가해 보라.

제 13장

설교구조

존 브로더스(John A. Broadus)는 설교자를 건축가에 비유했다. "수집한 자료에서 설교자는 건축물을 건설해야 한다."[1] 설교의 구조란 알기 쉬운 설교를 제시하기 위해 자료를 배열하는 방식이다. 설교의 구조가 없다면 혼동이 발생한다. "하나님은 어지러움의 하나님이 아니시다"(고전 14:33). 바울의 예배에 관한 지침은 설교에도 적용된다. "모든 것을 적당하게 하고 질서대로 하라"(고전 14:40). 설교의 구조는 보다 나은 의사소통을 위해 자료들을 질서정연하게 배열하는 역할을 해준다.

설교구조의 가치는 무엇인가? 설교를 조직하는 데 따르는 유익은 무엇인가? 구조는 설교를 이해하기 쉽게 만들어 준다. 당신은 "렌지오"라는 단어가 무엇을 뜻하는지 알 수 있는가? 이 단어를 다르게 배열하면 무슨 뜻인지 알게 된다. "오렌지." 이제 마음은 너무나 훌륭한 과일을 그리게 된다. 당신이 과일가게 점원에게 "렌지오"을 달라고 한다면 그는 당신에게 통역을 해달라고 할 것이다. "오렌지"를 구하면 의사소통이 발생된다. 분명히 당신도 설교할 때 청중들이 설교를 이해하기를 열망한다. 당신의 설교가 보다 더 쉽게 이해되도록 자료들을 배열하라.

구조는 설교를 보다 더 설득력 있게 만들어 준다. 설교는 사람들을 결단에 이르도록 하는 목적을 가지고 있다. 당신은 청중들이 "하나님의 뜻에 긍정적으로 반응하길" 원한다. 당신은 하나님의 뜻을 보다 더 설득력 있게 만들 수 있는 방법으로 설교자료를 배열할 수 있다. 설교구조는 핵심사상을 중심으로 자료들을 연합시켜 준다. 그것은 마치 도끼로 나무를 자르는 것과 같다. 나무꾼은 나무의 위아래를 찍지 않는다. 그는 한 지점을 나무가 쓰러질 때까지 찍는다. 그는 온몸을 조절하고 그의 에너지는 그 한 지점을 향한다. 생스터 (W. E. Sangster)는 "어떠한 설교도 구조가 강하지 않으면 참으로 강한 설교라 할 수 없다"라고 말했다.[2]

구조는 청중의 관심을 계속해서 붙드는 데 도움을 준다. 한 악단의 악기들은 서로 다른 소리들을 낸다. 각 연주자들이 자신의 악보를 질서 없이 연주한다면 청중들은 곧 등을 돌릴 것이다. 그 소리는 귀에 거슬리고 흥미가 없게 된다. 모든 악기들이 자기 파트를 질서 정연하게 연주할 때 그 결과 귀는 즐겁다. 사람들은 듣고 전체 작품을 이해하게 된다. 악단이나 교향악단의 연주를 듣는 대부분의 사람들은 각 부분이 어떻게 배열되어 있는지는 알지 못하지만 그들은 그 결과를 좋아한다. 악단은 그들의 관심을 지속적으로 붙든다. 당신도 청중의 관심을 계속해서 붙들기 위해 설교를 배열할 수 있다.

구조는 사람들이 설교를 기억하는 데 도움을 준다. 마누엘 스코트(Manuel Scott)는 모든 설교는 "휴대용"이어야 한다고 말했다. 사람들은 설교를 집에까지 가지고 갈 수 있어야만 한다.[3] 성경적 진리와 그에 대한 적용은 청중의 삶의 일부분이 되어야 한다. 그들이 설교를 기억할 수 없다면 이러한 일은 일어날 수 없다. 설교의 구조는 기억하게 만들어 준다.

좋은 설교구조의 특성들

좋은 설교의 구조는 통일성, 자연스러운 배열, 균형, 호소력의 네 가지 특성을 지닌다. 통일성이란 배열이 중심 내용을 지지한다는 것을 의미한다. 이 중심내용은 본문에서 나오며 설교의 각 대지의 지지를 받는다. 클로비스 채펠(Clovis Chappell)은 설교는 "출발하여, 여행을 하고 도착지에 도착해야 한다"고 말했다.[4] 구조는 설교로 하여금 이런 것들을 할 수 있도록 해준다. 때때로 설교자는 도착지에 도달하기 전에 너무나 많은 길을 여행한다. 이렇게 중심내용에서 여러 번 우회하면 설교는 길어지고 메시지는 힘이 약해진다.

다음에 나오는 성령에 관한 강해적이고 교리적인 설교의 대지는 배열에 있어서 통일성을 가지고 있다.

하나님의 성령(요 3:8)

I. "바람이 임의로 불매." 이는 성령의 무한한 활동을 말한다.
II. "어디서 오며." 이는 성령의 절대 자유를 말한다.
III. "네가 그 소리를 들어도." 이는 성령의 명백한 증거를 말한다.
IV. "어디서 오며… 알지 못하나니." 이는 성령의 불가사의한 기원을 말한다.
V. "어디로 가는지." 헤아릴 수 없는 성령의 운명을 말한다.[5]

자료의 배열은 본문이나 혹은 주제와 자연스럽게 조화를 이뤄야 한다. 위의 설교는 본문 단어들의 흐름을 따른다. 요한복음 3장에 관한 복음적 설교는 본문으로 자연스럽게 흘러나오는 대지를 따른다.

인생 최대의 추구에 대한 해답(요 3:1-15)
I. 인간은 생명을 찾는다(1-2절).
    성공은 하나 만족이 없다. 종교를 갖고 있으나 확신이 없다.
II. 예수님은 인생이 찾는 것들에 대해 해답을 주신다(3-9절).
    당신은 거듭나야 한다. 이것은 모든 사람들의 필요이다(3절). 주님의 대답은 종종 오해를 일으킨다(4절). 인생이 찾아 헤매던 일은 영적인 탄생에서 끝이 난다(5-8절).
III. 우리는 생명을 가지신 예수님의 대답을 받아들여야 한다(9-15절).
    종교 대신에 그리스도를 영접하라(10-11절). 주를 믿고 그분을 신뢰하라(12-15절).

커다란 얼음 덩어리는 깔대기 안으로 들어가지 않는다. 얼음의 모양이 그릇의 모양과 조화되지 않기 때문이다. 얼음을 녹이면 얼음물을 쉽게 깔대기에 부을 수 있다. 당신의 설교를 성경본문과 조화되지 않는 배열로 만들어 억지로 붓지 말라. 자연스러운 배열은 절정을 향해 움직인다. 구조를 통해 우리는 기초공사부터 시작해서 완성된 건물이 되기까지 건축을 할 수 있는 것이다.

좋은 설교의 구조는 균형을 유지한다. 한쪽 바퀴가 펑크 난 자동차는 움직일 수는 있으나 매우 천천히 움직인다. 설교의 각 부분들도 중심 내용을 동일하게 지지를 하면서 균형을 유지해야 한다. 이것은 아래의 학생이 한 설교의 배열처럼 각 부분이 동일한 구조를 지녀야 한다는 것을 의미하지는 않는다.

비범한 삶을 살라(단 1-3장)
다니엘과 세 친구는 비범한 삶을 보여준다.
I. 비범한 삶은 높은 수준의 생활양식을 가지고 있다.
    가. 다니엘과 그의 친구들은 이러한 생활양식을 선택했다(1:8).

나. 이러한 생활양식은 높은 목표를 가진다(1:4, 17-20).
다. 이러한 삶을 살기 위해서는 하나님의 은혜와 자비가 필요하다
(1:9,17; 2:28).
II. 비범한 삶은 타협이 없는 삶이다.
가. 다수가 타협한다 할지라도(3:7).
나. 그것이 지위를 잃는 것이라 할지라도.
다. 죽음에 직면한다 할지라도.
라. 하나님이 구원하지 아니하신다 할지라도(3:17-18).

두 대지는 서로 다른 양의 자료를 가지고 있다. 그러나 본문은 이모든 아이디어들을 다 지지하며 설교는 균형을 유지하고 있다.

설교구조에 균형이 깨지는 현상은 중심 내용과 상관없는 문제들에 대해서 너무나 많은 자료들을 부여할 때 생긴다. 이렇게 추가적으로 붙인 자료들은 중심 내용의 힘을 빼앗아 간다. 또한 주요 대지에서도 부적절한 자료는 불균형을 만들어 낸다.

좋은 설교구조의 또 다른 특성은 호소력이다. 벽돌과 불 중에 어느 것이 더 관심을 집중시키는가? 분명히 불이 더 호소력이 있을 것이다. 왜냐하면 불은 활동적이고 살아 있는 것처럼 보이기 때문이다. 당신의 설교자료를 청중들에게 호소력이 있도록 배열하라. 살아 있는 몸과 죽은 몸 모두가 뼈대를 가지고 있다. 뼈대는 구조를 유지해 주지만 몸의 생명이 없으면 뼈대는 소용이 없으며 단지 시체를 치울 때 편리할 뿐이다. 당신의 설교구조도 호소력이 있고 살아 있어야 한다. 앤드류 블랙우드는 "살이 없는 뼈가 해골이 되듯이 뼈가 없는 살은 해파리가 된다. 따라서 뼈만 앙상한 해골도 해파리도 그 어느 것도 좋은 설교가 되지 못한다"라고 썼다.[6]

설교구조의 다양성

최선을 다해서 자료를 배열하는 방법을 찾고 설교를 다양하게 건축하는 법을 개발하라. 항상 같은 배열을 사용하는 습관을 가졌다면 사람들은 관심을 덜 보일 것이다. 설교구조에는 많은 다양한 것들이 있다.

한 가지 배열법은 어떤 일이 일어난 혹은 일어나야만 하는 시간의 순서대로 자료를 모으는 것이다. 구원에 관한 설교가 이런 방식으로 배열될 수 있다. 우리는 구원을 받았다(과거 - 회심). 우리는 구원을 받고 있는 중이다(현재 - 그리스도께서 지금도 우리를 변화시키시고 계시다). 우리는 구원을 받을 것이다(미래 - 우리가 천국에 갈 때).

성경의 인물에 대한 설교를 할 때 우리는 그 인물에게 시간적인 순서에 따라 발생한 여러 가지 사건들을 중심으로 배열하여 설교할 수 있다. 창세기 37-50장은 요셉의 이야기이다. 요셉의 인생에 역사하시는 하나님의 섭리를 추적하는 설교는 요셉의 경험을 묘사해 주는 주요 장면들을 중심으로 만들어질 수 있다.

결단을 설명하고, 그 결단에 따르는 결과들을 보여주는 것도 또 다른 배열법이다. "당신이 예수님을 만났다면"이란 흥미로운 제목의 설교대지가 이러한 접근을 시도했다(눅 24:33-35).[7]

    I. 당신은 죄를 거부함과 아울러 용서를 알게 될 것이다.
    II. 당신은 다른 사람들과의 관계에서 모든 일을 바르게 하고 싶어할 것이다.
    III. 당신은 당신 자신을 믿을 것이다.
    IV. 당신은 주님의 뜻을 행할 것이다.

잘 알려진 구조 중의 하나는 설교의 대지로서 질문형식을 사용한다. 요한복음 3장 1-17절의 설교를 이런 식으로 구성해 보자. 누가 새로운 탄생을 필요로 하는가? 새로운 탄생이란 무엇인가? 어떻게 사람은 거듭나는가? 다음처럼 가상의 질문에 대한 답을 설교의 대지로 잡는 것도 흥미로운 다양한 구조 중의 하나이다. (1) 죄는 새로운 탄생을 요구한다(왜?), (2)성령께서는 새로운 탄생을 행하신다(어떻게?), (3) 모든 사람들이 거듭날 수 있다(누가?).

비교 - 대조의 설교구조에서는 두 사람이나 두 진리를 서로 비교하여 유사점과 차이점을 보여줄 수 있다. 누가복음 16장 19-31절은 부자와 거지 나사로 사이의 대조를 보여주도록 배열될 수 있다. 그 결과 나사로의 믿음이 지니는 특성을 입증할 수 있을 것이다.

사도행전 14장 8-18절을 설교자들에 대한 설교로 사용해 보았다. 이 설교를 두 부분으로 나누었다. 첫 번째 부분은 설교자들이 다른 사람들과 같다라는 점과 또 하나는 그들이 다른 사람들과 같지 않다는 점이다. 이 설교는 설교자들을 모든 사람들과 비교하고 나서 그들을 대비시킨다. 첫 부분은 설교자들이 인간임을 강조하고 두 번째 부분은 사역자로 부르심을 받은 그들의 독특한 소명을 강조한다.

율법과 복음, 옛 언약과 새 언약, 믿음과 행위, 육신과 성령 등과 같은 많은 주제들을 비교 - 대조의 구조로 개발할 수 있다.

문제 - 해답의 구조는 문제를 제기하고 나서 그에 대한 해답을 제시한다. 이런 구조는 종종 윤리적 목적의 설교에서 사용되며, 목회적 목적의 설교용으로도 좋은 구조가 될 수 있다. "역경을 승리로 바꾸라"는 제목의 설교(대하 32:1-8)도 고난받는 신자들의 문제를 제기한다. 왜 신실한 자들이 고난을 받는가? 이 설교는 역경의 존재와 역경의 극복 두 부분으로 나뉜다. 첫 번째 부분은 문제를 제기하고 신자들이 왜 고난을 받는지 그 이유를 설명해 준다. 두 번째 부분은 역경에 반응하는 몇 가지 방법들을 보여준다.

많은 설교들은 단지 하나의 주요 대지를 갖는 구조를 취한다. 설교의 본론은 단지 하나의 아이디어를 설명하고, 예증하고 적용한다. 이러한 설교에서 우리는 한 아이디어가 성경인물에서, 역사 속 인물에서, 그리고 설교자의 인생에서 어떻게 성취되어 나아가는지를 보여준다. 설교는 강물처럼 흘러가지만 그 "강물"은 언제나 한 주제의 물길 안에 머무른다.

귀납적/연역적 설교

프레드 크래독(Fred Craddock)은 다음과 같은 사실을 관찰했다. "방법이 곧 메시지이다. 이 명제는 설교에서도 마찬가지로 적용된다. 어떻게 설교하는가는 대체적으로 무엇을 설교하는가와 같다. 중요한 것은 단순히 목적지가 아니라 그 여행 자체이다."[8] 전통적으로 대부분의 설교는 연역적인 방법을 취해 왔다. 설교자는 주제를 언급하고 그것을 설명하고 예증하고 필요로 하는 특정 부분에 적용을 한다. 연역적 방법은 계속해서 하나님의 진리를 전하는 데 중요한 도구로 살아 남을 것이다. 본 교재도 시작부분에서는 이 방법을 강조하지만 기본적인 연구방법들을 습득한 후에 설교자는 다양한 형태의 설교를 할 수 있어야 한다.

설교를 한번 귀납적으로 시도해 보지 않겠는가? 귀납적 설교는 당신이 귀납적 성경연구에서 경험한 흥미진진한 발견들을 회중도 경험하게 만들어준다. 본문에서 발견한 진리를 설교의 시작부분에서 제시하고 그것을 입증하는 대신에 사람들의 필요로 시작하여서 사람들로 하여금 당신과 함께 여행을 하여 결론 부분에서 진리를 발견하도록 하라.

귀납적 설교는 이야기를 사용한다. 이야기는 강력한 힘을 가지고 진리를 전달한다. 복음서 한 책을 훑어 보면 성령께서 보존하신 예수 그리스도의 모습이 얼마나 많은 이야기 형태로 되어 있는지 알 수 있을 것이다.

회중은 질문을 사용할 때 더 깊이 설교에 빨려들 수 있다. 귀납적 성경연구에서 사용한 질문들을 이용하라. 직접적이고 웅변적인 질문을 통하여 청중에게 자극을 주어 마음 속에서 설교에 반응하도록 하라. 비유, 유비, 그리고 대화방식도 창조적인 귀납적 기술들이다. 랠프 루이스(Ralph L. Lewis)는 다음과 같이 썼다. "설교가 사실에 있어서 매우 정확하고, 교훈적인 면에서도 건전하고, 성경적인 면에서도 분명하며, 교리적으로도 정통성을 띠면서도, 청중들의 관심을 끌지 못하면 여전히 아무것도 성취하지 못할 수 있다. 청중의 관심을 끄는 것이 관건이다. 그러므로 설교에 있어서 귀납적인 방법은 청중을 끌어들이는 힘이 된다."[9]

주제설교 · 강해설교

나는 여러 해 동안 많은 설교를 들었는데 나는 설교자들이 주제설교를 선호한다는 사실을 발견했다. 주제설교는 한 주제를 택하여 그것을 성경본문과 상관없이 발전시키는 것이다. 다음의 세(침)례에 관한 교리적 설교는 주제설교이다.

    우리는 왜 세(침)례를 받는가?
    I. 우리는 예수님의 모범 때문에 세(침)례를 받는다(마 3:13-17).
    II. 우리는 예수님의 명령 때문에 세(침)례를 받는다(마 28:18-19).
    III. 우리는 신약의 모범 때문에 세(침)례를 받는다(행 2:40-41).

Ⅳ. 우리는 세(침)례의 의미 때문에 세(침)례를 받는다(행 6:3-4).

이 설교의 각 대지는 세(침)례란 주제에 관련되어 있으며 제목의 질문에 대해 답하고 있다. 설교자는 관련 자료들에 근거하여 자기 스스로 자료들을 배열하였다.

주제설교에는 두 가지 일반적인 약점이 있다. 첫 번째 약점은 주제가 너무 광범위하다는 것이다. "예수님의 부활"에 대한 설교는 몇 번에 걸쳐서 설교할 만한 내용이다. 이러한 접근은 살아 있는 말씀이라기보다는 강의형식에 더 가깝다. 제한이 없는 주제는 설교를 길게 만들고 이해하기가 더 어렵게 된다. 많은 주제설교의 두 번째 약점은 성경과의 연관성이 약하다는 것이다. 이러한 약점을 설명하는 데 반복적으로 쓰이는 말이 있는데 그것은 "설교자는 성경에서 본문을 읽고서 그곳을 떠나 결코 그곳으로 다시 돌아오지 않는다"라는 말이다. 진실로 성경적 설교는 성경에 확고한 근거를 둔 아이디어를 가지고 있어야 한다.

강해설교도 성경의 본문을 취하여 그 의미를 "드러내고" 그것을 삶에 적용시킨다. 주제와 본론은 성경에서 나온다. 강해설교는 보통 성경의 가르침을 더 많이 담고 있으며 그 결과 더 조직적인 성경연구를 낳는다.

이러한 유형의 설교에 대해 반대의견으로 자주 표현되는 말은 "강해설교는 단조롭고 지루하다"는 것이다. 이러한 반대는 "단지 본문을 읽은 후에 본문에 대해 매우 표면적인 해석을 하지만" 사람들의 필요와는 전혀 상관이 없는 설교를 하는 경우에 해당되는 말이다.

강해설교는 때로는 통일성이 부족한 경우도 있다. 이러한 설교는 각 구절에 대해 여러 가지 생각들을 표현한 것에 불과하다. 그 생각들은 실에 꿰지 않은 구슬과도 같다. 베드로후서 1장 1-11절에 대해서 다음의 두 가지 접근 중 어느 것이 더 강력한가?

베드로후서 시작부에서 베드로는 우리에게 많은 진리를 가르쳐 줍니다(벧후 1:1-11).
1. 그는 우리에게 그의 권위를 상기시켜 줍니다(1절).
2. 그는 구원받은 자들에게 편지하고 있습니다. 우리는 하나님께 의롭다 하심을 받았습니다. 우리의 믿음은 베드로의 믿음처럼 값진 것입니다.
3. 은혜와 평강 두 가지 복은 우리의 것입니다(2절).
4. 그리스도는 우리에게 필요한 모든 것을 주십니다(3절).
5. 우리는 우리의 믿음을 더해야만 합니다(5-9절). 이러한 믿음은 우리를 매우 효율적으로 만들 것입니다.
6. 당신은 당신의 부르심에 대해 확신하고 있습니까?(10절)
7. 당신은 천국에 들어갈 확신이 있습니까?(11절)

예수님을 아는 복(벧후 1:1-11)

본문에서 베드로는 세 번씩이나 "우리 주 예수 그리스도를 아는 지식"(2, 3, 8절)에 관해 쓰고 있습니다. 이 구절들은 우리가 주 예수님을 알기 때문에 우리가 받는 복들을 우리에게 말해 줍니다.
1. 우리는 그분 앞에서 동등함의 복을 가지고 있습니다(1절). 베드로는 위대한 종이요 사도였지만 우리의 믿음도 그의 것처럼 소중합니다. 모든 그리스도인들은 은혜와 평강을 받습니다.
2. 우리는 풍성한 생명의 복을 받습니다(3-7절).
3. 우리는 효과적이면서도 열매가 풍성한 봉사의 일을 하는 복을 받을 수 있습니다(8-9절).
4. 우리는 천국에 들어갈 때 영생의 복을 받을 것입니다!(11절)
이 모든 복은 주 예수님을 안 결과로 주어집니다.

존 브로더스는 더 나은 강해설교를 준비하기 위해 여러 가지 제안을 하였다.[10] 먼저, 당신이 강조하고자 하는 사항들을 본문에서 신중하게 택하라. 가장 중요한 사항들과 본문의 중심내용을 지지해 주는 사항들만을 사용하라. 성경의 다른 부분에서 너무 많은 성경구절을 인용하지 말라. 이런 행위는 본문의 관심을 흐리게 할 것이다. 마지막으로 반드시 강해된 내용을 삶에 적용시키라. 성경을 설명하는 것만으로는 충분하지 못하다. 사람들은 삶의 도움을 필요로 한다.

구조는 설교를 이해하기 쉽게 해주고 보다 더 확신 있게 만들어준다. 설교의 형태도 청중의 관심을 끌고 계속해서 관심을 유지하도록 도와준다. 구조가 좋으면 설교는 통일성, 자연스러운 배열, 균형, 호소력 등을 갖게 된다. 프레드 크래독은 우리에게 다음과 같은 사실을 일깨워준다. "매주일마다 '기상나팔'을 부는 사람은 회중이 새 날이 밝았다는 것을 믿지 않는다는 사실에 놀라지 말아야 한다. 또한 매주일 '소등 나팔'을 부는 사람은 청중들이 진실로 인생의 막이 내렸다는 사실을 믿지 않는다는 것을 인식해야 한다."[11]

참고와 적용

설교구조의 또 다른 방법은 진단질문과 통일된 단어를 사용하는 것이다. 해롤드 브라이슨(Harold T. Bryson)과 제임스 테일러(James C. Taylor)가 공저한 「청중의 필요를 채우는 설교작성법」(*Building Sermons to Meet People's Needs*, 요단출판사)을 연구하라. 이 방법과 구조를 사용하여 누가복음 14장 25-27절의 설교를 작성해 보라.

제14장

"결론적으로"

유두고는 바울이 설교하는 동안에 잠이 들어 창문에서 떨어졌다 (행 20:9-12). 바울 사도가 "계속해서 이야기하는 동안에" 유두고는 바울이 설교를 결론짓는 법을 모른다고 생각했을지도 모른다! 당신은 설교를 끝맺는 몇 가지 방법들을 알아야 한다.

설교의 결론은 설교를 적절하게 끝을 맺도록 해준다. 결론부분은 성경을 삶과 관련시키는 당신의 마지막 기회다. 결론부분에서 청중들은 설교의 결과로서 내려야 할 결단과 직면한다. 당신이 설교를 끝내려고 하는 부분이 논리적으로 맞는 것처럼 보일지라도 그것이 항상 최선은 아니다. 마지막 대지가 끝난 후에 바로 설교를 멈추는 것은 부자연스러우며 매우 비효과적이다.

법정에서 변호사의 최후변론은 매우 중요하다. 그는 판사와 배심원들에게 마지막 호소를 할 때 열심히 말한다. 판사와 배심원단에게 자기 변론의 정당성을 마지막으로 확신시키는 기회가 왔기 때문이다. 브로더스는 결론부분이 서론부분보다 더 중요하다고 믿었다.

나는 사람들이 설교가 곧 끝난다는 사실을 알게 해주는 표시로 종종 사용되는 "결론적으로"라는 말을 본장의 제목으로 달았다. 그러나 이 말은 청중의 관심을 설교에서 예배를 마치고 떠나는 데로 관심을 돌리기 때문에 매우 효과적이지 못하다. 사람마다 설교의 길이가 얼마나 되어야 하는지에 대해서도 서로 다른 기대감을 가지고 있으며, 어떤 청중들은 당신이 "지금 당장 설교를 끝내지 않으면" 계속해서 긴장을 풀지 않는다. 또 어떤 이들은 설교자가 "이제 형제 여러분, 마지막으로…"란 말을 하면 자기 모자를 집는 사람을 낙천주의자라고 묘사하였다. 예화에 설명이 필요하지 않듯이 결론부분도 이처럼 결론부분이라고 규명해 줄 필요가 없다. 그리고 "마지막으로"라든가 혹은 "이제 설교를 마치면서"라는 말을 사용하지 말라. 모든 사람들은 당신이 멈출 때 결론부분에 도달했음을 알게 된다.

효과적인 결론

효과적인 결론은 설교본론과 통일성을 갖는다. 결론은 논리적으로 설교의 서론과 본론을 따라야 한다. 결론은 앞에서 언급한 내용과 동떨어지면 의미가 통하지 않는다. 설교의 중요한 부분인 결론을 사족으로 취급하지 말라. 결론은 설교의 본론과 밀접하게 연결되어야 한다. 결론은 성경본문과 설교의 목적을 지지한다.

결론에 어떠한 새로운 아이디어도 덧붙여지지 않을 때 설교본문과의 통일성은 보존된다. 결론은 서론이 제시하고 본론이 확장한 것을 종결짓는다. 결론은 설교를 도와주고 지지하는 것이지 새로운 내용을 제시하면 안 된다.

"특별히 당신을 위한 초청"이란 제목이 설교는 주께서 말씀하신 네 가지의 강단초청을 제시해 준다. 이 설교의 네 부분은 결론에서 질문형식으로 표현되었다. 결론은 본론의 아이디어와 무관한 어떤 자료도 넣지 않았다.

> 당신은 어느 초청을 수락하시겠습니까? 분명 한 가지는 특별히 당신을 위한 것입니다! 하나님께서 당신의 삶을 요구하고 계십니까? 그렇다면 그분을 섬김으로 그것을 드리십시오. 당신의 삶을 재헌신해야 할 필요가 있습니까? 당신 자신을 완전히 그리스도에게 항복시키십시오. 이 교회에 반드시 등록하셔야만 할까요? 당신은 교회라는 가정을 필요로 합니다! 왜 그리스도인으로 섬길 수 있는 일 주일을 낭비하십니까? 지금 오십시오! 당신은 죄 가운데 빠졌습니까? 그리스도로부터 멀리 떨어져 계십니까? 예수 그리스도를 당신의 구세주로 신뢰하십시오. 지금 바로 오십시오. "주여, 내가 당신을 믿습니다. 당신을 신뢰합니다"라고 지금 말씀하십시오.
>
> 저는 당신이 앞으로 나오시도록 초청합니다. 목사인 저도 당신이 나오시도록 초청합니다. 온 교회가 당신이 나오시길 원합니다. 주께서 당신을 사랑하시고 당신이 이 교회의 일부분이 되길 원하십니다. 그분께서 당신이 나오도록 초청하고 계십니다. 나오십시오. 모든 것이 준비되어 있습니다. 우리가 찬양을 부를 때 나오십시오.[1]

이 결론은 설교의 본론과 연결되어 있다. 그것은 도입부에서 소개되고 본문에서 설명된 주제에 대한 결론을 맺는다. 어떠한 새 아이디어도 결론부분에서 제시하지 않는다.

"미래의 영광과 상급"이란 설교에서 한 학생이 그리스도와 함께 누리는 우리 미래의 영광과 우리가 받게 될 상급의 두 대지를 제시했다. 그 설교는 다음처럼 결론을 맺었다.

> 당신은 면류관을 원하십니까? 예수께서는 그분의 눈을 들어 위의 푯대를 바라보심으로써 십자가의 고통을 이길 수 있었습니다. 그분을 구세주로 아는 우리도 우리의 눈을 미래의 상급에 고정시킬 때 유혹을 이길

수 있습니다.

방금 말한 면류관은 신자들이 받을 수 있는 것입니다. "면류관"이란 단어 자체가 우리에게 그리스도께서 쓰신 가시면류관을 생각나게 합니다. 그 때 주님은 십자가로 가셔서 우리 죄의 대가를 치르셨습니다. 요한복음 19장 5절은 저들이 주 예수께 가시면류관을 씌웠을 때 모욕의 대관식을 거행했음을 보여줍니다. 죄를 범한 인생이 얼마나 타락했는지요! 우리가 저주를 받지 않기 위해서 그분이 저주를 담당하신 것입니다.

이 설교의 구체적 목적은 불신자들이 아니라 그리스도인을 겨냥하고 있다. 그것은 상급에 관한 것이지 저주에 관한 것은 아니다. 설교자는 주요 단어인 "면류관"을 결론부분에서 다른 아이디어로 바꿔버렸다. 결론부분에서는 어떠한 새 아이디어도 제시하지 말라. 결론은 설교의 본론과 통일성을 유지해야 한다.

효과적인 결론은 개인적(personal)인 것이다. 결론을 지을 때 청중을 생각하라. 따뜻하고도 친밀감 있는 어조로 그들에게 직접 말하라. "여러분, 여러분의, 우리가, 우리에게, 우리의 것, 나는" 등과 같이 대명사를 사용하면 도움이 된다. 이 장의 처음에 기록한 네 개의 강단초청의 결론부분을 다시 읽어라. 대명사에 동그라미를 쳐보라. 그 결론부분의 개인적 성향을 살펴보라.

설교의 결론을 맺을 때 목회자의 심정을 표현하라. 설교의 진리를 교회상황에 적용하라. 가십(A. J. Gossip)은 자기의 아내가 죽은 직후 역사상 뛰어난 설교 중 한 편을 전했다. 그 설교 전체는 친밀감으로 가득 찼다. 목사와 사람들간의 친밀한 관계에 그 설교의 능력이 더해졌다. 제목이 "인생의 황혼에 당신은 무엇을 하시겠습니까?" 이 설교의 결론부분은 다음과 같다.

저는 당신이 인생을 두려워할 필요가 없다고 생각합니다. 우리의 마음은 매우 연약합니다. 인생에는 길이 매우 험난하고 매우 고독한 곳이 많습니다. 그러나 우리에게는 놀라우신 하나님이 계십니다. 바울이 말한 대로 무엇이 그분의 사랑에서 우리를 끊을 수 있겠습니까? 사망이나…란 말을 하면서 그는 모든 가능성 중에 가장 명백한 사망도 즉시 옆으로 치워버립니다.

그렇습니다. 사망이라 할지라도 끊지 못합니다. 요단강의 성난 파도 앞에서도, 무서운 전율과 함께 마음이 얼음장처럼 차가워져도, 그 강의 몰아쳐 오는 공포감을 의식하면서도, 저 역시 "소망"(Hopeful: 천로 역정에 나오는 등장인물의 이름 – 역자 주)처럼 그 강을 이제 건널 차례인 당신에게 뒤를 돌아다 보며 "나의 형제여, 힘을 내시오. 저는 강바닥이 느껴지는데 그런대로 괜찮아요"라고 외칠 수 있습니다.[2]

이 결론은 설교의 서론에서 도입된 주제 - 인생에 있어서, 특히 죽음에 있어서의 하나님의 승리 - 에 관련된 것만을 다루고 있음에 주의하라. 이것은 설교의 본론과 통일성을 가지고 있으며 개인적이다. 열 개의 대명사가 이 짧은 두 개의 문단 속에 사용되었다. 당신의 결론도 개인적인 것이 되도록 하라.

당신의 설교를 역동적인 긴박성을 지닌 채 결론지어라. 긍휼과 설득력을 가지고 간청하라. 확신과 도전으로 말하라. 브로더스는 "물 몇방울과 찌꺼기만 남은 주전자를 비우는 것"처럼 결론을 맺는 설교에 관해 말했다.[3] 이러한 종류의 결론을 피하라!

긴박하고 역동적인 결론은 목소리의 크기로 결정되지 않는다. 적은 목소리가 매우 효과적일 수도 있다. 복음전도자 빌리 그레이엄은 종종 상담가 같은 목소리지만 긴박성을 가지고 결론을 맺는다. "성령의 열매"란 제목의 그의 설교는 다음과 같이 결론을 맺는다.

당신이 구세주이신 그분께 완전히 굴복하고 믿음으로 그리스도께 나아온다면 그분은 당신이 성령의 열매를 맺도록 성령님을 주실 것입니다.

당신은 "나보고 어떻게 하란 말인가"라고 말씀하실 겁니다. 난 하나님을 믿는데… 그리스도도 믿고. 난 성경을 믿는데… 그것만으로도 충분하지 않은가? 아닙니다! 믿음의 행위로 당신은 그리스도를 영접해야 합니다. 당신은 당신의 전 생애와, 당신의 지성과, 당신의 감정을 그분에게 드려야 합니다. 당신의 뜻을 그분의 뜻에 순복시켜야 합니다. 그분께 굴복하고 헌신하고 영접하십시오. "영접하는 자 곧 그 이름을 믿는 자들에게는 하나님의 자녀가 되는 권세를 주십니다"(요 1:12). 당신의 인생을 그분께 드리십시오! 어떤 것도 당신을 뒤로 물러서게 만들지 마십시오! 당신은 지금처럼 하나님의 나라에 다시 가까이 오지 못할지도 모릅니다.[4]

여호수아는 이스라엘에게 한 설교에서 긴박하고도 개인적인 호소의 어조로 결론부분을 맺었다. "… 너희 섬길 자를 오늘날 택하라 오직 나와 내 집은 여호와를 섬기겠노라"(수 24:15).

결론은 구체적이어야 하고, 구체적 목적을 마음에 두고 준비해야 한다. 결론부를 대상청중을 향해 정확하게 겨냥하라. 그들이 하기 바라는 것을 분명하게 말하라.

추상적이고 일반적인 아이디어는 결론부분에 포함시키지 말라. 구체적인 적용을 하라. 사람들이 하기를 원하는 것에 대하여 추호의 의심의 여지도 남기지 말라. 위에 나온 빌리 그레이엄의 설교는 복음전도대회에서 선포되었다. 그의 목적은 잃어버린 영혼들이 예수 그리스도를 주님으로 신뢰하는 모습을 보는 것이었다. 그의 설교는 오직 거듭난 사람들만이 성령의 열매를 맺을 수 있다는 사실을 보여준다. 육신에 의해 조종되는 사람은 여전히 죄의 종이다. 그의 결론은 그리스도를 사람들이 신뢰하도록 요구하였다. 빌리 그레이엄은 "믿음의 행위와 더불어 당신의 인생을 그분께 드리도록" 요청하였다.

이 장의 앞부분에서 첫 번째 예로 든 "특별히 당신을 위한 초청"을 다시 살펴보라. 설교자는 네 가지 결단을 요구한다. 그는 회중 가운데 결단이 필요한 네 종류의 무리들에게 호소하고 있다. 그는 그들이 무엇을 해야 할지 요구하는 데 있어서 매우 구체적이다. 그의 초청은 각 그룹에게 독립적인 헌신을 요구하고 있다.

로마서 12장 1-2절 설교의 결론도 다음처럼 이루어졌다.

> 그리스도를 위해 살 만한 가치가 있는 인생이 무엇인지를 발견하고 이해한 후에도 아직 당신의 마음은 나뉘어져 있습니까? 당신의 "배"(boat)는 침몰하고 있습니까? 아직도 당신의 관심을 그분에게서 빼앗는 것들이 당신의 인생에 너무나 많이 있습니까? 당신은 순복하는 삶을 사십니까? 거룩한 삶을 사십니까? 변화된 삶을 사십니까? 아니면 당신은 아직도 지나가는 이 세상에 동화되어 사십니까? 우리는 반쪽 마음이 아니라 온전한 마음으로 그분을 위해 살고 그분을 섬겨야 합니다. 당신은 그리스도를 위해 사십니까, 아니면 당신 자신을 위해 사십니까?

이 결론은 구체적인 것들이 부족하다. 마음이 나뉜 삶을 예증하라. 이 결론은 많은 질문들이 대답되지 않은 채 제시되었다. 구체적 행동을 동반케 하는 긍정적이고 긴박한 호소는 강력한 결론을 만들어낼 것이다. 사람들은 교회에서 흘러나오는 모든 좋은 말들을 들었으면서도 여전히 "난 무엇을 하지? 지금 당장 무엇을 하지? 그래서 어쨌단 말인가?"라는 의구심을 품을 수 있다.

결론의 다양성

설교를 결론짓는 데는 여러 가지 방법이 있다. 성공적인 설교자는 여러 가지 방법들을 사용한다. 결론으로 자주 사용되는 방법은 주요 대지를 요약하는 것이다. 이것은 대지 1, 2, 3을 단순히 반복하는 것이 아니다. 대지는 단어들을 약간 바꾸어 다시 언급할 수 있다. 본문과의 연계성도 재강조할 수 있다. 다음 설교의 결론은 주요 대지들을 효과적으로 요약한 것을 보여준다. 여기에 한 설교의 예를 들어 보겠다.

신약성경은 어떻게 복음을 강조하는가? [5](마 11:2-11; 빌 4:4-7)

저는 그것을 거기에 그대로 놓아 두었습니다. 그것은 영원하신 하나님을 붙들고자 하는 우리 인생들의 드라마입니다. "당신이 그이십니까?" "주께서 가까우시니라." "주 안에서 기뻐하라!" 의문부호(?), 마침표(.)와 느낌표(!)를 통해서 신약성경은 그렇게 복음을 강조하고 있습니다. 당신은 그 모든 것을 멋지게 정렬된 모습으로는 얻지 못할 것입니다. 한 문장이 다른 문장의 뒷꿈치를 밟고 있습니다. 그들은 서로를 떠밀치고, 당신이 부르는 찬송가에 슬쩍 들어왔다가는 슬며시 나가며, 때로는 주기도문을 방해할 것입니다. 그러나 그것이 바로 믿음이 의미하는 바입니다. 지금 우리와 같은 삶을 사는 당신이 그렇게 위대한 하나님을 생각해 보려고 할 때 믿음이 그 어떤 다른 것을 의미할 수 있겠습니까?

위에 기록되지 않았지만 이 설교를 한 설교자도 결론에서 설교의 제목을 사용하였다. 그는 전체설교를 짧은 결론부분의 말들 속에 요약하였다. 이렇게 대지를 요약하는 방법으로 결론을 내릴 때에는 절대로 설교의 대지를 그대로 "재탕하지" 않도록 주의하라.

결론을 짓는 또 다른 방법은 추가적인 적용을 하는 것이다. 설교의 진리가 청중들에게 어떤 효과를 가질 것인지 보여주라. 설교의 아이디어를 기회나 의무 혹은 도전과 연관시켜라. 물론 당신은 설교를 하는 도중에 적용을 할 수 있다. 그러나 결론부 또한 주제를 청중의 삶에 적용시킬 수 있다.

출애굽기 35장 20-29절에 근거하여 청지기와 관련된 한 설교의 결론부는 남에게 베푼 삶의 결과가 어떠한지를 보여주는 본문의 후반부에 대해 언급하고 있다. 이 설교의 제목은 "마음에서 손으로"였다.

> 출애굽기 36장 5절은 사랑으로 고무되고 자원하는 심령으로 사로잡힌 마음의 놀라운 결과들을 드러내줍니다. "백성이 너무 많이 가져오므로 여호와의 명하신 일에 쓰기에 남음이 있나이다." 여기에 우리 교회의 예산에 도달하는 방법이 있습니다. 여기에 우리에게 필요한 재원들을 열어줄 열쇠가 있습니다. 그것은 사랑과 자원하는 심령입니다. 이 문제는 개인적인 것입니다. 우리는 사랑합니까? 우리에게 자원하는 심령이 있습니까? 우리의 마음은 우리의 손을 움직입니다. 오, 하나님, 나의 손이 당신의 일에 필요한 것들을 드릴 수 있도록 나의 마음을 변화시키소서.

세 번째 유형의 결론은 본문을 다시 언급하는 것이다. 이 접근법은 짧은 본문이 사용되었을 때 효과적인 것으로 입증되었다. 아래의 설교처럼 당신은 적용을 본문의 구절 사이에 삽입할 수 있다.

> 우리의 지도자이신 예수님이 우리를 부르셔서 "나를 따라오너라. 내가 너희로 사람을 낚는 어부가 되게 하리라. 나를 따라오너라!"고 말씀하실 때 온전한 약속으로 우리에게 말씀하셨습니다. 어떤 다른 지도자도 가지가 없으며 능력이 없습니다. 당신의 완전한 충성을 그분께 바치십시오. 나를 따라오너라. 순종이 우리가 보여야 할 응답입니다. 주를 계속해서 따르면 더 많은 것을 성취할 수 있을 것입니다. 우리는 그분을 따를 때 "그분이 우리로 사람을 낚는 어부가 되게 하시리라"는 복된 확신을 갖고 있습니다. 그분은 아직 끝나지 않으셨습니다. 열정적인 증인이 되거나 혹은 그분을 섬기기를 원하는 우리의 열망은 실현될 수 있습니다. 그것은 오직 우리가 주님을 따를 때입니다. 오직 우리가 우리 자신을 그분의 손에 맡길 때입니다.

또 다른 유형은 명제를 반복함으로 결론을 맺는 것이다. 고린도후서 12장 1-7절을 본문으로 한 설교는 "하나님의 도움으로 그는 약함 가운데서 새 힘을 얻었습니다"라는 명제문장을 가지고 있다. 결론부분은 이 명제문장을 재언급하고 있다. "인생의 약함으로 우리가 약해질 필요는 없습니다. 하나님의 도움으로 우리는 약한 때에도 힘을 얻을 수 있습니다."[6]

이야기를 사용하여 설교의 결론을 지을 수 있다. 이럴 때 반드시 이야기가 명제를 밝혀주며 청중들이 행동하도록 동기를 부여하라. "역경을 승리로 바꾸라"는 설교는 헬렌 켈러의 일생의 예화로 결론을 맺었다.

> 헬렌 켈러가 말하자 참석한 모든 사람들은 이 유명한 시각장애 여인의 메시지를 듣고 깊은 감동을 받았습니다. 이어진 질의응답 시간에 한 대학생이 "켈러 여사님, 이 세상에서 그 어떤 것보다 더 가지고 싶으신 것은 무엇입니까?"라고 질문했습니다. 청중들은 그녀가 "제가 보고 들을 수 있도록 눈과 귀를 갖고 싶습니다"라고 대답하리라고 기대했습니다. 대신에 그녀는 "제가 이 세상 그 어떤 것보다 가지고 싶은 것이 무엇이냐고요? 말씀드리죠. 세계평화와 형제우애 그리고 모든 사람들이 제가 예수 그리스도를 아는 것처럼 그분을 알게 되는 것입니다." 침묵이 흘렀고 이어 사람들은 환호성을 질렀습니다. 많은 사람들이 자기의 모자를 공중으로 던졌습니다. 그것은 참으로 보기 드문 전율의 순간이었습니다. 헬렌 켈러는 많은 것을 잃어버렸지만 역경을 통하여 가장 중요한 것을 발견했습니다. 예수님을 안다는 것은 능력뿐만 아니라 시각장애와 같이 다가오는 어떠한 역경도 용감하게 직면하여 그 역경을 승리로 바꾸실 수 있는 한 인격을 소유하는 것입니다.

또 다른 유형은 시나 노래가사로 설교를 끝맺는 것이다. 명제를 강력하게 지지할 수 있는 것을 조심스럽게 선택하라. 시나 가사가 유명하거나 아름답고 당신이 좋아하는 것이라 할지라도 본문에 직합해야 하며 전체설교의 결론을 지어주는 것이어야 한다. 시와 가사의 효과는 어떻게 전달하느냐에 따라 좌우된다. 주요 단어들을 강조하라. 적절하게 쉬어주고 음색을 조절하면 제시가 보다 더 의미 있게 된다.

다음의 결론에서 한 편의 시가 종결부로 사용되었다. 시에 대해 아무런 평론도 하지 않았다는 사실에 주의하라. 평론을 하게 되면 시의 효과가 약화된다.

> 만일 제가 이 중요한 한 가지 사실을 분명하게 확신하지 못했다면 저는 오늘 여기에 서서 여러분에게 종교의 이야기를 한다는 것이 바보처럼 느껴졌을 것입니다. 저는 제가 의뢰한 분을 압니다. 저는 그분의 약속이 영원하다는 것을 압니다.
>
> 예수님, 나의 주님! 저는 주님의 이름을 압니다.
> 주님의 이름은 저의 모든 자랑입니다.
> 주님은 저의 영혼을 부끄럽게 만들지 않으시며
> 저의 소망도 잃지 않게 하십니다.
> 저는 저의 소망이 주님과 함께 안전하게 머물며
> 주님의 능력으로 보호받는다는 것을 압니다.
> 주님은 제가 주님께 의뢰한 것을
> 그날이 오기까지 지키실 줄 제가 압니다.[7]

강단초청

내가 다니던 교회에서는 항상 설교의 결론으로 공중 앞에서 헌신하도록 강단으로 초청했다. 어떤 교회들은 공적 초청과 응답을 요구하지 않으면서도 많은 영혼을 얻어 그리스도께로 인도하여 성도의 수를 증가시킨다. 강단초청의 관행은 분명히 성경적인 지지를 받고 있다(출 32:26, 수 24:15, 사 55:1, 계 22:17). 예수께서도 자주 "나오라"는 말씀을 하셨다. 그분은 대중 앞에서 제자들로 하여금 자기를 따르도록 초청하셨다. 초청은 예수님의 복음으로부터 자연스럽게 흘러나오는 것이다. 구체적이고 공적인 응답은 개인의 책임이 강조되기 때문에 개인적인 성장을 가져온다. 공적인 결단을 내린 각 개인은 교회의 중보기도의 힘을 느끼고, 다른 사람들은 "서로의 짐을 질" 용기를 갖게 된다.

강단초청을 할 때 진지한 자세로 인도하심을 위해 주를 신뢰하라. 사람들의 삶을 변화시키시는 분은 주님이시기 때문에 그분이 지도하시도록 기도하라. 사람들을 주님께로 초청하고 성경의 약속대로(요 16:8) 사람들에게 확신을 주시는 성령님의 능력을 의지하라.

성령님께서 그분의 일을 하시도록 시간을 허락하라. 사람들이 합당한 시간 내에 응답하지 않는다면 초청을 거두라. 응답이 없이 길게 진행되는 초청은 설교자의 강압처럼 보인다. 강압에 의해 내린 결단은 종종 잘못된 것으로 밝혀진다. 각 사람이 자기 스스로 결단하도록 여유를 주라. 사람들이 저항한다 할지라도 그들의 자유와 결정의지를 존중하라. 만일 당신이 그들에게 창피를 준다면 그들은 결코 다시 돌아오지 않을 것이다.

확신과 긍정적인 기대감과 전체설교를 통해 확신 있게 호소함으로써 초청을 하라. 사람들이 응답하리라고 기대하라. 그들이 반응하도록 격려하는 말을 하라. 하나님은 "우리를 통해 간구하신다"(고후 5:20). 아래의 초청의 말에서는 확신과 기대에서 나오는 활력소가 빠져 있다.

"이 가운데 구원받기를 원하는 사람이 있습니까?"
"여러분이 저의 초청에 응할 필요가 있을지는 저도 모릅니다. 그러나 어쨌든 우리는 초청을 할 것입니다."
"우리는 이 절을 부를 것입니다. 아무도 나오지 않으신다면 예배는 끝납니다."
"아마도 당신은 결단을 내리고 싶을지 모릅니다."

확신에 찬 기대감은 다음과 같이 표현이 된다.

"누가 제일 먼저 결단을 내리시겠습니까?"
"당신은 오늘 이미 마음에 결단을 내리고 오셨습니다. 그리스도를 신뢰하는 데 더 이상 머뭇거리지 마십시오."
"예수께서 '모든 것이 준비되었노라' 고 말씀하셨습니다. 당신도 준비가 되었습니다. 지금 나오십시오."
"여기 하나님의 뜻과 씨름하는 분이 있다면 하나님의 뜻을 받아들이십시오. 하나님은 당신을 아시고 사랑하십니다. 주께서 당신을 받아들이시기 위해 기다리고 계십니다."

당신이 목사라면 초청에 전적으로 몰입하라. 결단을 내린 사람들을 상담하기 위해 단 앞에 서라. 여러 사람이 결단을 내렸을 때는 다른 성도들도 함께 상담을 할 수 있도록 미리 준비하라. 목사가 한 개인과 너무 오래 상담을 하면 다른 영혼들이 강단 앞으로 나오길 주저하게 될 것이다. 목사는 절대로 초청의 찬송을 인도해서는 안 된다. 목사는 결단을 내린 사람들을 돕기 위해 자유로워야 한다. 당신의 관심을 찬송가에 두지 말고 회중의 반응에 민감하라.

초청의 내용은 구체적 목적에 따라 달라진다. 구체적 목적은 대상청중에게, 또 당신이 그들이 무엇을 하기 원하는가에 초점을 맞춘다.

초청에서는 그들에게 말하고 그들로 하여금 당신의 목적이 진술하고 있는 내용을 행하도록 요구하라. 잃어버린 자들을 위해 준비된 복음적 목적의 설교는 구원받지 못한 자들이 죄로부터 돌이켜 그리스도를 신뢰하도록 요청하는 초청을 해야 한다. "세(침)례받지 않은 신자들이 그리스도께 순종하여 세(침)례를 받게 할 목적을 가지고 세(침)례에 관한 설교를 할 경우에는 다음과 같이 호소하면서 초청을 해야 한다. "당신은 일 년 전에 회심하였으나 아직 세(침)례를 받지 않으셨습니다. 그리스도께 순종하십시오. 지금 나와서 세(침)례를 받음으로 주를 좇으십시오." 전도에 대한 헌신적 목적의 설교는 "그리스도인들이 정기적으로 전도하도록 헌신하게 하는" 목적을 갖는다. 이럴 경우에 초청은 신자들로 하여금 자신을 헌신하여 "최소한 매주 잃어버린 한 영혼에게 복음을 증거하도록" 초청한다. 사람들에게 구체적인 결단을 내리도록 요구하라. 그들이 설교를 통해 행하기를 원하는 것에 대해 절대로 의심을 품지 말라.

당신은 먼저 설교와 관련이 있는 결단을 내리도록 초청해야 한다. 이렇게 결단한 후에 다른 결단을 요구하라.

그렇다면 "어떻게 설교에서 초청으로 넘어가느냐?"고 당신은 질문할지 모른다. 이 때는 단계를 두지 말고 자연스럽게 전환해야 한다. 당신은 사람들에게 고개를 숙이고 하나님의 초청을 생각해 보라고 요구할 수 있다. 결단을 설명하고 결단하도록 기도하라. 사람들이 결단을 내리는 동안 찬송을 부를 수 있다. 그들이 일어나도록 요청하기 전에 그들이 무엇을 해야 하는지 분명하게 말하라. "또 여러 말로 확증하며 권했던"(행 2:40) 베드로의 예를 따르라.

초청할 때 항상 긍정적인 자세와 태도를 취하라. 그리고 주 안에서 기뻐하며 초청하라! 성령님을 기다리라. 즉시 드러나는 결단이 없다 하더라도 성령께서는 자신의 일을 하고 계신다. 주께서 말씀으로 하신 약속을 신뢰하라.

내 입에서 나가는 말도 헛되이 내게로 돌아오지 아니하고 나의 뜻을 이루며 나의 명하여 보낸 일에 형통하리라(사 55:11)

참고와 적용

다음의 결론을 평가하라. 이 결론은 효과적인 결론의 특성들을 담고 있는가? 한 학생이 한 이 설교는 바울의 삶을 기독교 사역자의 삶에 역사하시는 하나님의 섭리의 예로 사용하였다.

그렇습니다. 우리의 사역의 시작부터 우리의 임무를 완수할 때까지 우리는 하나님의 섭리를 분명하게 볼 수 있습니다. 오! 우리를 위한 하나님의 섭리는 얼마나 위대하고 놀랍습니까! 주께서는 모든 것을 선하게 인도하십니다. 우리가 직면하는 매일의 사역문제들과 위험들로 인해 우리는 두려워하거나 낙심하지 않습니다. 집에서 만든 배를 타고 전 세계를 일주하고 싶어하는 탐험가가 있었습니다. 그가 대양으로 배를 띄우던 날, 보고 있던 사람들이 외쳤습니다. "당신은 절대로 성공하지 못할 겁니다. 식량이 바닥나고 말 것입니다!" 그러나 한 친구가 다가와서 외쳤습니다. "자넨 성공할 걸세! 멋진 여행이 되길 바라네!" 결국 그 탐험가는 성공을 했고 그의 이름은 지금 기네스북에 올라 있습니다.

사역도 마치 여행과 같습니다. 거기에는 문제, 위험, 모험, 낙망이 길을 따라 놓여져 있습니다. 그러나 우리에게는 한 친구가 있는데 그분이 바로 우리가 섬기는 하나님이십니다. 주님께서 우리에게 맡겨진 과업을 계속해서 완수하라고 우리에게 말씀하십니다. 그분을 신뢰하고 당신의 인생, 당신의 문제, 당신의 미래를 그분께 맡기십시오. 주의 섭리는 우리의 완전한 순종을 요구합니다. 동료 사역자 여러분, 멋진 여행이 되길 바랍니다!

제15장

서론만은 제발

"나이는 불친절한 도둑과도 같다. 그것은 양심의 가책도 없이 도둑질을 하고 가장 소중한 것만 취해서 달아난다."[1] 이와 같은 문구로 어느 스포츠 담당기자는 나이 때문에 골프를 포기해야만 했던 전설적인 골프선수 벤 호건(Ben Hogan)에 대한 기사를 쓰기 시작했다. 분명히 설교자도 이 스포츠 기자처럼 흥미롭게 자기의 주제를 소개할 수 있다. 15세 된 내 딸아이가 나에게 제안을 했다. "사람들의 관심을 끌 수 있는 무엇인가로 시작하세요. 사람들이 듣고 싶어하는 그런 것 말이에요."

본문을 해석하고 설교의 본론을 작성한 후 서론을 준비하라. 그때서야 비로소 당신은 주제에 대해 알 수 있기 때문에 더 강력한 서론을 작성할 가능성이 높아진다.

서론은 세 가지의 중요한 목적을 가지고 있다. 무엇보다도 먼저 서론은 청중의 관심을 사로잡아야 한다. 한 유명한 설교자는 "서론에서 무엇을 해야 하는가에 대해서는 토론의 여지가 없습니다. 우리는 서론에서 우리가 말해야만 하는 것을 사람들이 듣고 싶어하게 노력할 따름입니다"라고 말하였다.[2] 시작할 때 관심을 잃어버리면 설교를 하는 중에 다시 관심을 얻기란 매우 어렵다. 회중은 당신이 말하고자 하는 주제의 의미에 대해 즉각적으로 당신과 공감대를 형성해야만 한다. 서론에서 당신이 말하려고 하는 것을 듣고 싶어하는 열망을 불어넣어야 한다.

　서론은 관심을 사로잡을 뿐만 아니라 설교의 아이디어를 제시한다. 서론부분은 반드시 명제문장을 담고 있어야 한다. 설교가 시작되면 청중들은 설교의 방향이 무엇인지 알게 된다. 명제를 제시하면 그 이후에 따라나올 모든 것에 대한 기초를 쌓게 된다. 훌륭한 서론은 설교를 쉽게 이해할 수 있게 해준다.

　서론은 또한 성경본문을 소개한다. 당신은 성경적 설교를 하고 있으며, 아이디어는 설교의 본문에서 나온다는 사실을 기억하라. 서론에서 성경본문을 제시하는 것은 설교에 대한 권위를 부여해 주며, 성경의 메시지를 전하고 싶은 당신의 열망을 사람들에게 보여주게 된다.

더욱 효과적인 서론

　몇 가지 기본적인 사항들을 인식하면 당신의 설교에서 보다 나은 도입부를 발전시킬 수 있다. 도입부가 설교의 진정한 서론부분이 되도록 하라. 명제는 소개하되 본론의 대지는 생략하라. TTT란 단어를 기억하면 도움이 될 것이다. 서론은 보통 명제(Thesis), 본문(Text), 제목(Title)을 포함한다. 이 세 요소는 주제를 소개하고 설교의 방향을 보여주는 훌륭한 방법이다. 흥미로운 자료를 사용하되 당신의 주제와 상관이 없는 것은 말하지 말라.

변명으로 시작하면 좋은 설교가 될 가능성이 약해진다. 내가 설교자들에게 종종 듣게 되는 변명들은 이런 종류다.

> 제가 이 본문의 의미를 제대로 이해하고 있는지 잘 모르겠습니다.
>
> 지난 밤에 잠을 잘 자지 못했습니다. 그래서 설교가 좋지 않을지도 모릅니다.
>
> 당신은 이 본문으로 된 더 훌륭한 설교를 들었겠지만 어쨌든 주께서는 제가 이 말씀을 전하기를 원하십니다.
>
> 저희 집 꼬마가 아픈 바람에 이번 주에는 제가 원하는 만큼 말씀을 연구하지 못했습니다.

이러한 종류의 말들은 잘못된 것에 관심을 돌린다. 서론은 청중들의 관심을 사로잡기 위한 것이다. 변명은 청중들의 마음에 의심을 불러일으키고 설교의 약점을 찾게 만든다. 변명은 겸손함을 보여주는 것이 아니라 문제를 극복하는 데 있어서 주님을 신뢰하지 못하고 있음을 보여주게 된다. 사람들은 당신의 메시지가 설득력이 없다는 사실을 분명히 알게 될 것이다! 서론에서 절대로 변명하지 말라.

서두의 몇 문장에서 흥미로운 말을 던짐으로써 당신은 사람들의 주의를 끌 수 있다. 이사야 53장 1절 "우리의 전한 것을 누가 믿었느뇨 여호와의 팔이 뉘게 나타났느뇨"에 대한 설교는 다음과 같은 문장으로 시작되었다. "인생에 있어서 가장 신경질나는 경험 중에 하나는 듣고 있지 않는 사람들에게 말하는 것입니다."[3] 다음은 성경의 인물들에 관한 설교를 시작하는 문장들이다.

> 하나님은 종들을 거느리시며, 종들이 하고자 하는 일을 허락하시는 유일하신 주님이십니다(다윗).

> 솔로몬이 파선한 것은 이 세상에서 가장 무서운 비극임에 틀림없습니다.
>
> 마태는 돈을 사랑했습니다. 유다와 마찬가지로 마태는 돈을 가지고 있었음에 틀림없습니다. 할 수만 있었다면 마태는 깨끗한 손으로 돈을 벌었을 것입니다. 그러나 손이 깨끗하든 아니든간에 마태는 돈을 가졌어야만 했습니다.[4]

보다 더 흥미로운 서론을 창출하기 위해 당신의 상상력을 사용하라. 아브라함과 이삭에 관한 설교는 다음과 같은 서론으로 시작되었다. "아침 일찍이었습니다. 그가 일어났을 때는 매우 이른 아침이었습니다. 그는 자기의 아들을 데리고 장막을 떠났습니다. 그는 동이 트기 전에 그리고 리브가가 깨어나기 전에 그를 데려가야만 했습니다."[5]

서론은 다양성이 필요한 또 다른 곳이다. 너무나 많은 설교자들이 설교를 다음처럼 시작하는 습관에 빠져 있다. "제게 주어진 짧은 시간 동안에 저는 …에 관해 이야기하고 싶습니다"라든가 아니면 "오늘 설교의 제목은 …입니다. 그리고 본문은 …어디어디 몇 장 몇 절입니다."

가장 일반적인 서론은 성경본문으로 시작한다. 당신은 다음처럼 시작되는 설교를 아마도 들어본 적이 있을 것이다. "오늘 우리에게 주신 하나님의 말씀은 에베소서 6장 18절입니다. 바울은 우리에게 성령님 안에서 기도하라고 말합니다. 기도는 마귀와 영적 전투를 하기 위한 자원으로 기록되어 있습니다. 성경은 우리에게 계속해서 기도하도록 두 가지 권면을 하고 있습니다."

이러한 시작보다 더 호소력이 있고 흥미로우며 확실한 관심을 끄는 방법은 없을까?

그 전날 밤 전투에서 이겼습니다. 만일 사단이 기도하는 우리를 낙심시킬 수 있다면 그는 이미 전투에서 이긴 것입니다. 비효과적인 기도의 삶으로 인해 우리는 사단의 손쉬운 목표물로 전락합니다. 우리는 약해진 상태에서 영적인 전투에 돌입합니다. 우리는 우리의 다른 영적인 자원들을 사용할 수 없습니다. 그것이 바로 바울이 에베소서 6장 18절에서 말한 것입니다. 그리스도인의 다른 전쟁무기들을 묘사한 후에 바울은 우리에게 "무시로 기도하라"고 명합니다. 마귀는 우리의 기도의 삶을 해하려 하기 때문에 우리는 계속해서 무시로 기도해야만 합니다.

성경본문으로 시작하는 서론이 설교에 권위를 부여해 주지만 본문을 소개할 때 여러 다양한 방법들을 사용하라. 종종 성경본문과 택한 주제를 이해하는 데 도움을 주는 성경연구의 배경정보를 말하라.

제10장에서 당신은 성경본문의 문맥을 연구하는 법을 배웠다. 성경본문과 설교주제를 설명하는 데 도움이 된다면 당신이 이룩한 문맥연구의 내용 일부를 삽입하라. 역사적 배경의 상세한 부분을 설명하다가 너무 많은 시간을 허비할 수 있으니 조심하라. 상세히 설명하다가 길을 잃지 말며, 사람들로 하여금 당신의 설명이 그들의 삶에 적용할 수 없는 역사강의라고 느끼지 않도록 주의하라.

관심을 사로잡고 흥미를 유지하는 최선의 방법 중 하나는 현재 일어나고 있는 경험에서 시작하는 것이다. 로마서 5장 1-5절은 "절대로 실망하지 않는 소망"이란 주제에 대한 성경본문이다. 나는 일전에 내 여동생의 "소망의 상자"(hope chest)에 초점을 맞춘 예화로 설교를 시작한 적이 있다. 내 여동생은 그 상자 안에 미래의 결혼을 소망하며 물건들을 넣어 두었다. 소망의 상자를 가지고 있던 처녀들 중 어떤 이들은 그 소망이 실망으로 바뀌는 것을 경험했다. 그리스도 안에 있는 우리의 소망은 절대로 우리를 실망시키지 않는데 로마서 5장이 그 이유를 말해 준다. 이러한 시작은 나이 많은 여자 성도들의 관심을 끌었는데 그들 중 많은 사람들이 "소망의 상자"와 함께 성장했기 때문이다.

그러고 나서 나는 세 사람의 인생의 모습을 간단하게 묘사해 주는 서론으로 메시지를 전하였다. 뜻하지 않은 임신을 하게 되자 빨리 유산시킬 것을 권유받은 한 여대생, 결혼한 지 15년이 되었는데 남편의 외도로 말미암아 이혼에 직면한 한 부부, 암으로 죽어가는 35세 된 남자의 이야기를 예화로 들었다. 각각의 모습을 설명한 후 "복음이 이들에게 더 이상 무엇을 제공해 줄 수 있습니까? 이들에게 어떤 소망이 있습니까?"라는 질문을 던졌다. 그리고 설교의 세 대지는 죄, 스트레스, 영원에 대한 소망에 초점을 맞추었다. 죄에 대한 부분에서 나는 그 여대생이 어떻게 용서와 새로운 인생을 발견했는지를 말하였다. 스트레스의 대지를 말하면서 그 부부가 어떻게 깨어진 결혼생활을 극복하고 계속 전진하여 의미 있는 삶을 살게 되었는지를 설명했다. 영원에 대한 부분에서는 암환자의 승리로 죽음과 가족의 미래에 대한 소망에 관하여 말했다. 나는 시작부분에서 현재와 상관이 있는 일들을 말하였기 때문에 매우 높은 관심을 불러일으켰으며, 설교시간 내내 현재와 상관이 있는 이야기를 계속했기 때문에 그들의 관심이 유지될 수 있었음을 알았다.

필리핀에 사는 동안 우리는 민중혁명과 정권교체를 경험하였다. 그 당시 데모대가 사용한 유명한 슬로건은 "민중의 소리는 하나님의 소리다"라는 것이었다. 정권이 교체된 후 곧바로 나는 "민중의 소리가 하나님의 소리인가?"라는 제목으로 설교를 하였다. 내 설교는 그 질문에 답하였지만 성경본문은 설교의 뒷부분에 도달하기까지 말하지 않았다. 처음의 두 대지는 그 유명한 슬로건이 잘못되었다는 것을 입증하기 위해 다른 성경구절을 인용하였다. 제일 중요한 본문인 히브리서 1장은 긍정적인 면을 강조했다. 즉 하나님은 스스로 말씀하시며 그의 말씀을 통해 말씀하시고 그리스도를 통해 말씀하신다는 것을 강조했다. 내가 만일 히브리서로 설교를 시작했다면 설교의 흥미는 덜했을 것이다. 오늘날 일어나는 일들의 경험담을 먼저 말함으로써 나는 그들의 관심을 사로잡았음을 강단에서 알 수 있었다. 성도들은 그 설교를 다른 두 그룹의 사람들에게 설교해 주도록 다음 달에 나를 초청했다(한 그룹은 교육자 그룹이었고 또 다른 그룹은 전문인 그룹이었다).

현재 일어나고 있는 삶의 경험은 회중이 직면하고 있는 문제가 될 수 있다. 설교의 주제를 당신은 교회 안에서나 혹은 지역사회에서 현재 당장 필요한 것들과 연관지을 수 있다. 한 신학대학원 교수가 "탁월한 설교를 찾아서" 미국 전역을 돌면서 119명의 설교자들의 설교를 들었다.

> 저는 제가 들은 설교 중에서 24퍼센트의 설교가 매우 흥미롭다는 사실을 발견했습니다… 이 훌륭한 설교를 한 설교자들은 분명하게 사람들의 필요를 알고 있었습니다.
>
> 제가 들은 가장 훌륭한 설교들은 저에게 흥미로운 것들이었습니다. 왜냐하면 저는 그 설교들이 제 주변에 있는 사람들에게도 매우 흥미로운 것이라는 것을 알았기 때문입니다. 그 설교자들은 자신들의 설교를 회중 가운데 특정그룹을 위해 특별히 고안했기 때문에 사람들의 관심을 계속해서 끌었습니다. 목사인 그들은 사람들과 훌륭하게 의사소통을 하고 있었습니다.[6]

당신의 설교를 듣는 사람들의 흥미를 유발시키기 위해 설교의 서론을 디자인하라. 위의 언급은 또한 모든 설교에도 해당된다.

많은 경우 당신은 특별한 행사 때 설교할 것이다. 이것은 교회창립 기념일, 교회부서 발족식, 안수식, 선교주일 혹은 주일학교 행사 등으로 당신이 그 행사에 대해 언급하거나 혹은 행사와 관련된 중요한 사람들이나 사건을 언급함으로써 설교를 시작한다면 사람들은 관심과 흥미를 보이게 된다. 조금만 조사연구해 보면 그 행사와 관련된 매우 흥미로운 역사적 예화를 종종 찾아낼 수 있다. 당신이 사람들을 돕는 것에 관심을 갖게 되면 사람들은 당신의 메시지에 관심을 보이게 된다. 그 행사에서 당신의 설교주제를 이미 사용한 사람이 있지 않다면 그 행사와 관련된 주제를 지닌 성경구절이 있는지 확인하라.

결론을 다룬 장에서 설명한 동일한 방법대로 설교의 서론을 만들 수 있다. 질문, 이야기, 시, 노래가사 등으로 시작하라. 모든 경우에 택한 자료들은 간결해야 하고 흥미로워야 하며 설교주제를 소개하는 데 도움이 되어야 한다. 요한일서 1장 8-9절에 관한 설교도 이와 같은 방법으로 서론을 시작할 수 있다. 이 설교의 주제는 그리스도인이 어떻게 죄를 극복할 수 있느냐에 관한 것이다. 다른 제목들이 필요할지 모른다. 이 이야기는 흥미로운 제목을 제공해 준다. 다음 중 어느 것이 당신에게 가장 흥미를 주는 서론인가?

관찰
저는 "다시 손질한 성자들"이란 간판을 보았습니다. 저는 확인하기 위해서 다시 들여다보았습니다. 자세히 살펴보니 그 가게는 전문적으로 성인(聖人)들의 조각상들을 수리하는 수리점인 것을 알게 되었습니다. 그 가게에서 팔리는 물건들은 우리 그리스도인 모두가 필요로 하는 것들이었습니다. 수리가 필요한 것은 조각상들이 아니라 바로 우리 자신입니다. 성경은 우리를 성도라고 부릅니다. 그러나 우리는 분명히 완전하지 않습니다. 우리도 손질이 필요한 때가 있습니다. 여기에 그 방법이 있습니다. "만일 우리가 우리 죄를 자백하면 저는 미쁘시고 의로우사 우리 죄를 사하시며 모든 불의에서 우리를 깨끗게 하실 것이요"(요일 1:9).

시
로버트 브라우닝(Robert Browning)은 기록했다.
망각은 선이다.
용서는 최고의 선이다!

우리 하나님은 우리가 가끔씩 성취하는 일들을 언제나 가장 능하게 할 수 있는 분이십니다. 그분은 가장 탁월한 용서자이십니다. 그분은 미쁘시고 의로우셔서 우리의 죄를 사하시며 모든 불의에서 우리를 깨끗케 하십니다.

인용
"사람들은 개신교 교회에는 고해성사가 없다고 생각합니다. 그것은 커다란 착각입니다. 중요한 변화는 고해자와 고해를 듣는 신부 사이에 있던 가리개가 더 이상 존재하지 않는다는 것입니다." 올리버 웬델 홈즈(Oliver Wendell Holmes)의 이 말은 옳습니다. 이제는 우리와 우리의 고해를 듣는 자 사이에 가리개가 없습니다. 우리 하나님은 우리의 고해를 들으시는 분이며… 그분은 우리가 그분께 와서 "우리의 죄를 자백하길" 원하십니다. 그것은 용서를 향한 첫걸음인 것입니다.

노래 가사
하나님의 완전한 평화는
영광스러운 강물과 같아서
모두가 승리로 가득차고
밝은 빛 가운데 커져 간다네

완전하지만 그 강물은 흘러서
날마다 차고 넘친다네
완전하지만 그 강물은 언제나
더 깊이깊이 깊어져만 간다네

이 가사는 승리의 삶을 사는 그리스도인의 평강을 찾는 자가 쓴 것입니다. 요한일서 1장 7-9절을 연구하면서 그녀는 "전광석화"처럼 그 평강을 발견했습니다. 그녀는 연구를 통해 구절의 동사가 "계속해서 우리를 깨끗게 하신다"라는 의미임을 깨달았습니다. 그녀는 계속적으로 승리할 것이라는 그리스도의 약속을 주장했습니다. 프랜시스 해버갈(Frances Havergal)이 발견한 것을 당신도 또한 소유할 수 있습니다. 그리스도 안에서의 계속적인 승리는 우리가 계속해서 정결해짐과 더불어 찾아옵니다.

인생의 경험
그 젊은 여대생을 바라보면서 당신은 그녀의 삶이 만사형통한 것처럼 되어갔다고 생각했을 것입니다. 그녀는 자신의 미래가 이제는 사뭇 다르다는 것을 알았습니다. 절제되지 않은 관계가 임신이란 결과를 가져왔습니다. 그녀의 어머니는 그녀에게 유산을 종용하고 인생을 새롭게 출발하라고 말합니다. 이제 그녀의 인생은 막다른 골목에 봉착했습니다. 그녀는 이용당했다고 느끼며, 죄의식을 감추지 못하고, 자신을 용서할 수 없다고 생각합니다. 당신은 그녀에게 요한일서 1장 8-9절이 필요하다고 생각하십니까?

당신은 동일한 메시지를 여러 가지 방법으로 시작할 수 있다는 것을 쉽게 알 수 있을 것이다. 어떤 것을 사용하든간에 당신은 이제 곧 당신의 주제와 본문을 서론에 포함시켜야 한다. 많은 경우에 당신은 서론에서 설교제목을 사용할 수 있다. 여러 다양한 서론들을 연습해 보라. 그리하면 그것이 당신의 설교를 더욱 흥미롭게 만들어줄 것이다.

참고와 적용

「성경적 설교」(*Biblical Sermons*)에 나오는 "유혹에 관한 사례 연구"라는 설교를 연구하라. 이 장에서 제시한 개념들을 서론과 연관 지으라. 이 설교를 전해야 할 특정한 청중에게 합당한 서론은 무엇인가?

제5단원

진리를 밝히라

내 친구 중 한 사람은 플로리다 주의 중부에서 조명회사를 운영하고 있다. 놀라울 정도로 다양한 설비들이 그의 진열실을 가득 채우고 있다. 그의 사업이 잘되는 것은 이상한 일이 아니다. 그는 고객들의 다양한 필요와 관심을 채우려는 노력을 한다. 설비들은 여러 각도와 강도에서 빛을 비출 수 있도록 고안되었다. 어떤 것들은 건축물의 주제와 조화를 이루거나 혹은 무드를 조성하도록 만들어졌다. 어떤 설비들은 방의 크기 혹은 비용에 근거하여 고안되었다. 우리는 그의 전 사업장이 창조성과 대중적 필요 그리고 다른 사람들을 섬기고자 하는 열망을 반영하고 있음을 보았다.

적용, 예화 그리고 상상력은 성경본문의 진리에 빛을 조명해 주고, 청중들이 당신이 말하고자 하는 주제의 상관성과 필요를 볼 수 있도록 도와준다. 이 세 가지의 중요한 요소들은 청중의 관심을 확보하고 유지하며 그들로 하나님의 뜻에 긍정적으로 반응하게 하는 데 엄청난 잠재력을 가지고 있다.

당신이 가장 최고의 노력을 기울여야 할 부분은 적용과 예증 그리고 상상의 부분이다. 그리고 가장 교묘한 유혹이 도사리고 있는 부분이기도 하다. 많은 설교자들은 본문을 이해하고 설명하는 데만 노력을 기울이고는 자신들이 해야 할 모든 일을 했다고 생각한다. 종종 그들은 성경에서 빠져나와 삶의 현장으로 들어가지 못한다. 본문의 진리는 들판의 상공을 맴돌며, 착륙하여 짐을 부릴 곳을 찾는다. 사람들은 교회당을 떠나면서 이렇게 생각할지 모른다. "목사님은 성경에 대해 많이 알긴 하시지만 내 문제가 뭔지도 좀 이해하셨으면 좋겠어." 동시대적인 적용과 예화를 찾도록 노력하라.

상상력은 성경적 설교를 할 때 본문에만 적용되는 존재인가? 아마도 질문 자체가 상상력에 대해 잘못된 가정을 하고 있는 건지도 모른다. 나는 진리가 21세기의 청중들의 마음에 들도록 신화와 거짓을 진리와 혼합해야 함을 주장하지 않는다. 내가 의미하는 바는 주님께서 우리 각 사람에게 주신 마음을 이용하여 창조적으로 성경의 사건들을 그려보자는 것이다. 이러한 빛은 다른 사람들이 삶에 필요한 진리를 발견하는 데 도움을 줄 것이다.

"세상의 빛"이신 예수는 아버지의 사랑을 예증하시면서 하나님의 능력을 매우 창조적으로 드러내셨다. 그분 안에는 빛과 진리가 하나였다. 우리는 그분이 빛으로 계시는 천국에서 그분을 뵈올 때 그것이 어떤 것인가를 단지 상상할 수 있을 뿐이다.

제16장

본문과 삶의 적용

"현실과 상관없는 설교 때문에 소극적인 교회성도들의 출석이 42퍼센트나 줄어든 날 우리는 설교를 사람들의 삶에 적용시키는 법을 배워야만 했습니다. 삶과의 상관성은 설교 내내 유지될 수 있고 유지되어야만 합니다."[1] 브라이언 하버(Brian L. Harbour)는 의미 있는 설교는 본문을 삶에 적용시킨다는 것을 입증하였다. 우리는 영적 진리의 구체적인 예들이 필요하다. 기도에 관한 어느 설교에서 "믿음으로 구하고 조금도 의심치 말라"는 야고보서 1장 6-7절의 말씀이 인용되었다. 한 책의 예화를 사용함으로써 본문은 삶의 정황에 적용되었다. 다음은 그 설교의 한 부분이다.

> 로잘린드 링커는 "하나님께서 하실 수 있다고 확실하게 믿어지는 것만 구하라"고 제안합니다. 그녀는 그녀의 딸이 구원받지 못한 친구를 위해 관심을 가졌던 일을 예화로 듭니다. 그 친구를 위한 그녀의 기도는 먼저 그에게 말을 걸 수 있는 용기를 달라고 구함으로 시작되었습니다. 그리고 나서 그녀는 그가 기꺼운 마음으로 신약성경을 받아들이게 해 달라고 기도했습니다. 단계적으로 그녀는 의심치 않고 믿음으로 기도했습니다. 그리고 매번 그녀는 믿음을 가지고 기도를 행동으로 옮겼습

니다. 그녀가 처음으로 간구한 후 2주 만에 그 친구는 마음을 열고 그리스도를 믿었습니다. 하나님이 할 수 있음을 믿는 것과 하나님이 한다는 것을 믿는 것은 동일하지 않습니다.

위의 야고보서 본문은 의심 없이 기도하는 법이라는 구체적 목적을 가지고 적용하였다. 청중은 "나도 할 수 있다"라는 감정을 가지게 된다. 삶의 적용을 말할 때 설교는 그 목적을 달성하도록 돕는다.

이중초점 안경설교

어떤 사람들은 우리에게 삶의 적용의 필요성을 상기시켜 주는 용어를 사용한다. 그들은 "이중초점 안경설교"(Bifocal Preaching)를 하도록 독려한다. 이중초점 안경은 착용자가 먼 곳뿐만 아니라 가까운 곳도 볼 수 있도록 해준다. 설교도 이처럼 두 가지를 기본적으로 요구한다. 설교자는 하나님의 말씀의 의미를 결정하기 위해 말씀을 연구한다. 또한 그는 삶의 필요들을 관찰한다. 본문을 잘 해석하면 성경의 진리를 삶의 필요에 적용할 수 있게 된다. 설교가 너무나 많은 성경의 내용을 말하면서 정작 삶과 관련성이 없으면, 설교자는 단지 안경 윗부분의 렌즈를 통해 사물을 보고 있는 것이다. 반대로 설교가 삶의 필요에 관해 많은 내용을 말하지만 성경과 분리되어 있을 수 있다. 이러한 경우에도 설교자는 안경의 아랫 부분의 렌즈를 통해서만 사물을 보는 것이다. 이중초점 안경설교는 성경이 의미하는 것과 성경이 오늘날 사람들에게 말하고 있는 것 사이에 조화를 이룬다. 성경해석과 삶의 적용이 연합될 때 설교는 강력한 것이 된다. "우리는 하나님께서 하나님의 변함없는 진리의 말씀을 항상 변화하는 이 세상과 연관시키려고 몸부림치는 새로운 세대의 기독교 설교가들을 일으키시도록 기도해야만 한다."[2] 세 가지 면을 살펴보면 삶의 적용부분을 작성하는 데 도움이 된다.

현재를 바라보라

당신은 이미 앞에서 성경의 역사적, 사회적 문맥을 연구하도록 권고를 받았다. 당신은 하나님의 말씀이 그것을 처음 들었던 청중들에게 무엇을 말씀하셨는지를 알아야만 한다. 당신의 설교가 단어 연구와 배경에 빠져 길을 잃고 과거에만 머무는 일이 없도록 주의하라. 현재를 바라보라. "설교에 있어서, 본문의 방향을 따라가며 그것을 우리 시대와 연관시키는 일은 필수적이다. 본문은 그 길이 어디로 뻗어 있는지 보여주지만 우리는 그 길을 우리가 살고 있는 오늘이라는 시간의 관점에서 걸어야만 한다."[3]

짐 로우리(Jim Lowery)는 "효과적인 성경적 설교란 과거와 현재를 잘 연결해 주는 설교"라고 썼다.[4] 당신은 의미를 발견하기 위해 본문의 모든 단어들을 연구해야 하며, 그 뒤에 현재의 정황들에 맞는 구체적인 적용을 해야만 한다. 성경은 역사적 사실들을 기록하고 있다. 또한 성경은 "하나님의 말씀은 살았고 운동력이 있어 좌우에 날선 어떤 검보다도 예리하여 혼과 영과 및 관절과 골수를 찔러 쪼개기까지 하며 또 마음의 생각과 뜻을 감찰하나니"(히 4:12). 청중들이 말씀으로 자기 마음에 찔림을 받을 때 적용은 그 본분을 다하게 된다.

요한복음 4장은 예수를 여성과 다른 인종에 대하여 편견이 없는 분으로 그리고 있다. 많은 설교에서 사람들은 유대인의 여성에 대한 태도와 사마리인과 유대인 사이의 인종편견에 대해서 설명한다. 어떤 사람들은 예수께서 모든 사람들을 사랑하심을 보여주기 위해 낯선 행로로 어떻게 여행하셨는지를 예증하려고 지리적 사실들을 인용한다. 많은 설교자들이 "하나님은 모든 사람들을 사랑하신다"는 진리를 말한다. 그러나 오늘날의 삶에 해당되는 적용을 하지 않는다. 오늘날의 삶에 적용을 하라. 인종적, 성적 편견은 오늘날에도 계속해서 문제로 남아 있다. 남자들은 여전히 여자들을 육체적 만족의 도구로 취급하며 남자보다 열등한 존재로 생각한다. 예수의 모범의 진리를 적용하기 위해 현대적 예들을 사용하라. 이야기, 예화, 당신이나 다른 이의 삶의 경험, 혹은 진단, 질문 등을 가지고 진리에 적용하라.

폴 쉐러(Paul Scherer)는 "기독교는 역사에 뿌리를 두고 있기 때문에 사람들은 자신들이 기독교를 역사 속에 묻을 수 있다고 생각한다. 그래서 설교가들도 때로는 이에 한 몫 거든다"고 썼다.[5] 당신도 과거시제를 과용함으로 말미암아 설교를 과거에 묻어버리는 데 일조할 수 있다. 설교할 때 역동적인 현재시제 동사를 사용하라. "예수께서는 살아계십니다! 주님은 자신의 사랑을 우리 모두에게 부어주고 계십니다! 주님은 우리에게 흑인들을 사랑할 것을 요구하고 계십니다." 오늘날 일어나고 있는 일들을 예화로 사용할 때 삶의 적용은 보다 강력해진다. 지난 세대의 설교들이 사용한 예화들은 오래되고 상관성이 없다. 사람들이 오늘날의 예화를 들을 때 관심은 고조된다. 성경의 진리를 나타내는 현대적인 예화들은 오늘날의 사람들에게 성경의 상관성을 과감하게 보여준다. 당신은 당신이 알고 있는 이야기들, 책들, 라디오, 텔레비전, 영화, 음악 등을 성경적 진리를 밝히는 현대적인 예화로 사용할 수 있다.

사람들을 바라보라

제임스 스튜어트(James Stewart)는 설교준비를 하는 동안에 "예배에 모인 회중들을 마음에 그려봐야 한다"고 말했다.[6] 본문은 교회의 어떤 필요들에 관해 말씀하고 있는가? 성도들은 현재 어떤 문제들에 직면하고 있는가? 본문을 회중 가운데 여러 세대의 사람들에게 적용하라. 사람들은 할포드 루코크(Halford Luccock)에 대해서 이렇게 말했다. "그는 설교를 시작하면 사람들이 직면하고 있는 문제들과 함께 길을 걸으며 함께 고민하고 그들을 성경의 고지로 데려와 새로운 힘과 능력의 샘가로 인도했다."[7]

회중의 필요에 대해 계속적으로 관심을 갖고 관찰하면 보다 더 구체적인 설교를 할 수 있다. 설교를 준비하는 동안 본문의 아이디어를 그 설교를 들을 청중들과 연관시켜라. 보통 사람들이 사용하는 언어를 사용하고 실제적으로 말하라. "여러분, 우리가, 우리들을, 우리의"와 같은 대명사를 사용할 때 본문은 청중과 연결된다.

바울이 아덴에서 한 설교(행 17:22-31)는 이러한 청중들을 잘 의식하였음을 보여준다. 바울은 "그 도시가 우상으로 가득한 것"을 먼저 보았다. 그의 이러한 경험이 사도행전의 설교의 예가 되었다. 바울이 사용한 대명사들과 그들이 유명한 시인들의 글에서 인용한 말을 잘 살펴보라.

> 아덴 사람들아 너희를 보니 범사에 종교성이 많도다. 내가 두루 다니며 너희의 위하는 것들을 보다가 알지 못하는 신에게라고 새긴 단도 보았으니 그런즉 너희가 알지 못하고 위하는 그것을 내가 너희에게 알게 하리라
>
> 우주와 그 가운데 있는 만유를 지으신 신께서는 천지의 주재시니 손으로 지은 전에 계시지 아니하시고… 너희 시인 중에도 어떤 사람들의 말

과 같이 "우리가 그의 소생이라" 하니…

아덴 사람들의 필요가 바울의 호소에 나타난다. "하나님이… 이제는 어디든지 사람을 다 명하사 회개하라 하셨으니 이는 정하신 사람으로 하여금 천하를 공의로 심판할 날을 작정하시고…"(30-31절). 아덴이라는 지역의 필요성이 설교에 긴박성을 더해 준다.

구약의 선지자 말라기도 그의 설교에서 사람들을 바라보았다. 그는 자신이 설교할 때 사람들의 마음 속에 떠오르는 질문들을 상상하였다.

> 여호와께서 이르시기를 "내가 너희를 사랑하였노라" 하나 너희는 이르기를 "주께서 어떻게 우리를 사랑하셨나이까" 하는도다(1:2)

> "너희가 더러운 떡을 나의 단에 드리고도" 말하기를 "우리가 어떻게 주를 더럽게 하였나이까" 하는도다(1:6-7)

> "그런즉 내게로 돌아오라 그리하면 나도 너희에게로 돌아가리라" 하였더니 너희가 이르기를 "우리가 어떻게 하여야 돌아가리이까" 하도다 사람이 어찌 하나님의 것을 도적질하겠느냐 그러나 너희는 나의 것을 도적질하고도 말하기를 "우리가 어떻게 주의 것을 도적질하였나이까" 하도다(3:7-8)

한 학생이 복음전도라는 주제로 헌신적 목적의 설교를 위해 마태복음 28장 16-20절을 선택하였다. 그 본문은 예수께서 하신 네 가지의 명령이 대지로 제시되었다. "가서… 제자를 삼아… 세(침)례를 주고… 가르치라." 그는 각 단어를 설명하였으나 적용은 결론부분에서만 제한적으로 언급하였다.

> 여러분을 향한 저의 초대는 우리의 선교사역에 동참하심으로 주 예수 그리스도께 여러분 자신을 드리라는 것입니다. 여러분이 주일학교나 혹은 가정성경공부반을 위한 자원봉사자로 여러분 자신을 드린다면 우

리는 큰 기쁨으로 수락할 것입니다. 교회편집부의 사역에도 동참하십시오.

만일 적용부분을 각 대지마다 삽입하였더라면 이 설교는 더욱 강력했을 것이다. 첫째 대지에서 그는 "그리스도께서 명령한 대로 우리의 선교지로 가십시오. 당신이 편집사역에 동참하는 것은 가라는 예수님의 명령을 수행하는 것이 될 것입니다"라는 적용을 삽입할 수 있었다. 설교자는 교회의 사역을 통해 그가 그리스도에게로 인도한 영혼에게 세(침)례를 준 경험을 말할 수도 있다. 구체적인 사례들을 말하면 흥미가 고조되고 본문이 지역적인 상황에 적용되게 된다.

이사야 40장 31절의 설교를 통해 고난의 시기에 하나님을 신뢰하도록 그리스도인들에게 격려한 설교가 있었다. 이 설교는 다음의 요지를 담고 있었다. "새로운 주님의 능력이 힘들고 지쳐 약해진 자들에게 공급됩니다. 문제를 뛰어넘는 힘과 영적인 진보는 주를 신뢰하는 자들에게 부어집니다." 이 설교는 청중들을 위한 적용이 약했다. 상기의 요지는 사실이고 성경의 본문이 의미하는 바를 분명히 말해 주고 있다. 그러나 문제 가운데 있는 오늘의 사람들에게 이 본문은 무엇을 말하고 있는가? 이 설교는 본문의 아이디어를 지지할 다른 관련성구도 인용하였다. 그러나 이 설교는 그 주제가 너무나 일반적이어서 사람들과 그들의 필요에 대해 구체적인 적용점을 가지고 있지 않다. 이 설교자는 불치의 병을 이겨내야 하는 어려움에 대해 인용할 수도 있었을 것이다. 불신자의 가정에서 사는 삶이 어떤 것인지를 예로 삼아도 좋았을 것이다.

삶의 적용을 위해 사람들을 바라보라. 에스겔 선지자도 "그 사로잡힌 백성 곧 그발 강가에 거하는 자들에게 나아가 그 중에서 민답히 칠 일을 지냈다"(겔 3:15).

구체적 목적을 바라보라

구체적 목적을 분명하게 기록하면 삶의 적용도 쉬워진다. 구체적 목적은 대상청중에게 말하고 그들이 하기를 원하는 것을 정해 준다. 설교준비를 하면서 이 목적을 계속 생각하라. 마치 방향을 가리켜 주는 나침반처럼 그것을 당신 앞에 간직하라. 설교의 각 대지는 대상청중에게 적용되어야만 한다. 각 대지는 당신이 원하는 행동의 결과들과 관련되어야 한다.

마태복음 3장 13-17절은 예수님의 세(침)례에 대한 기록이다. 한 학생이 "세(침)례: 순종의 행위"라는 제목의 설교를 위해 이 본문을 택했다. 구체적 목적은 "세(침)례의 의미를 설명하고 세(침)례받지 않은 신자들이 예수님께 순종하여 세(침)례를 받도록 하기 위한 것"이었다. 이제 이 목적이 그의 각 대지에서 어떻게 적용되었는지 살펴보자. 이 교리적 목적의 설교가 실제적인 적용의 성격을 띠고 있다는 점을 관찰하라. 이 설교는 결단을 겨냥하고 있다.

1. 세(침)례는 예수님의 모범을 따르는 것입니다(13절).
   예수는 모범을 보이셨습니다. 주님은 하나님의 뜻을 행하셨습니다. 당신도 하나님의 뜻을 행하겠습니까? 주님의 모범을 따라 세(침)례를 받으십시오. 거듭났는데 세(침)례를 받지 않는다면 당신은 불순종하고 있는 것입니다. 당신은 예수님의 모범을 따르셔야 합니다.

2. 세(침)례는 모든 의를 이루는 것입니다(15절).
   이 구절을 다르게 번역하면 이렇습니다. "이렇게 하여 우리는 하나님이 요구하시는 모든 것을 행해야 하느니라." 우리는 구원받기 위해 반드시 세(침)례를 받아야 하는 것은 아닙니다. 세(침)례는 올바른 관계가 당신과 그리스도 사이에 형성되었음을 보여주는 것입니다. 구원은 당신이 거듭나는 순간에 이뤄집니다. 당신이 세(침)례받기를 거부한다면 당신과 하나님 사이에 옳지 않은 무엇인가가 있게 됩니다. 올바른 결단은 세(침)례를 받는 것입니다. 여러분 중에 어떤 이들은 회심한 이후로 몇 달, 심지어 몇 년이 지났음에도 불구하고 세(침)례를 받지 않은 분들이 계십니다. 그것이 올바른 일입니까? 그것이 그리스도께 순종하는 것입니까?

3. 세(침)례는 하나님을 영화롭게 하는 것입니다(17절).
만일 우리가 하나님을 영화롭게 하기를 원한다면 우리는 세(침)례를 받을 것입니다. 당신이 세(침)례받는 날에 하나님께서 아들에게 말씀하신 것처럼 여러분에게 "내 아들 딸아! 나의 사랑하는 자들아! 내가 기뻐하노라"고 말씀하실 것입니다. 순종이 주님을 영화롭게 합니다.

고린도전서 16장 1-2절이 "헌금은 하나님의 계획"이라는 제목의 청지기에 관한 설교로 사용되었다. 구체적 목적은 "각 그리스도인이 십일조를 교회에 드리는 것"이었다. 이 설교는 네 대지로 이루어졌고 구체적 목적이 전체설교를 이끌었다. 적용도 여러 가지 방법으로 이뤄졌다. 고린도교회와 당신의 교회를 비교하라. 물론 성도의 허락을 받아 십일조를 하는 성도의 경험을 예화로 말하라. 더 많은 성도들이 - 그리고 모든 성도들이 - 십일조를 할 경우 가능한 사역들에 대해 설명하라. 기독교 TV 프로그램이 할 수 없는 일들을 교회가 어떻게 할 수 있는지를 보여주라.

1. 헌금에 대한 하나님의 계획은 모든 그리스도인에게 해당됩니다.
바울은 "너희 각 사람이… 하라"고 말했습니다. 연구보고에 따르면 대부분의 교회에서 20퍼센트의 성도가 교회재정의 대부분을 헌금하는 것으로 나타났습니다. 이러한 통계는 우리 교회에서도 마찬가지입니다. 주님께서는 우리 각 사람이 교회사역에 지원하기를 원하십니다.

2. 헌금은 예배행위입니다.

우리가 교회에 헌금을 할 때 그것은 "어린양이 찬양받기에 합당하시도다"고 선포하는 힘찬 찬양대의 합창과 같습니다. 당신이 헌금을 하기 전까지는 완전한 경배를 드린 것이 아닙니다.

3. 하나님의 계획은 교회를 통해 헌금하는 것입니다.

우리의 헌물은 예배의 행위이기 때문에 함께 모여 경배할 때 드려져야 합니다. 헌금은 교회에서 모아집니다. 한 성도가 나에게 "목사님, 저의 십일조를 라디오 설교자에게 드려도 됩니까?"라고 물었습니다. "안됩니다. 십일조는 하나님의 창고인 교회로 들어가야 합니다." 말라기 3장 10절이 이 사실을 가르쳐 줍니다. 여러분의 교회를 먼저 후원하십시오.

4. 하나님의 계획인 헌금은 십일조로 시작됩니다.

"얼마나 드려야 하나요?"라고 여러분은 물으실 겁니다. 바울은 "하나님이 번성케 하신 대로"(이 번역은 흠정역 성경이다. 한글개역성경은 "각 사람이 이를 얻은 대로"로 번역되어 있다 - 역자 주) 하라고 말합니다. 10퍼센트를 드리는 십일조는 하나님이 번성케 하신대로 그 양을 증가시킬 것입니다. 예수님은 십일조에 대해서 "이것도 행해야 하리라"고 말씀하셨습니다(마 23:23). 십일조를 하고 계십니까? 예수는 당신이 행해야 한다고 말씀하셨습니다! 그러나 우리의 헌금은 십일조에서 멈춰서는 안 됩니다. 우리는 율법주의를 조심해야 합니다. 그리스도께서 원하시는 헌금은 감사함에서 우러나오는 인색하지 않은 헌금입니다. 예배의 행위로 헌금을 드리십시오. 당신의 짐을 질 때 교회는 더 많은 일들을 할 수 있습니다.

모든 설교는 사람들이 행동으로 옮기길 원하는 것을 명기한 구체적 목적을 가지고 있어야 한다. 설교를 하면서 구체적 예를 들 때 삶의 적용이 강해진다.

로우리에 따르면 "적용이 있는 성경적 설교는 회중을 위한 설교로서 매우 효과적이지만 동일하게 설교자의 삶에서도 실천될 것이 요구된다."⁸ 본문을 적용하는 방법들에 대해 영감이 떠오르기까지 기다리는 것은 현명한 일인가? 이러한 접근을 할 경우에 설교는 보통 일반적인 것들로 짓눌릴 것이다. 현재를 바라보라. 사람들을 바라보라. 구체적 목적을 바라보라. 설교준비의 중요한 부분은 삶의 적용 부분이다. 해든 로빈슨은 이것을 이렇게 요약했다.

> 마지막으로 분석해 볼 때 효과적인 적용은 기술에 의존하지 않는다. 그것은 방법보다는 자세이다. 삶을 변화시키는 설교는 사람들에게 성경에 관해 말하지 않는다. 대신에 사람들에게 그들 자신 – 그들의 질문들, 상처들, 두려움, 그리고 삶의 투쟁 – 에 관해 이야기한다. 우리가 설교를 이러한 철학을 가지고 접근할 때 부싯돌은 강철을 친다. 어떤 이의 삶의 문제의 부싯돌이 하나님의 말씀의 강철을 쳤을 때 하나님으로 인하여 그 사람을 불타오르게 할 불씨가 튀어오를 것이다.⁹

참고와 적용

설교에 삶의 적용 부분을 강화시키는 추가적인 방법들은 해롤드 브라이슨과 제임스 테일러의 공저 「청중의 필요를 채우는 설교작성법」(*Building Sermons to Meet People's Needs*, 요단출판사)을 참고하라.

제17장

설교예화

내 아들이 여름 캠프에 참석했던 한 설교자를 칭찬하였다. "무엇 때문에 그 설교자의 설교가 효과적이었다고 생각하니?"라고 물었다. 내 아들은 "그는 멋진 이야기를 말한 다음에 요점을 말했어요"라고 대답했다. 이것은 효과적인 예화가 가지고 있는 능력을 보여준다. 설교의 서론, 본론, 결론부분에는 보통 예화가 필요하다. 그러나 성경본문이 항상 가장 중요한 설교의 요소임을 기억하라. 설명, 예화, 적용 이 세 가지의 주요 요소가 성경본문의 의미를 확대해 준다. 이 장에서 우리는 효과적인 성경적 설교에서 예화가 차지하는 주요 역할과 의미에 대해 검증해 볼 것이다.

예화의 의미

탁월한 설교자들은 설교에서 예화를 사용하는 데 매우 능하다. "예증하다"란 단어는 "한 주제에 빛을 던진다"란 의미이다. 예화는 집의 창문과 같아서 빛이 집 안으로 들어올 수 있게 해준다. 효과적인 예화는 청중들로 하여금 설교를 이해하는 데 도움을 준다. 예화는 항상 성경본문과 명제, 목적, 그리고 대지를 뒷받침해 준다. 아랍의 격언에 "귀를 눈으로 바꿀 수 있는 사람은 최고의 연설가이다"[1] 라는 말이 있다. 효과적인 커뮤니케이션은 우리의 여러 감각 기관들과 관계가 있다. 사람들은 설교를 듣고 또한 설교를 볼 필요가 있다. 예화는 설교의 아이디어, 생각, 가르침들을 회화적인 언어로 바꿔주어 청중들이 마음 속에서 설교를 그림으로 그려볼 수 있도록 해 준다.

오늘날의 커뮤니케이션은 보는 것에 많이 의존한다. 텔레비전은 너무나 많은 것에 영향력을 미치고 있다. 설교예화를 가지고 설교자는 생각을 표현할 수 있는 그림을 제공할 수 있다. "시각적" 이미지는 구두로 표현되는 단어들을 강화시켜 준다.

예화는 일반적인 개념들을 설명해 준다. 기독교는 사랑, 믿음, 구원, 영원에 관련된 종교이다. 이러한 가르침은 특정한 이야기나 혹은 상징을 가지고 설명하면 더욱 이해하기 쉽다. 세(침)례나 주의 만찬도 우리의 죄를 위한 그리스도의 죽으심을 몸으로 행하는 예화이다. 또한 두 성례는 다른 목적들도 가지고 있지만 그리스도께서 행하신 것을 "그림으로 보여준다." 이러한 성례를 가지고 우리는 그분의 사역을 보다 잘 이해할 수 있다.

예화는 우리가 기억하는 데도 도움을 준다. 예화는 진리를 우리의 마음에 걸어두는 고리와 같다. 아름다운 꽃들이 들판에 자라는 것을 볼 때 나는 보통 걱정에 대한 예수님의 말씀을 생각한다(마 6:28-31). 예화를 당신이 밝히고자 하는 대지의 요점과 연관짓는 기술이 어떠냐에 따라 사람들이 진리를 얼마나 잘 기억할 것인가가 결정된다. 예화는 본문의 진리에 빛을 던져주어, 우리로 그 가르침을 더 잘 이해할 수 있도록 만들어 준다.

예화는 감정을 건드린다. 감정은 의지에 영향을 준다. 우리는 보통 우리가 하고 싶다고 느끼는 것을 하게 된다. 머리로는 확신했다 할지라도 사람들은 결정하기 전에 감정이 움직여야만 행한다. 감정을 통해 사람들은 또한 설교를 느끼고 그것을 받아들이기로 결정한다. 극단적인 감정이나 감상적인 예화들을 조심하라. 이는 사람들이 단순히 감정적인 결단을 내릴 수 있기 때문이다. 예수께서는 "말씀을 듣고 즉시 기쁨으로 받"아들이는 사람들에게 경고하셨다. 그 자신 속에 뿌리가 없으면 잠시 동안밖에 견디지 못하기 때문이다"(마 13:20-21).

예화는 압박을 풀어주는 역할을 한다. 설교란 긴장된 상태에서 진리를 전하게 마련이다. 청중들은 설교의 메시지에 대해 저항하게 되고 압박감을 느낀다. 좋은 예화는 그 압박감을 해소시켜 청중들이 관심을 충분히 유지하도록 해준다. 때때로 유머는 설교에 있어서 이러한 목적을 잘 수행한다. 예화는 설교가 너무 "무겁게 되는" 것을 방지해 준다.

다음에 나오는 예화의 여섯 가지 목적은 설교에서 비중을 보여준다. 브라운이 「설교의 단계들」(*Steps to the Sermon*)에서 언급한 대로 "대부분의 모든 위대한 설교는 효과적인 예화들을 잘 활용하고 있다. 설교를 잘 하고 싶은 사람은 예화를 사용하는 기술을 개발해야 한다."[2]

무엇이 좋은 예화를 만드는가?

생스터는 예화의 대가였다. 영국 런던에서 태어난 그는 대영제국의 감리교 총회장이 되었다. 예화에 관한 그의 저서에서 그는 예화를 선택하는 데 도움이 될 만한 일곱 가지를 제안하였다.

1. 예화와 논증을 혼돈하지 말라.
2. 한 설교에 일정한 수의 예화가 꼭 있어야 한다는 규칙을 만들지 말라. 너무 뻔한 내용은 예화로 사용하지 말라.
3. 도덕적 사실을 장황하게 설명하지 말라.
4. 사실들을 잊지 말라.
5. 자신을 자랑하지 말라.
6. 당신 예화의 배경을 소홀히하지 말라.
7. 설교로부터 주의를 빼앗는 예화를 사용하지 말라.[3]

어떤 설교자가 "저는 무엇이 좋은 설교예화를 만들어주는지는 알지 못하지만 그것이 좋은 예화인지는 들으면 압니다"라고 말했다. 좋은 예화는 이러한 일곱 가지의 지침을 만족시키며, 본문을 지지하고, 대지를 밝혀주고, 믿을 만하며, 이해가 쉽고, 신선하다.

예화의 목적은 "본문에 빛을 던져 주는" 것이다. 예화보다는 성경본문에 더 의미가 담겨 있다. 죄에 대한 설교를 하면서 나는 유머스럽게 끝나는 이야기를 해주었다. 모든 사람들이 웃었다. 부흥회 다음날 밤에 사람들은 여전히 그 이야기에 관해 이야기하였다. 그들은 메시지를 들었다기보다는 이야기를 들은 것처럼 보였다. 그 설교는 성경본문보다도 이야기 자체에 더 많은 빛을 던져 주었다. 당신은 너무나 밝게 타서 눈 멀게 하는 등불을 본 것이다. 그것은 당신이 볼 수 있도록 돕는 대신에 당신의 주의를 산만케 한다. 독서용 전등에 갓이 씌어진 이유는 읽고 있는 책에 직접 불빛을 비추기 위함이다. 예화는 성경본문을 뒷받침해야지 예화 자체에 특별한 관심이 돌려져서는 안 된다.

좋은 예화는 한 가지 요점만을 비춰준다. 강조될 만한 세부사항들은 여럿 있을 수 있지만 그 중 한 가지에만 초점을 두라. 잡지 "이얼링"(The Yearling)⁴ 지는 플로리다 주의 에버글레이드에 사는 한 장애인 소년과 그의 가족을 소개한 적이 있다. 소년에게는 몇몇 친구들이 있었으나 주로 동물들과 함께 놀았다. 병으로 그 소년은 죽었고 소년의 장례식에서 한 이웃사람은 그 소년이 천국에 갔으며 거기서는 걸을 수 있다고 말했다. 나는 이 이웃의 말을 설교에 인용하였다. 이 예화에서 내가 그 소년이 당하고 있는 고통의 의미에 관해서나 혹은 그 아버지의 죄에 대하여 사족을 달았다면 약화되었을 것이다. 예화는 오직 한 가지 요점을 예증하는 데만 필요하다.

예화에 대해 좀더 자세히 말하면 한 장소에서 빛을 밝힌 예화는 다른 설교에 다시 사용될 수 있다. 디모데후서 2장 20-21절이 목사들과 사모들을 위한 설교의 본문으로 사용되었다. 설교자는 자기 집에서 저녁식사를 하면서 겪은 경험과 그의 아내가 만찬용 그릇들("주인이 사용하기에 합당한 그릇")을 가지고 식탁을 준비한 것을 예화로 사용하였다. 그는 집주인이 없으면 스스로는 아무것도 할 수 없는 그릇에 대해 말했다. 그릇은 오직 주인이 사용하기 위해서 존재한다. 또 다른 설교에서 후에 식사장면이 예화로 사용되었다. "여러분이 앉아서 음식을 먹는데 더러운 그릇에 음식이 담긴 것을 보게 된다면 어떤 생각을 하겠습니까? 여러분은 그 집안 사람들은 참 이상한 사람들이라고 생각하면서 그 집을 떠날 것입니다. 그릇이 깨끗하다는 것은 집주인의 성격을 나타냅니다."⁵ 이 두 가지 평범한 가정생활의 경험은 간결하지만 말하고자 하는 요점을 효과적으로 "볼 수 있도록" 해준다.

예화는 믿을 수 있는 내용이어야 한다. "믿을 수 없는 이야기들"

이란 텔레비전 쇼에서 비범한 사람들과 사건들을 방영하였다. 나는 그것을 보았을 때 믿긴 했지만 어떻게 그런 일이 일어날 수 있을까 여전히 의아해했다! 예화는 설득력이 있어야 한다. 그것은 실제로 일어났거나 혹은 일어날 수 있는 일이어야 한다. 설교는 "믿는 척" 한다든지 혹은 허구와 같은 태도를 나타내서는 안 된다. 믿을 만한 예화는 성경본문이 삶에 적용되는 것을 보여준다.

어머니날 설교에서 어린 아기를 급습하여 높은 절벽 틈새에 내려 놓은 독수리에 대한 이야기를 하였다. 건장한 남자들도 어린 아이를 찾아올 수 없었던 위험한 산맥을 어머니는 오직 사랑의 힘으로 자기의 아이를 구하기 위해 인내하며 올라갔다는 내용이었다. 당신에게 이 이야기는 합리적으로 들리는가? 설교자는 "저는 이 이야기가 사실인지 아닌지 잘 모르겠지만 이 예화는 어머니의 사랑을 잘 설명해 줍니다"라고 말했기 때문에 설교자가 분명히 마음에 의구심을 품고 있다는 것을 표현한 것이다. 내게 그 이야기는 꾸며낸 이야기처럼 들렸다.

물론 예화로 동화나 소설을 사용할 수 있다. 그럴 경우에는 출처를 분명히하라. 이러한 자료들은 예화를 창조적으로 사용하는 방법으로 인정될 것이다.

성공적인 신문 편집자가 자기의 전쟁기록에 관해 쓴 이야기가 사실이 아니라는 것이 밝혀지자 일자리를 잃어버렸다. 그 이야기들은 그럴 듯하게 들렸지만 거짓이었다. 일어나지도 않은 일을 일어난 것처럼 예화를 든다면 당신의 정직성에 도움이 되지 않는다.

역사적, 과학적 사실들은 좋은 예화가 된다. 당신의 자료들을 정확하게 점검하라. 10년, 15년 전에 사용된 과학적 데이터는 아마도 바뀌었을 것이다.

효과적인 예화는 이해할 수 있는 수준에서 시작되어야 한다. 예화는 알려지지 않은 것이나 받아들이기 어려운 것들을 밝혀주기 위해 이미 알려진 것들을 사용한다. 시편 8편을 설교할 때 우주와 별들에 관한 사실들을 사용하라. 청중들은 천문학적인 사실들을 알지 못하고 천문학도 이해하지 못하지만 그들은 별과 달을 보았다. 당신이 사용하는 예화의 주제는 알려진 것이어야 하며 설교의 명제인 "하나님의 창조능력"을 밝혀주기 위해 사용되어야 한다.

예화는 훌륭하다고 다 이해가 되는가? 책으로 출판된 설교들은 다른 상황에서 먼저 설교된 것으로 훌륭한 예화들을 담고 있다. 당신 교회의 사람들은 그 책의 예화가 다른 문화에 맞는 것이기에 그것을 이해 못할지도 모른다. 한 미국인 설교자가 브라질에 있는 교회에서 포르투갈어로 통역을 통해 설교했다. 요점을 설명하기 위해 그는 예화로 유머스러운 이야기를 했다. 그것은 텍사스 주에서는 웃기는 이야기이지만 브라질에서는 이해가 되지 않았다. 예화를 통역해 주는 대신에 통역자는 사람들에게 포르투갈어로 "이분이 지금 우스운 이야기를 했습니다. 여러분 지금 웃어 주십시오!"라고 말했다.

우리 가족이 필리핀에서 살고 있을 때 나는 디누구안(dinuguan, blood Pudding)이 많은 필리핀 사람들의 기호식품인 것을 알았다. 필리핀 친구들은 내가 "디누구안을 만들 때는 반드시 신선한 재료로 만들어야 한다"는 것을 상기시켜 주었다. 요리에 관한 훌륭한 이 조언은 또한 설교에서도 마찬가지이다! 신선한 예화는 더 좋은 설교를 만든다. 맥아더 장군이 바탄반도를 떠나면서 한 유명한 말, "나는 돌아올 것이다"는 그리스도의 재림에 관한 많은 설교에서 이미 사용되었다. 이 사건은 이미 신선한 맛을 잃어버렸다. 여러 번 사용된 예화는 설교에서 힘과 신선함을 앗아간다.

아버지날 설교의 서론으로 나는 개인적인 경험담을 이야기했다.

> 어느 날 오후, 제가 뒷마당의 잔디를 깎고 있을 때 네 살짜리 딸 메리가 문에 와서 "아빠, 사랑한다란 단어의 철자가 어떻게 돼요?"라고 소리쳤습니다. 저는 그녀에게 네 자(LOVE)를 가르쳐 주었습니다. 저는 나중에 그녀에게서 카드를 받고 놀랐습니다. 그 카드에는 "난 아빠를 사랑해요"라고 쓰여 있었습니다.
>
> 여러분은 사랑이란 단어를 어떻게 쓰십니까? 그것은 정확한 순서로 알파벳의 네 글자를 정렬하는 것 이상의 것입니다. 우리는 삶을 살아가며 맺는 관계 속에서 사랑을 표현함으로써 사랑이란 단어를 씁니다. 이런 면에서 볼 때 사랑이야말로 우리 인생의 사전에서 가장 잘못 쓰여지는 단어일지 모릅니다.
>
> 당신은 사랑이란 단어를 어떻게 쓰십니까? 우리의 아이들이 묻고 있습니다. 그리스도의 사랑을 필요로 하는 세상은 우리의 대답을 바라보며 기다리고 있습니다.

이 예화는 회중들이 많이 경험하는 것이다. 이 예화는 알려진 사실에서 알려지지 않은 사실 - 설교의 주제 - 로 옮겨간 것을 보여준다. 이 예화는 단지 한 가지 요점만을 말하는데, 성경의 본문을 뒷받침해 주며(다음 문단에서 성경본문으로 옮겨간다), 신선한 맛을 간직하고 있다는 것이다.

좋은 예화는 성경본문을 지지하며 한 가지 요점에만 빛을 던져준다. 효과적인 예화는 믿을 수 있고, 이해가 쉽고, 신선해야 한다. 다음의 예화들은 이러한 특성들을 가지고 있는가? 가장 좋은 평가는 실제 설교에서 이들이 어떻게 사용되었는지를 살펴볼 때 가능하다는 것을 기억하라.

감사하라

이 단어는 우리에게 "범사에 감사하라"(살전 5:18)고 말한다. 언젠가 내가 만난 한 맹인 사업가는 바울이 말한 것을 행할 수 있었다. 그는 나에게 "저는 제가 잃어버린 것을 생각하지 않습니다. 지금 제가 가지고 있는 것들에 대해 단지 감사할 따름입니다"라고 말했다.

청기기직분

고속도로에서 "모든 것은 그의 것"(ALL HIS)이라는 번호판을 단 캐딜락 승용차가 지나갔다. 이것은 집에 있는 BMW승용차 번호판에 "그녀의 것"(HERS)이라고 한 그의 아내까지 그의 것이라는 뜻은 아니잖는가? 차를 구입하면서 내야 하는 자동차 할부금을 그는 방금 완불했을까? 만일 그 운전자가 최근에 은퇴한 목사님이라면 그는 은퇴 선물로 차를 선물받고 장기간의 휴가를 떠나고 있던 것일까? 그렇다면 집사는 그 번호판을 보면서 그리스도께 목사님이 헌신하겠다는 뜻으로 생각했을까? 그 번호판은 소유하고자 하는 이기심을 나타낼까? 아니면 그리스도께 자신의 자동차를 드리겠다는 그리스도인의 간증일까? 우리의 소유를 사용한 내역이 우리가 가진 모든 것이 주님께 속했음을 증거해 주는가? 우리는 "모든 것은 그분의 것"(ALL HIS)이라고 정직하게 말할 수 있을까?

십자가

도날드 렉스포드 2세(Donald Rexford Jr.)라고 불리우는 38세 된 목수는 필리핀의 마닐라에서 열리는 성금요일의 십자가형을 재현하는 행사에서 수백명의 관중들 앞에서 십자가에 못박혀 2분 동안 공중에 매달려 있었다. 그는 속죄의 행위로 수년 동안 이것을 행했다. 그의 고행은 쓸모가 없었다. 예수는 믿음으로 말미암는 은혜의 선물로서 자신을 "단번에"(히 10:10) 드리셨다.[4]

말

야고보서 3장 2-12절은 우리에게 혀를 절제하는 어려움을 생각하게 한다. 싱가폴에 있는 한 건설회사의 직원들이 그들의 언어를 개선하는 방법을 고안해 냈다. 나쁜 말을 할 때마다 직원들은 "욕지거리 상자"에 약 1달러를 넣었다. 그 건설회사의 한 간부는 "우리는 욕을 하는 데 너무나 익숙해져서 말을 할 때 자주 욕이 나왔습니다. 그 말들은 참 부끄러운 것이었습니다." 처음 4일 동안에 "욕지거리 상자"에는 약 23달러가 모였다.[5]

사랑

선물의 집 가게에 레이스 장식이 달린 커다란 검은 하트가 발렌타인데이 진열장에 전시되어 있었다. 그 디자이너는 사랑을 보여주고자 했지만 실패했다. 검은색 하트 모양은 사랑의 결핍을 상징하는 것처럼 보였다. 진정한 사랑이 없을 때 인생은 어둡고, 외로우며, 생동감이 사라진다. 그리스도께서는 사랑이 자기 제자들의 특성이 될 것이라고 말씀했다(요 13:34). 우리가 주님의 사랑을 나눌 때 그것은 죄와 외로움, 실패로 물든 검은 마음 속에 생명을 수혈하는 것과 같다.

설교예화 찾기

설교예화는 제7장에서 언급한 설교 아이디어의 자료들과 같은 곳에서 찾는다. 열 가지 자료들이 설교에 무한한 다양성을 제공해 준다.

성경

한 설교자가 예화에 관한 좋은 책을 소개해 달라고 나이 많은 목회자에게 편지를 썼다. 답신은 "성경"이었다. 성경은 설교예화를 위한 무한한 자료들을 제공해 준다. 성경의 예화는 메시지에 권위를 더해 주고, 대부분의 사람들에게 친숙하다. 성경의 인물들은 모든 종류의 행동과 태도의 거울이 되어, 당신이 설교하고자 하는 인생의 결단들에 대해 선악간의 결과들을 예증해 준다.

「네이브 주제별 성경사전」은 주제와 논제들을 알파벳 순서대로 정렬해 놓았으며, 성경의 예화들을 찾는 수단이 된다. 물론 그 예화가 당신의 설교에 맞으려면 관련구절의 문맥을 검토해야만 한다.

관찰

관찰은 예화를 얻기 위한 가장 값있는 자원이다. 한 뛰어난 설교자는 관찰을 "눈의 수확"이라고 묘사했다.[6] 예수께서도 그의 제자들이 삶의 사건 속에서 영적인 교훈들을 관찰하는 데 약하다는 사실을 인식하셨다. 두 번에 걸쳐 제자들은 예수께서 떡 몇 덩이와 물고기 몇 마리로 수많은 군중들을 먹이시는 것을 목격했다. 이 표적들은 그들로 하여금 주님을 신뢰하고 영원한 가치들을 추구하도록 하기 위해 주신 교훈들이었다. 그러나 그들은 그것을 발견하지 못했다. 주님께서는 그들에게 다음과 같이 말씀하셨다

> 예수께서 아시고 이르시되 너희가 어찌 떡이 없음으로 의논하느냐 아직도 알지 못하며 깨닫지 못하느냐 너희 마음이 둔하냐 너희가 눈이 있

어도 보지 못하며 귀가 있어도 듣지 못하느냐 또 기억지 못하느냐(막 8:17-18)

당신은 대형 도서관을 소유할 수는 없지만 당신 주변에서 일어나는 사건들을 "읽을" 수는 있다. 본문은 무엇을 말하고 있는가? 당신의 눈과 귀를 사용하여 가장 훌륭한 예화를 발견하기 위해 인생을 관찰하라.

마닐라에 있을 때 어느 날 교회로 가는 길에 나는 남자 몇 명이 수영복 바지를 입고 도로 모퉁이에 있는 소방용 호스에서 목욕을 하는 모습을 보았다. 이러한 장면은 집에 수도가 없는 필리핀에서는 흔히 볼 수 있는 광경이었다. 나는 그들을 지나치면서 반대편에서 넘쳐 흘러가는 오수를 보았다. 더러움과 깨끗함 사이의 대비가 선과 악의 대비를 상기시켰다. 나는 이 경험을 설교에서 말하였다.

> 당신은 어느 쪽을 택하시겠습니까? 당신은 오수 쪽에 서 있기를 원하십니까? 날마다 계속되는 우리의 삶은 우리가 어디에 설 것인지 – 선악간 – 에 대한 결단을 요구합니다. 우리는 죄를 거부하고 "무엇에든지 참되며 무엇에든지 경건하며 무엇에든지 옳으며 무엇에든지 정결하며 무엇에든지 사랑할 만하며 무엇에든지 칭찬할 만"한 것 쪽에 서야만 합니다(빌 4:8).

개인적 경험

당신 자신의 개인적 경험은 신실성과 현장감을 설교에 더해 준다. 당신의 인생경험을 예화로 들 때는 양해를 구할 필요도 없다. 자만감이나 영적인 우월감 없이 이야기하도록 주의하라. 그러나 당신의 가족들은 당신이 정기적으로 자신들을 예화로 드는 것을 좋아하시 않을는지 모른다. 그들도 회중 가운데 다른 사람들처럼 개인의 프라이버시가 존중되어야 한다.

동의 없이는 절대로 교회성도들의 개인적인 경험을 사용하지 말라. 욕을 하거나 비난을 하거나 혹은 다른 사람을 판단하는 것은 강단에서 절대로 용납되지 않는다. 몇몇 성도들을 너무 자주 예화로 사용하면 다른 성도들의 질투를 불러일으킬 수도 있다.

위인전과 자서전

위인전이나 자서전은 흥미로운 설교자료들을 제공해 준다. 윈스턴 처칠의 전기는 제2차 세계대전 이전의 상황을 그리고 있다. 당시 영국의 지도자들은 전쟁을 피하고 싶은 마음에서 히틀러를 달래는 유화정책을 폈다. 처칠은 자신의 동포들에게 독일의 독재자를 대항해서 싸워야 한다고 호소한 몇 안 되는 사람들 중의 하나였다. 히틀러의 군대가 체코슬로바키아를 점령하기 위해 전선에 배치되자 처칠은 수상인 체임벌린(Chamberlain)에게 더 이상 양보하지 말도록 간청하는 호소문을 전문으로 작성하였다. 그리고 그 전문에 몇 명의 지도자들의 서명을 함께 실어서 보내려 하였다. 그러나 그 지도자들이 아무런 관심도 보이지 않자 처칠은 수상에게 전보를 보내지 않았다. 처칠은 다음과 같이 말했다. "보수당에는 누가 있습니까? 우리가 하지 않은 서명 때문에 생명, 그것도 수백만 명의 생명을 잃게 되는 날이 멀지 않아 다가올 것입니다. 우리라고 살아 남을 수 있을까요? 사방을 아무리 둘러 보아도 용기 있는 자가 없는 데도 우리는 살아 남을 가치가 있습니까?"[7]

충성된 그리스도인의 삶도 성경본문의 예화로 사용될 수 있다. 선교사인 윌리암 캐리의 이야기는 많은 선교용 설교의 예화로 사용된다. 로마서 16장 1-16절을 본문으로 한 "평범한 그리스도인들"이란 제목의 설교를 지지하기 위해 영국의 설교가인 찰스 스펄전의 생애에 있었던 한 사건이 사용되었다.

누가 당신을 그리스도께로 인도했습니까? 대부분의 경우에 그들은 우리의 삶 가운데서 만난 평범한 사람들이었습니다. 그들은 우리의 부모님, 목회자들, 주일학교 교사들, 집사들, 친구들이었습니다. 그리스도의 일의 대부분도 평범하게 자신의 인생을 살아가는 평범한 그리스도인들에 의해 이뤄집니다. 지난 세기의 설교가 중에서 가장 탁월했던 설교가인 찰스 스펄전도 한 평신도 설교자의 설교를 듣고 회심했습니다. 스펄전은 거센 눈보라가 치던 날에 런던의 한 거리에 있는 프리미티브 감리교회 안으로 들어갔습니다. 단지 12-15명의 사람들이 교회 안에 있었습니다. 목회자인 설교자도 그 눈보라 때문에 도착하지 못했습니다. 깡마르게 보이는 재봉사 아니면 제화공 같은 사람이 대신 설교하고 있었습니다. 본문은 "땅 끝의 모든 백성아 나를 앙망하라 그리하면 구원을 얻으리라"(사 45:22)였습니다. 그 사람은 단어도 제대로 발음하지 못했지만 성경본문은 모든 사람들이 예수님을 바라볼 것을 요구하고 있음을 스펄전은 알게 되었다고 말합니다. 마침내 그 설교자는 스펄전을 향하여 시선을 고정시키고 "젊은이, 당신은 비참하게 보이는군요. 만일 당신이 이 본문에 순종하지 않는다면 당신은 언제나 비참하게 보일 것이고 인생도 비참해질 것이며 비참하게 죽고 말 것입니다." 그리고 그 설교자는 손을 높이 들고 외쳤습니다. "젊은이, 예수 그리스도를 바라보십시오. 바라보십시오! 바라보십시오! 바라보십시오! 당신이 해야 할 일은 오직 그분을 바라보고 사는 것입니다." 스펄전은 즉각적으로 구원의 도를 발견했고 어둠의 구름이 그의 인생에서 사라졌으며 마침내 태양을 보았다고 말했습니다. 평범한 그리스도인 평신도가 이 젊은이를 그리스도에게로 인도한 것입니다.

로마서 16장은 하나님께서 그분의 복음을 나누기 위해 1세기에 사용했던 평범한 사람들이었던 초대교회의 기독교 지도자들의 이름으로 가득 차 있습니다. 그들 중 대부분은 우리에게 단지 이름만 알려졌지만, 오늘날 다른 사람들에게 그리스도의 복음을 전파하는 우리들처럼 그들은

하나님의 종이었습니다.⁸

문학

많은 종류의 문학은 설교의 예화에 다양성을 제공한다. 소설은 인생을 종종 매우 생생한 언어로 표현한다.

시는 아이디어를 표현해 주며, 설교의 대지에 빛을 던져준다. 다음의 싯구는 내가 새로운 곳으로 이주한 후에 설교에 사용하려고 보관했던 것이다.

> 내게는 장소도 시간도 머무르지 않는다네
> 내 나라는 모든 나라라네
> 나는 어떤 해변에서도 평온하고 모든 근심에서 자유로우니
> 이는 하나님이 거기 계시기 때문이라네
> 우리가 장소를 찾거나 혹은 장소를 피하는 동안에
> 영혼은 더 이상 어느 곳에서도 행복을 찾지 못한다네
> 그러나 하나님께서 우리의 길을 인도하시면
> 길을 가거나 머물거나 모두가 기쁨이라네.⁹

신문과 잡지

신문과 잡지는 일상의 삶에서 나오는 많은 예화를 담고 있다. 사설이나 만화도 예화를 제공해 준다. 주일판 잡지는 종종 설교주제를 예증할 만한 개인적이고 흥미로운 이야기들을 담고 있다. 강단에 오르기 전에 주일판 신문을 신속하게 훑어보면 때로 그날의 설교에 적절한 매우 현대적인 예화를 얻게 된다.

대도시에서 목회하는 빌 하이벨스(Bill Hybels) 목사는, 대부분 교회에 나오지 않는 사람들은 그리스도인들, 그 중에 특히 목사들을 "현실과 전혀 동떨어진 사람들로 생각한다고 믿습니다. 그래서 저

설교예화 225

는 60-70퍼센트의 예화를 현재 일어나고 있는 사건에서 선택합니다. 저는 타임 지, 뉴스위크 지, 유에스 뉴스앤드 월드 리포트 지, 포브스 지, 비즈니스 위크 지 등을 읽습니다"라고 말한다. 빌은 매일 지역신문을 읽고 최소한 두 시간은 텔레비전 뉴스를 시청한다. 왜 그런가? "저는 현대적인 예화들을 사용함으로써 저에 대한 신뢰를 쌓습니다. 교회에 나오지 않는 사람이 저에 대해 '그는 내가 살고 있는 세계와 같은 세계에 살고 있습니다' 라고 말합니다."[10]

라디오와 텔레비전

라디오와 텔레비전 프로그램은 일상생활과 현재의 사건들을 해설해 준다. 뉴스 해설가들은 지도자의 말을 인용하고, 사건에 대해 이야기해 줌으로써 현재의 흐름들을 그려주거나 혹은 설교에 양념 역할을 할 수 있는 인생에 대한 통찰력을 제공해 준다. 역사적 사실이나 사회적 문제를 드라마로 각색한 텔레비전 쇼는 설교에 빛을 제공해 주는 창문과도 같을 수 있다. 며칠 동안 온 국민의 관심은 자기 집 뒷마당 우물 속에 빠진 텍사스의 어린 소녀를 구조하는 모습에 고정되었다. 텔레비전에서는 인생의 가치와 용기 그리고 결단에 관한 많은 이야기들을 보여준다. 낙태를 지지하지만 한 어린 생명을 구원하려고 모든 노력을 기울이는 어떤 사람들의 이야기를 보고서 나는 설교에서 대조적인 삶에 대한 예화로 그 이야기를 사용하였다.

과학적 사실들

과학적인 정보 또한 효과적인 설교예화로 쓰인다. 로마서 13장 11-14절의 설교는 설교자가 어떻게 곤충에 관한 과학적인 사실에서 영적 진리를 발견할 수 있는지를 보여준다.

소에 붙어사는 진드기는 놀라운 생명의 역사를 가졌으며 피를 빨아먹는 작은 곤충입니다. 진드기가 알에서 부화했을 때는 완전히 자라지 못한 상태입니다. 그것은 다리도 없고 번식할 수도 없습니다. 바로 이러한 상태에서도 진드기는 냉혈짐승들을 공격할 수 있습니다… 암컷은 눈도 없는 데도 빛에 예민한 피부를 이용해서 나무의 작은 가지 끝으로 나아갑니다. 그리고 그 나무 끝에 머물러 밤과 낮을, 더운 날과 추운 날을 지내며 그의 일생에서 자기의 목적을 성취할 순간을 기다립니다.

한 동물원에서 암소 진드기가 18년 동안이나 가지 끝에 매달려 있었던 것으로 관찰되었습니다! 결정의 순간을 위해서 18년을 기다리다니! 18년 동안 아무것도 하지 않고 오직 기다리기만 했습니다. 이 진드기는 모든 동물들의 땀냄새를 기다립니다. 그리고 사람이나 개가 나뭇가지 끝을 지나갈 때 난생 처음으로 진드기가 그렇게 살았던 이유를 드러냅니다! 진드기는 그 동물에게 뛰어내려 그 동물의 살 속에 파고들어가 자기가 하기로 되어 있는 일을 하는 것입니다.

[이 설교를 하는 목사는 그 교회에서 18년 동안 사역하였습니다.] 당신은 언제 당신의 나뭇가지에서 뛰어내려 당신이 하고자 하는 일을 할 것입니까? 바울은 로마교회의 성도들에게 이제는 잠에서 깨어 어둠의 일을 벗어 버리고 그리스도께서 그들을 위해 계획하신 일을 할 때라고 말하면서 이 일의 긴박성을 또한 말하고 있습니다.[11]

과학에서 예화를 들 때는 반드시 정확한 사실을 사용해야 한다.

음악

대중음악의 가사는 청중들의 관심을 끌며 요점을 지지해 준다. 나는 우연히 10대 소녀인 딸아이가 듣고 있던 노래를 듣게 되었다. 그 가사가 내 설교의 서론이 되었으며 결론에서도 다시 사용되었다. "오늘 이 세상을 연결할 방법이 있어요. 인류를 연합하여 함께 변화를 가져올 수 있는 방법이 있어요."[12] 나는 청중 가운데 십대들의 관심이 고조됨을 눈치챘다. 바울이 아덴 사람들에게 말할 때 이방 시인의 글을 인용했다는 사실을 기억하라. 기독교 찬송가도 오랜 세월 동안 설교의 예화로 사용되었다. 찬송가가 어떻게 쓰여졌는가 하는 이야기는 예화로 매우 효과적이다.

설교집

나는 설교집도 또 다른 예화의 출처가 됨을 알았다. 본문을 연구하고 개요를 잡은 뒤 종종 다른 설교에서 적절한 예화를 찾는다. 그러나 반드시 예화가 당신의 성경본문에 빛을 던지도록 하라. 설교집의 예화는 인쇄된 설교에는 적합하지만 실제로 당신이 설교할 때는 도움이 되지 않을 수도 있다.

상기의 예화를 사용할 수 있는 열 가지 출처들은 당신의 설교를 보다 더 흥미롭게 하고 삶에 적용할 수 있게 해주는 자료들을 제공해 줄 것이다. 당신은 이런 자료들을 읽고 연구하면서 후에 사용 가능한 예화들을 메모하라. 예화들을 주제별로 혹은 성경본문별로 분류하라. 설교를 준비하는 중에 쉽게 찾을 수 있도록 파일을 만들어 관리하라.

빛 가리기

우리는 설교중에 종종 발생할 수 있는 잘못 사용된 설교예화 세 가지를 상고할 필요가 있다. 이러한 것들을 인식함으로써 예화가 던져주는 빛의 강도를 유지하는 데 도움을 받게 된다. 예화는 이 장의 처음 부분에서 제시한 지침들을 범할 때 힘을 잃게 된다. 다음과 같은 전형적인 남용으로 인해서 예화의 효과는 더욱 더 떨어진다. (1) 예화에 관해 설명할 때, (2) 다양성이 결여될 때, (3) 예화의 수가 많을 때이다.

일반적으로 예화에 관해 설명하려는 습관을 피하도록 노력하라. 중요하지 않고, 불필요한 설명을 예화에 붙일 때 예화의 힘은 감소된다. 불필요한 설명을 하는 예들은 다음과 같다.

- 여러분은 전에도 이와 같은 이야기를 들었을런지 모릅니다.
- 제가 이전에 여러분에게 이 이야기를 들려주었는지 모르겠습니다.
- 개인적인 이야기를 해서 죄송합니다.
- 저는 이야기를 하는 데는 소질이 없습니다.
- 화이트 형제가 최근에 이 이야기를 했는데 제가 여러분에게 말씀드려도 그 형제가 괜찮을지 모르겠군요.
- 이점에 대한 예화를 들겠습니다.
- 이것이 제가 말하고자 하는 것의 예화가 될지 모르겠습니다.

방에 불을 켜야 할 필요성이 있을 때 당신은 어디서 전등을 가져왔으며, 얼마나 오랜 동안 그것을 사용했는지, 혹은 그 전등은 몇 볼트짜리인지 설명하는가? 전등처럼 예화는 스스로 말하며 설명이나 혹은 변명을 필요로 하지 않는다. 당신은 "저는 이번 주에 제가 읽은 책에서 이 예화를 얻었습니다"라는 말을 할 필요가 없다. 자연스러우면서 지지적인 방법으로 예화를 사용하라. 예화를 설명하는 대신에 이해를 위해 필요한 것만 말하라.

때로 출처를 언급해야만 할 때가 있는데 특별히 예화에 권위를 부여하여 예화를 강력하게 만들 경우가 그렇다. 다음의 설교에서는 인용한 출처를 밝혔다.

리차드 포스터(Richard Foster)는 자신의 주요 저서인 「제자도의 축제」

(*Celebration of Discipline*)에 다음과 같이 썼습니다. "현대사회에서 우리의 대적 마귀는 소음, 급함, 그리고 군중 이 세 가지 일에 전문가입니다. 만일 그가 우리로 하여금 "많은 양"과 "많은 수"에 계속해서 몰두하게 만든다면 그는 만족해할 것입니다." 우리가 살고 있는 세상에서 신자들의 가장 절실한 필요 중의 하나는 혼자 있는 시간을 계획하는 것입니다.[13]

설교자가 책에서 나온 말을 인용하면서 마치 자기 글인 것처럼 말하는 것은 부정직한 행위일 것이다. 위의 설교자는 "나는 이 책을 읽고 있습니다"라든가 혹은 "리차드 포스터는 퀘이커교도이지만 우리 교단의 교인들도 그로부터 무엇인가를 배울 수 있습니다"라는 등의 불필요한 설명을 하지 않았다. 예화에 대해 불필요한 설명을 할 때 예화가 던져주는 빛은 감소되고 사람들의 집중이 산만해진다. 예화에 대해 설명하지 말고, 예화만 말하라.

두 번째, 예화를 남용함으로 다양성이 결핍된다. 모든 예화를 같은 출처에서 인용한 설교는 관심도가 떨어진다. 한 학생이 "환난중의 승리"라는 주제에 대해 훌륭한 설교를 했다. 그 설교에는 환난을 극복한 사람들에 대한 세 가지의 예화가 사용되었다. 그 예화는 유명한 미국 흑인 교육가와 맹인 작곡가 패니 크로스비(Fanny Crosby), 그리고 한 의사에 관한 것이었다. 이 모두가 좋은 예화이긴 했지만 그들은 모두가 부유하고 잘 알려진 사람들이었다. 이러한 예화는 교육수준이 낮거나 혹은 가난한 회중들은 그 예화와 자신들을 동일시하지 않으며 "그들은 돈이 매우 많아서 그런 환난을 극복할 수 있었지만 우리는 그렇지 못해"라고 치부해 버릴 수 있다.

만일 당신이 모든 설교에서 당신 자신의 개인적인 경험만을 말하나면 사람들은 당신 "자신을 설교했다"고 생각할 것이다. 나는 설교예화의 대부분을 전에 사역했던 교회에서 일어난 사건이나 사람들 그리고 상황들에 대해서 말하는 목사를 알고 있다. 사람들은 그의 마음이 자기들과 함께 있기보다는 이전의 사람들과 함께 있다고 느끼기 시작했다. 그는 예화를 사용할 때 다양성을 가질 필요가 있었다. 한 성도는 자기 교회 목사에 대해 이렇게 말했다. "우리 목사님은 훌륭한 스포츠 중계자가 되는 것이 낫겠어요. 그분은 항상 스포츠에 관해서 이야기하시거든요." 스포츠에 별로 관심이 없거나 혹은 게임의 법칙과 경기상황을 모르는 사람들은 예화의 다양성의 부족 때문에 설교에서 제외되었다.

설교예화에 특별한 능력을 가진 캘빈 밀러(Calvin Miller)는 부활절 설교에서 그 다양성을 보여 주었다.[14]

- 존 업다이크 (John Updike)의 말을 인용
- 바눔(P. T. Barnum)의 말에서 한 구절을 인용
- 그가 설교자의 소명을 받았음을 공표하자 그의 누이가 보인 반응
- UFO에 대한 뉴스
- 그와 그의 아내가 가졌던 경험
- 찰스 콜슨의 삶에서 일어난 사건
- 라디오 평론가인 폴 하비(Paul Harvey)의 이야기
- 박제된 인명 구조원과 살아 있는 인명 구조원 사이의 대비
- 에바 맥알래스터(Eva McAllaster)의 시
- 강한 동사들과 회화적인 흥미로운 언어들

설교예화는 메시지를 듣는 청중의 다양함과 부합해야 한다. 탄광지역에 있는 교회는 서부의 광활한 평원의 삶에 근거한 예화만 들어서도 안 되며 또한 석탄산업과 관련된 예화만을 들어서도 안 된다. 사람이 모인 곳에는 항상 다양성이 있게 마련이다. 다양함을 추구하고 그것을 설교에 이용하라. 예수께서 사용하신 예화들은 다양한

관심사를 반영하여 주부, 농부, 상인, 어부, 목동 모두에게 호소력이 있음을 보여 준다.

· 등경 위의 등불	마태복음 5장 15절
· 씨 뿌리는 비유	마태복음 13장 3절
· 땅주인과 소작인들	마태복음 25장 14절
· 고기잡이	누가복음 5장 10절
· 잃어버린 양	누가복음 15장 3절
· 집안 청소	누가복음 15장 8절

이 모든 예화는 일상의 삶에서 나온 것들이다. "눈의 수확"을 통해 주님은 사람들의 평범한 경험 속에서 영적인 교훈을 거두셨다. 모든 예화의 출처를 한 곳에서만 찾지 말라. 다양성이 설교를 보다 재미있게 해주며 더 많은 사람들에게 흥미를 유도한다.

세 번째 예화의 남용은 예화의 사용 횟수이다. 한 설교에 얼마나 많은 예화가 필요한가? 어떤 규칙도 모든 설교에 적용되지 않는다. 한 설교에서 예화는 너무 많거나 아니면 충분하지 못할 수 있다. 당신이 가지고 있는 가장 좋은 예화들을 미리 계획하여 사용하라. 예화의 목적은 "한 가지 주제에 대해 빛을 던져 주는 것"임을 다시 기억하라. 대지가 분명히 전달되었으면 예화를 사용하지 말라.

설교는 하나님의 말씀을 선포하는 것이다. 예화를 너무 많이 사용하는 경우에는 성경의 가르침이 주는 진리가 밀려난다. 어떤 설교는 예화를 너무 많이 사용한 결과 일단의 즐거운 이야기를 성경의 진리의 끈으로 느슨하게 꿴 것이 되고 만다. "이야기꾼"이 되기보다는 말씀의 전도자가 되도록 주의하라.

예화가 충분하지 못할 때에도 설교가 약화된다. 한 학생이 시편 51편에 대해 설교했다. 그는 충실하게 본문을 해석했고, 내용 또한 아주 좋았다. 죄의 문제, 고백의 필요성 그리고 죄 사함의 확신 등을 다윗의 삶을 통해 조명했다. 그 설교는 이러한 진리들이 어떻게 역사하는지 다른 예화를 사용해서 설명할 필요가 있었다. 다윗이 한 예가 될 수는 있지만 그는 우리 시대의 사람이 아니다. 다른 죄들도 하나님께 불순종할 때 따르는 비극적인 결과들을 잘 설명해 줄 수 있다. 한번도 간통죄를 범해 보지 않은 사람들은 "이 설교는 나하고는 상관없어"라고 생각하며 무관심할 수 있다. 그렇지만 회심자의 간증은 고백과 회복의 기쁨을 보여줄 수 있다. 주제에 빛을 던져 주어 현재의 삶에 적용할 수 있으며, 사람들에게 지속적으로 흥미를 줄 수 있는 예화들을 충분히 사용하라. 시편 51편 설교를 들은 사람들은 그 설교가 "길었다"는 느낌을 받았다. 실제로 그 설교는 길지 않았는 데도 예화가 없었기에 그렇게 길게 느껴졌던 것이다.

　예화는 하나님의 말씀의 진리를 회중들이 개인적으로 적용하게 하는 데 도움을 준다. "강단에서 행해지는 가장 훌륭한 설명이라 할지라도 일반적인 설명은 바다 위로 미끄러지듯이 가로질러 날아갈 수 있지만 어느 곳에도 착륙하지 못하는 호버크라프트 비행기와 같다."[15] 우리가 어디서 설교하든지 간에 항상 우리의 삶과 관련 있는 현대적인 예화들로 청중의 마음을 깅타해야 한다. 북부 나이지리아로 설교선교를 떠났을 때 나는 어느 외딴 마을로 가는 울퉁불퉁하고 더러운 도로를 여행했다. 그 마을 주민들이 능력에 대해 지대한 관심을 가지고 있다는 말을 들었기에 그 날 밤 설교는 능력이란 주제를 다뤘고, 특별히 죄를 극복하고 그리스도 안에서 새로운 생명을 얻는 능력에 대해 말했다. 나는 그들이 이해할 수 있는 능력에 관한 예화들을 원했다. 우리는 강바닥을 가로질러 갔는데 그 강가의 뚝방에는 봄에 내린 비와 홍수의 증거들이 역력했다. 사막에서 불어

오는 열풍과 추수를 준비하기 위해 들판을 태우는 그들의 풍습은 상관성을 가지고 터치다운할 수 있는 장소를 제공해 주었다. 당신이 있는 상황과 당신과 함께 있는 사람들에게서 예화를 찾으라. 그러면 그들은 "당신의 말을 즐겁게 들을" 것이다.

참고와 적용

당신이 설교한 지난 세 편의 설교에서 사용한 예화들을 평가하라. 그것들은 믿을 만하며 이해하기 쉽고 신선했는가? 당신은 회중들이 자신과 동일시할 수 있는 다양한 출처의 예화들을 사용했는가?

제18장

상상하라

야경꾼은 양문 곁에서 자기의 망토를 끌어안으면서 걸었다. 잠자고 있는 양떼 가운데 잠깐의 소동과 산에서 들여오는 자칼의 울음소리에 그는 때때로 멈춰섰다. 그의 임무는 끝났다. 그는 이제 노동이 지친 자녀들에게 주는 축복인 꿈도 꾸지 않는 잠을 청하려 한다! 그는 화롯가로 가서 잠시 멈춰섰다. 등불이 달빛처럼 부드럽고 하얗게 그의 주변에서 부서지고 있었다. 그는 숨을 죽이고 기다렸다. 불빛이 퍼져나갔다. 보이지 않던 사물들이 보이기 시작했다. 그는 전 들녘과 그것이 감싸고 있는 모든 것을 보았다. 차가운 공기보다 더 날카로운 오한, 공포의 오한이 그를 강타했다. 그는 하늘을 쳐다보았다. 별들은 간데없고, 마치 창문에서 떨어지는 것처럼 빛이 하늘에서 떨어졌다. 그것은 장관이었다. 그는 공포에 질려 소리쳤다.

"일어나, 일어나란 말이야."
개들이 용수철처럼 벌떡 일어나 요란하게 짖으며 달려나갔다. 양떼들도 당황하여 함께 달렸다. 사람들은 손에 무기를 들고 일어났다.

"무슨 일이야?" 그들이 한 목소리로 물었다.

"봐요! 하늘에 온통 불이 났어요"라고 야경꾼이 외쳤다.

빛이 견딜 수 없을 정도로 갑자기 밝아지자 그들 모두는 눈을 손으로 가리고 무릎을 꿇었다. 그리고 그들은 두려움으로 움츠러들면서 눈을 감고 혼미해져 땅에 엎드렸다. 만일 그들에게 들려오는 음성을 듣지 못했더라면 죽고 말았을 것이다.

"무서워하지 말라."

그들은 그 음성에 귀를 기울였다.

"무서워하지 말라. 보라, 내가 온 백성에게 미칠 큰 기쁨의 좋은 소식을 너희에게 전하노라."

상상력이 담긴 언어를 사용하여 루 윌리스(Lew Wallace)[1]는 천사들이 목자들에게 나타나 그리스도의 탄생을 알리는 장면을 그림처럼 묘사했다. 그런 상상력으로 인해 그의 저서 「벤허」(Ben Hur)는 고전문학이 되었다.

설교의 예화와 상상력은 불가분의 관계가 있다. 당신은 상상력을 가지고 성경본문을 설명하고 예증할 수 있다. 상상력을 가질 때 당신은 당신의 마음을 사용하여 사건, 인물, 그리고 감정을 묘사하는 다양한 방법들을 생각해 낼 수 있다. 상상력은 당신의 아이디어들을 "그림처럼 그려준다." 당신의 상상력을 개발하면 당신의 설교에 빛이 더해질 것이다. 한 사전에서는 상상력을 다음과 같이 정의하였다. "상상력은 마음이 그림을 그리는 능력 혹은 행위이며, 건설적이고 창조적인 능력을 가지고 있으며… 상상력은 심오하고, 필수적이고, 영적인 것이며… 상상력은 사물의 핵심을 꿰뚫어보며, 깊고, 진지하고, 신중하여 항상 그리고 어디에서나 중요한 진리를 추구한다."[2]

상상력은 "봄으로써 생각하는 것"이다.[3] 상상력을 가질 때 사실들과 아이디어들은 그림으로 옷을 입는다. 상상력은 당신의 마음의 창고에서 경험들을 꺼내어 아이디어나 가르침, 혹은 주제들을 그림으로 나타내준다. 정신적 자료는 실재적이고 이해하기 쉬운 것이어야 한다. 상상력은 이러한 정신적 자료를 취하여 새로운 그림을 그려준다.

당신의 상상력을 본문에 나타난 역사적 사건에 적용하라. 사도행전 8장 26-40절은 에디오피아 내시와 그의 인생의 정황, 그리고 그가 살던 시대에 관한 여러 가지 사실들을 담고 있다. 상상력을 동원하면 이러한 사실들을 그림으로 표현할 수 있으며, 그 그림들은 청중들에게 설교가 "생생하게 다가오도록" 해준다.

"사막의 길"을 마음에 떠올려 보십시오. 태양이 계속해서 내리쬐자 그의 등줄기를 타고 땀이 흘러내렸습니다. 그러나 그는 전혀 그것을 의식하지 못했습니다. 그의 마음은 그 선지자의 말로 더 뜨거웠기 때문이었습니다. 그는 도무지 이해가 되지 않는 말들로 인해 이마를 찡그렸습니다. 누군가가 와서 그 책을 이해할 수 있도록 도와주었으면 얼마나 좋을까 하고 그는 생각했습니다.

이 에디오피아인은 재정에 관해서는 많은 것을 알았지만 하나님에 관해서는 아는 바가 별로 없었습니다. 그러나 하나님은 그를 아셨습니다. 그의 마차가 부드러운 모래땅을 밟아 자국을 남긴 것처럼 하나님은 분명하게 그를 진리의 빛으로 인도하기 위해 끈기있게 역사하고 계셨습니다.

이 본문은 당신의 상상력을 자극하는 세부적 사항들로 가득차 있다. "우리는 우리 자신의 생각 속에서 한 시대로 돌아가거나 아니면 그 시대를 우리의 시대로 가져옴으로써 과거의 장면, 인물, 그리고 사건을 상상력을 통해 재연하여 역사를 현실로 다가오게 할 수 있다."[4]

상상력을 본문에 등장하는 인물들의 감정에 적용시켜 보라. 어떻게 그들이 느꼈는지 상상해 보라. 그들의 마음의 동기를 느껴보라. 빌립은 그렇게 대단한 관료에게 증거하기를 망설였는가? 그는 무엇을 말해야 할지 의아해했는가? 그는 잘못 말할까봐 두려워했는가? 본문은 에디오피아 내시가 "기쁘게 길을 갔다"라고 말한다(39절). 그의 여행의 나머지 부분이 얼마나 달라졌겠는지 상상해 보라! 그가 이 "기쁜 소식"을 듣고 기뻐할 에디오피아에 있는 많은 사람들을 생각하였으리라는 것은 의심의 여지가 없다. 상상력을 동원할 때 설교자는 자신을 다른 사람의 입장에 놓게 된다. 성경적 인물이 어떻게 생각하고 행동했겠는지 상상해 보라. 마치 당신이 그 자리에 있었던 것처럼 생각하고 행동하면 분명 차이가 생길 것이다.

뛰어난 상상력을 가진 어떤 사람이 이렇게 표현한 글이 있다. "그녀는 남자들의 마음을 읽을 뿐만 아니라 그들의 피부 속으로 들어가 그들의 눈으로 보는 세계를 함께 볼 수 있는 비결을 가지고 있었다."[5]

브로더스는 상상력을 개발할 수 있는 다섯 가지 방안을 제안했다.[6] 세계에 관해 더 많은 지식을 얻기 위해 자연과 예술을 연구하라. 우리 주변의 세계는 영적인 진리들을 담고 있다. "하늘이 하나님의 영광을 선포하고…"(시 19:1). 자연 속에 있는 영적인 교훈들을 찾아라.

상상력에 의존하는 문학을 연구하라. 작가, 예술가, 음악가들의 창조적인 마음은 우리가 인생 속에 숨겨진 보화들을 볼 수 있도록 도와준다. 이러한 작가들은 회화적인 언어를 사용하였기 때문에 우리들은 그들을 통해 배울 수 있다. 독서는 우리에게 아이디어와 창조적인 단어들 그리고 표현들을 제공해 준다. 다양한 독서를 통해 상상력을 개발하라. 감동을 주는 문학작품이 가장 도움이 된다.

사람들과 가까이 지내라. 특별히 당신의 교회 성도들과 그리하라. 당신이 설교하는 사람들을 방문하고 교제함을 통해 당신의 마음은 자극을 받아 그들의 관심사에 대해 생각하게 된다.

영적으로 주님을 가까이 하라. 상상력을 움직이는 요소들은 섬김, 충실한 기도, 말씀묵상, 성장하는 믿음에서 나온다.

우리 중 대부분은 상상력을 사용하지 않는다. 브로더스는 "우리는 우리가 처한 위치에서 시작하여 항상 우리가 할 수 있는 최선을 다해야 한다"라고 말했다. 당신의 상상력이 다른 사람처럼 풍부하지 않을지라도 그것을 사용하기 시작하라. 모든 사람들은 자기의 상상력을 사용할 능력을 가지고 있으며, 우리가 신실하게 그 능력을 사용하면 주님은 우리의 능력을 배가시켜 주실 것을 약속하셨다.

한 학생이 두 친구가 만난 장면을 묘사하는 예화에서 상상력을 발휘하였다. "그의 옛 친구를 보자 너무나 행복한 나머지 그의 마음은 흥분으로 박수를 치는 것처럼 보였습니다." 단어들은 설교자의 종이다. 당신의 아이디어를 그림으로 표현하기 위해 상상력을 사용하라. 스토트(John Stott)는 다음과 같이 썼다. "사람들이 사는 것은 상상력 때문이다. 상상력은 우리의 삶을 다스린다. 인간의 마음은 토론장이 아니라 화랑이다."[7]

아마도 어떤 이들은 상상력을 사용하는 것에 대해 반대할 것이다. "당신은 하나님의 말씀에 더하고 있습니다." 만일 당신이 "저는 이것을 저의 마음속에서 그릴 수 있습니다"라든가 아니면 "나는 … 상상합니다"라는 말로 시작하여 성경의 사건을 정직하게 묘사한다면 당신은 본문에 충실한 것이다. 분명히 청중들도 우리가 성경에 담겨 있는 짤막한 말 속에서 말하고 있는 "이야기의 나머지"를 다 알고 있으리란 생각은 하지 않는다.

참고와 적용

제임스 콕스(James W. Cox)가 편집한 「4편의 최고의 설교」(*Best Sermons 4*)에 나오는 프레드 크래독(Fred Craddock)의 설교 "당신은 요한의 설교를 들으신 적이 있나요?"에서 상상력이 어떻게 사용되었는지 연구하라.

제6단원
설교 워크샵

제11장에서 당신은 설교의 여섯 가지 주요 목적에 관해 배웠다. 각 목적은 당신이 사역하는 사람들의 삶의 필요를 채워주기 때문에 당신은 목적에 맞는 다양한 설교를 해야 한다. 여기에서는 이러한 주요 목적 중에서 단지 네 가지 목적에만 한정해서 자세히 고찰하기로 하자.

전도는 사람들을 주 예수 그리스도의 구원의 지식에 이르게 하여 교회의 교제 안으로 인도하는 것이다. "복음을 전한다"는 것은 종종 복음적인 메시지를 설교한다는 개념을 수반한다. 우리가 성경을 설교한다는 것은 기쁜 소식을 선포한다는 것이다. 교리, 윤리 혹은 목회적 돌봄은 그리스도의 구원사역에서 그 의미를 찾을 수 있다. 구원의 확신과 함께 주님의 주재권 아래 사는 사람만이 성경적 진리의 상이한 차원을 온전히 이해할 수 있다. 내 딸아이와 나는 설교에 관해 이야기를 나누었는데, 딸아이는 "설교자는 그리스도인이 아닌 사람들을 위해서도 무엇인가를 말해야만 해요"라고 그녀의 생각을 말했다. 설교자가 오직 전도설교 한 가지만 설교한다면 그는 자신이 돌보는 교인들을 영양실조에 걸리게 하고 영적 실패를 맛보게 할 위험성을 가지고 있는 것이다. 현실적으로 정규예배에는 단지 소수의 불신자들만이 참석하며, 그리스도를 고백하기 위해 강단으로 나오는 대부분의 사람들이 이미 개인적인 구원의 역사를 경험했다는 사실을 우리는 염두에 두어야 한다. 목사, 설교자의 복음전도 사역은 설교강단을 넘어 멀리까지 가야 한다.

가장 넓은 의미에서의 전도란 제자도를 포함한다. 따라서 성경적 교리와 윤리에 근거한 메시지가 필요하다. 우리는 종종 교회는 한 세대가 가지 못해 멸종할 것이라는 말을 듣는다. 이제는 이러한 이야기를 더 이상 하지 못하도록 하라. 그들도 모르는 일을 어떻게 말할 수 있는가? 만일 그리스도의 윤리가 우리의 삶을 지배하지 않는다면 누가 우리의 말을 믿겠는가? 가르침과 설교는 그리스도의 몸을 세우고 주님의 사명을 완수하는 데 깊이 연관되어 있다.

병들었는데 어떻게 몸이 일을 할 수 있겠는가? 우리는 "서로의 짐을 지기" 위해 부르심을 받았다. 설교자, 목사는 양떼를 돌보고, 하나님의 말씀으로부터 나오는 위로와 소망을 전한다. 사람들은 자기들의 목사가 자기들을 사랑하고 자기들의 삶에 개인적으로 개입함으로 그 사랑을 몸소 실천하고 있음을 알 때 그가 하는 설교를 가장 잘 듣는다.

제19장

복음설교

복음설교는 구원받지 못한 사람들을 예수 그리스도께로 인도하고 교회에 다니지 않는 사람들을 믿음의 교제 안으로 인도하는 데 주목적이 있다. 복음설교를 통해 우리는 "나를 따라 오너라 내가 너희로 사람을 낚는 어부가 되게 하리라"(막 1:17)는 예수님의 명령을 완수한다. 당신의 설교를 듣고 있는 구원받지 못한 사람들은 어떻게 거듭나야 하는지를 알아야 한다. 전도는 예수님의 기쁜 소식을 제시하며, 사람들에게 구원의 유일한 길로서 주님을 신뢰하도록 요청하고, 세(침)례를 받음으로 주님께 순종하여, 양육과 성장을 위해 교회와 연합해야 함을 알리는 것이다.

복음설교의 경우에 대상청중은 구원받지 못한 자들과 세(침)례를 받지 않고서 교회의 일원이 된 사람들을 포함한다. 설교의 메시지를 이러한 각 사람들을 향해 겨냥하라. 복음설교의 구체적 목적은 구원받지 못한 자들과 세(침)례받지 않은 자들을 향해 조준되어야 한다.

이 책의 제1장에서 당신은 '유앙겔리조'라는 헬라어 단어에 관해 배웠다. 그것은 "좋은 소식을 전한다"라는 의미로서 전파된 메시지를 가르킨다. 복음설교는 사람들을 위한 예수님의 죽으심과 부활하심의 기쁜 소식을 강조한다. 복음설교는 모든 사람들을 구속(구원)하시는 예수님의 사역을 제시한다. 복음설교는 사람들이 무엇을 잘못했는지를 보여주지만, 그러나 또한 "길이요 진리요 생명되신" 예수 그리스도의 "기쁜 소식"을 제시해 준다. 훌륭한 의사는 병자가 아픈 이유를 알아낼 뿐만 아니라 치료를 위한 처방까지 해준다. 단지 죄와 죄인을 정죄하기만 하고 아무런 소망도 주지 않는 설교는 균형감각이 없으며 복음설교로도 실패작이다. 예수님께서 "하나님이 그 아들을 세상에 보내신 것은 세상을 심판하려 하심이 아니요 저로 말미암아 세상이 구원을 받게 하려 하심이라"(요 3:17)고 말씀하셨다. 전도는 예수께서 죄의 문제를 해결하시기 위해 행하신 것을 모두 이야기하는 것이다.

복음설교는 회개 - 죄에서 돌이킴 - 와 그리스도를 신뢰할 것을 촉구한다. 모든 성경적 설교는 "청중들이 하나님의 뜻에 긍정적으로 반응하도록 긴박하게 호소하는 것이어야 한다"(제1단원에서의 정의가 생각나는가?). 복음설교로부터 나오기 원하는 구체적인 반응은 하나님께로 돌이키는 회개와 유일한 구원자이신 예수에 대한 믿음이다(행 20:21).

하나님께서는 "전도의 미련한 것으로 믿는 자들을 구원하시기"(고전 1:21)로 결정하셨다. 복음설교는 하나님의 구원계획에 있어서 중요한 위치를 차지한다. 구원에 이르게 하는 하나님의 능력인 복음(롬 1:16-17)이 전파될 때 사람들은 믿음으로 듣게 되며, 복음의 능력은 그들의 마음 속에서 구원을 이룬다. 스티븐 올포드(Steven Olford)는 "설교에서 하나님께서 그리스도와 그분의 십자가에서 이미 해 놓으신 일들과 지금도 하고 계신 일들이 전파된다. 그리고 강단초청은 사람들이 이 복음에 반응하도록 부르는 것이다. 만일 이것이 우리의 동기가 아니라면 우리의 설교는 능력이 없고 열매가 없을 것이다. 하나님은 자신의 능력을 개인의 영광이나 육신의 목적을 위해 나타내지 않으신다. 반대로 주님은 오직 자신의 구속목적을 완성하는 구속의 날까지 인치시기 위해 성령님을 보내셨다"라고 말했다.[1]

한 학생이 균형잡힌 내용을 담은 복음설교를 다음과 같이 준비했다. 죄와 구세주에 대한 이야기가 나오고, 청중들은 회개하고, 그리스도를 신뢰할 것을 요청받는다. 세 번째 대지는 에디오피아 내시가 믿음으로 반응한 후의 결과들을 묘사해 준다. 이 설교는 기쁜 소식인 것이다!

찾으시는 하나님(행 8:26-39)

I. 찾으시는 하나님은 잃어버린 죄인을 찾으십니다(26-29절).
　　하나님은 제일 먼저 당신과 다시 교제하기를 원하십니다. 주님은 경건한 에디오피아인을 찾으셨습니다. 그는 선한 사람이었으며 경건한 사람이었습니다. 그러나 그리스도가 없는 죄인이었습니다.

II. 하나님은 당신을 찾기 위해 여러 가지 방법들을 동원하십니다(26-39절).
　　1. 그분은 성령님의 인도하심을 사용하십니다(26-39절).
　　2. 그분은 말씀을 사용하십니다(32,39절).
　　3. 그분은 자신의 사자(使者)들을 사용하십니다(26,35절).

III. 찾으시는 하나님은 당신의 의지적인 반응을 요구하십니다(36-39절).
　　주님을 거부하든지 혹은 영접하든지 둘 중 하나를 택하십시오. 에디오피아 내시는 그리스도를 믿었습니다. 당신이 잃어버린 죄인이라는 사실을 시인하고 당신을 대신해서 죽으신 그리스도를 신뢰하십시오.

사도행전 16장 25-34절은 복음설교를 하기에 좋은 본문이다. 이 메시지는 죄의 문제와 그 문제를 해결하는 방법, 그리고 순수한 응답의 증거를 다루고 있다. 이 대지는 계속해서 바울을 감시했던 간수에게 초점을 맞추고 있으며, 그리스도를 만나기 이전의 삶에서 이후의 삶으로 옮겨가고 있다. 본문에는 상상력을 위한 비옥한 토양을 제공해 주는 세부사항들이 들어 있다.

간수가 석방되다(행 16:25-34)

I. 간수는 생명과 사망에 얽매인 죄수였습니다(25-27절).
간수는 사는 것이 두려웠지만 죽을 준비는 되어 있지 않았습니다. 그의 상사를 대면하기가 두려워 그는 자살을 택하려 했습니다. 그리스도가 없이 그는 아직 죽을 준비가 되어 있지 않았습니다. 그는 감옥문의 열쇠를 가지고 있었지만 그 자신은 두려움과 불확실함이라는 감옥에 갇혀 있었습니다.

II. 간수는 자신에게 자유가 필요함을 인식했습니다(28-29절).
간수는 바울과 실라가 자신에게 없는 그 무엇인가가 있음을 깨달았습니다. 왜 그들은 도망가지 않았을까요? 그는 그들이 처음 감옥에 왔을 때의 태도를 회상해 보았습니다. 그들은 그 때 찬양하고 있었습니다.

III. 간수는 자유의 소식을 들었습니다(31-32절).
간수는 "주 예수 그리스도를 믿으라"라는 말을 들었습니다. 사도들은 그에게 "주의 말씀을 전했습니다." 바울과 실라는 그에게 예수님의 죽으심과 부활에 대해 말했습니다. 그들은 간수가 회개하고 복음을 믿을 수 있도록 격려했습니다.

IV. 간수는 자유를 찾았습니다(33-34절).

> 간수와 그의 가족들은 "하나님을 믿게 되었습니다." 그의 아내도 변화되었습니다. 그는 세(침)례를 받음으로 순종하였고 죄수들에게 새로운 태도를 보였습니다. 기쁨이 온 집에 가득했습니다!

이 설교는 변화된 삶에 대한 다른 간증들을 사용하여서 설교의 "현재성"을 잘 보여주었다. 또한 오늘날 교회에는 나오지만 그리스도를 잘 모르는 각 개인들도 빌립보 간수가 필요로 했던 모든 것들을 필요로 함을 이 설교는 보여주었다. 성경인물에 관한 설교들은 종종 과거형으로 진행된다. 만일 위의 설교의 대지들을 그리스도를 필요로 하는 사람들에게 적합하게 고쳤다면 보다 더 현대적인 설교가 되었을 것이다. 성경적 형태와 원리를 따르는 현대적인 예들을 사용하라. 마태복음 25장 14-30절을 현대적으로 개작하면 다음과 같다.

> 한 대기업 중역이 업무차 여행을 간다. 워싱턴의 덜레스를 향하여 출발하기 전에 그는 세 명의 직원들에게 투자하기에 충분한 돈을 맡긴다. 그가 돌아왔을 때 그는 맡긴 돈에 대해 회계를 했다. 처음 두 직원은 증권에 투자하여 엄청난 돈을 벌었다. 그들의 자본금은 두 배로 늘었다. "참 잘했군!" 세 번째 직원이 들어온다. "이사님, 우리 모두 당신은 기쁘게 하기가 어려운 사람이란 걸 알고 있습니다. 저는 두려워서 당신의 돈을 감춰 두었습니다. 여기 보세요. 당신이 저에게 준 돈이 그대로 있습니다." 그 중역은 화가 나서 소리쳤다. "이 쓰레기 같은 인간! 당장 어둠 속으로 꺼져버려!"[2]

한 학생은 누가복음 16장 19-31절을 택하여 "죽음 후의 생명"이라는 제목의 복음설교를 작성하였다. 그는 구원받지 못한 사람들보다는 그냥 일반적인 "사람들"을 대상청중으로 삼아 설교를 작성했다. 설교의 마지막 부분에 와서야 그는 "당신이 지금 있는 모습 그대로 예수님께로 오면 구원을 얻을 것입니다"라고 자신이 하려 했던 말을 했다.

어떤 학생은 사도행전 2장 36-47절을 가지고 "전통에서 진리로 돌이키라"는 설교를 작성했다. 이 설교의 구체적 목적은 "잃어버린 죄인들이 그들의 죄에서 회개하여 그리스도를 주로 영접하고 지역교회의 일원이 되는 것"이었다. 이 학생이 쓴 대지는 이 목적을 반영하고 있었다. 이 설교는 종교적 전통은 강하였지만 그리스도와의 개인적인 관계는 매우 약한 사람들이 많은 곳에서 선포되었다. 따라서 설교도 전통을 강조하고 있다. 아래에서 세 번째의 대지가 어떻게 전도를 통해 제자도를 이루는지 주의해서 보라.

전통에서 진리로 돌이키라(행 2:36-47)

I. 죄에서부터 진리로 돌아가십시오(36, 39-40절).
전통적인 종교지도자들은 "그를 십자가에 못박으라"고 외쳤습니다. 죄가 그리스도를 십자가에 못박았습니다. 전통은 우리의 잘못을 설명해 주지만 진리는 우리 모두가 "패역한 세대"의 죄인임을 말해 줍니다.

II. 진리이신 예수님에게로 돌아가십시오(38-39절).
그리스도는 전통이 할 수 없었던 것을 하셨습니다. 회개함으로 주님의 구원을 받으십시오. 그리스도를 믿음으로 세(침)례를 받아야지 종교적 전통에 의해서 세(침)례를 받지 마십시오.

III. 진리의 기둥인 교회로 돌아가십시오(42-47절).
교회는 구원받은 자들의 모임입니다. 주님을 영접하는 자들을 위한 그리스도의 계획은 새신자들이 지역교회의 일원이 되도록 하는 것입니다. 신자들은 그리스도를 따르는 자들의 모임입니다.

복음설교의 목적은 구원받지 못한 자들을 예수 그리스도께로 인도하고 지역교회로 들어오게 하는 것이다. 이러한 설교는 죄에 대한 진리와 더불어 예수님께서 제시하시는 죄의 해결책을 동시에 제공해야 한다. 그것은 항상 회개와 믿음을 호소해야 한다.

다음에 예시된 설교는 본 저서에 나타난 원리들을 따라 작성한 예제용 설교이다. "멸망하는 자를 구하라"는 제목의 이 설교는 한 대학촌에 있는 제일침례교회에서 주일 아침예배 때 전해졌다. 이 설교는 교리를 가지고 어떻게 복음적 목적의 설교를 할 수 있는지를 보여준다. 인쇄된 설교의 내용은 설교자의 인격과 그의 어조, 그리고 순간마다 엿보이는 그의 독특함을 나타내주지 못한다는 사실을 명심하라.

멸망하는 자를 구하라(요 3:16)[3]

매일 아침마다 신문에서 제일 먼저 부고란을 읽는 습관을 가진 사람의 이야기를 아십니까? 그는 자신의 이름이 거기에 실려 있지 않는 날에는 옷을 입고 일터로 향했습니다. 어느 날 그는 부고란을 읽다가 자기 이름이 부고란에 있는 것을 발견했습니다. 물론 그는 벌벌 떨었지만 어쨌든 일터에 가기로 결정했습니다. 일터에 도착하자마자 그는 자기 친구에게 전화를 걸어 물었습니다. "오늘 아침에 내 이름이 부고란에 기재된 것을 읽어봤나?" "음, 그랬지." 그 친구가 대답했습니다. "그런데 지금 자네는 어디서 전화하는 건가?"

어디서입니까? 요한복음 3장 16절은 이 세상에는 멸망과 영생 두 가지 가능성이 있다는 것을 말해 줍니다. 성경은 죽음 너머에서 하나님과 함께이든 아니면 하나님 없이든 또렷한 의식의 상태에서 살게 된다고 가르쳐줍니다. 오늘 설교에서 우리는 멸망하는 자들의 운명을 생각해 보겠습니다.

현재상태

성경에 나타난 다음의 단어들이 죄인들의 현재상태를 잘 보여줍니다.

바울은 "십자가의 도가 멸망하는 자들에게는 미련한 것이요…"(고전 1:18)라고 썼습니다. 그는 불신자들을 멸망하는 자들과 동일시했습니다. "만일 우리 복음이 가리웠으면 망하는 자들에게 가리운 것이라… 이 세상 신이 믿지 아니하는 자들의 마음을 혼미케 하여 그리스도의 영광의 복음의 광채가 비취지 못하게 함이니…"(고후 4:3-4).

예수님이 주님과 구주가 되심을 거부하는 사람은 누구나 현재 멸망의 상태에 있습니다. 누가복음 15장은 잃어버린 양, 잃어버린 동전, 잃어버린 아들의 세 비유에 대해 기록하고 있습니다. 영어단어의 "잃어버린"은 요한복음 3장 16절에 나오는 "멸망하다"라는 헬라어 단어와 동일한 단어입니다. 깨어진 관계, 가치를 잃어버린 상태, 노골적인 반역 등 이 모두가 그리스도가 없는 사람들의 멸망의 상태를 잘 그려줍니다.

펜실베이니아대학에 다니는 한 학생이 "인생은 지옥이다"라는 문구를 카드에 써서 자기의 책상 앞에 붙여놓았습니다. 공부를 하면서 항상 그는 그 문구를 들여다 보았습니다. 어느 날 아침 학생들은 그의 시신을 발견했습니다. 그는 자기 책상에서 일어나 창문으로 뛰어내렸던 것입니다. 많은 사람들이 날마다 이렇게 지옥과도 같은, 멸망해 가는 상태에서 살아가고 있습니다. 그러나 그런 식으로 살 필요가 없습니다. 우리는 멸망에 이르지 않아도 되고 오히려 풍성한 삶을 살 수 있습니다. 예수님께서 "내가 온 것은 양으로 생명을 얻게 하고 더 풍성히 얻게 하려는 것이라"(요 10:10)고 말씀하셨습니다. 우리는 죽음을 맛보지 않고 살도록 되어 있는 존재들입니다. 우리의 죄를 대신해서 죽으신 예수님을 믿는 믿음이 우리를 죽은 자 가운데서 나와서 산 자의 땅으로 옮겨가게 해줍니다.

영원한 결과

멸망이야말로 현재의 상태이며 또한 영원한 결과입니다. 히브리서 9장 27절은 "한 번 죽는 것은 사람에게 정하신 것이요 그 후에는 심판이 있으리니"라고 말씀합니다. 불신자들에 대한 심판은 영원한 멸망인 것입니다. 예수께서는 이 영원한 결과에 대해 사람들에게 경고하기 위해 생생하면서도 끔찍한 장면을 우리에게 보여주셨습니다. 예루살렘 성벽

밖에는 힌놈이라는 골짜기가 있습니다. 아하스왕과 므낫세왕 시절에 이방신들을 달래기 위해 사람들은 어린아이들을 그곳에서 번제로 바쳤습니다. 후에 그곳은 쓰레기, 성의 오물, 그리고 죽은 거지들의 시신을 버리는 장소가 되었습니다. 언제나 그곳에서는 불길이 타올랐습니다. 예수께서는 자신을 배척하는 사람들을 기다리고 있는 영원한 결과에 대해 경고하시기 위해 사람들이 볼 수 있는 것 중 가장 무서운 시청각 자료를 택하셨던 것입니다.

어느 신문의 한 특집기사에는 다음과 같은 질문이 던졌습니다. "도대체 지옥에는 무슨 일이 일어나고 있는가?"[4] 그 글을 쓴 기자는 성경의 가르침에 대해 사람들이 점점 더 회의와 의심을 가지고 있음을 피력했습니다. 레이몬드 무디는 「생명 이후의 생명」(*Life After Life*)이라는 책에서 수술대 위에서 "죽었다가" 다시 살아난 경험이 있는 사람들의 몸 밖의 경험에 대해 보도하였습니다. 이 보도에 따르면 그들 모두가 밝은 빛과 아름다운 음악소리와 같은 환상을 보았다는 것입니다. "나는 처음이요 나중이니 곧 산 자라 내가 전에 죽었었노라 볼지어다 이제 세세토록 살아 있어 사망과 음부의 열쇠를 가졌노니"(계 1:17-18)라고 말씀하신 그분이 죽음 너머에 무엇이 있는지 말씀하신 것을 저는 알고 있습니다.

여러분은 불신자들의 영원한 결과인 지옥을 믿으십니까? 우리는 지옥을 실재라기보다는 이론적인 것으로 받아들이는 것 같습니다. 만일 그리스도인 부모들이 지옥을 정말로 믿었다면 그렇게 많은 젊은이들이 구원을 빌지 못할 수 있었을까요? 옛 찬송가의 가사가 우리의 마음을 사로잡고 멸망하는 자들을 구원하도록 우리를 움직입니다.

> 형제들이여, 당신 주변의 불쌍한 죄인들을 보라
> 그들은 멸망 앞에서 잠자고 있구나
> 사망은 다가오고 지옥은 움직이는데
> 당신은 그들로 그냥 가게 놔두겠는가?
> 우리의 아버지와 어머니를 보라
> 그리고 우리의 자녀들을 보라
> 그들은 모두 멸망의 구렁텅이로 빠져들고 있도다.[5]

지옥을 알면서도 잠자코 있는 것은 태만이라는 무서운 죄입니다. 경고하십시오! 간청하십시오! 멸망하는 자들을 구하십시오! 불쌍히 여기는 마음으로 그들을 죄와 사망에서 건져내십시오!

개인의 선택

멸망이란 단어에 담긴 세 번째 진리는 여러 번 하나님의 말씀 가운데 나타납니다. 죄의 이러한 상태와 결과는 누구에게나 강요된 것이 아니라는 것입니다. 그것은 선택의 문제입니다. 예수님께서 "이와 같이 이 소자 중에 하나라도 잃어지는 것은 하늘에 계신 너희 아버지의 뜻이 아니니라"(마 18:14)고 말씀하셨습니다. 주님은 또한 "마귀와 그 사자들을 위하여 예비된 영영한 불에 들어가라"(마 25:41)고 말씀하셨습니다. 천국은 구원받은 무리들을 위해 예비된 곳입니다. 선택은 우리의 손에 달렸습니다. 유일한 조건은 "누구든지 믿는 자"가 되는 것입니다. 예수님은 유일한 길이십니다. "우리가 이같이 큰 구원을 등한히 여기면 어찌 피하리요"(히 2:3).

예수님은 서로 공통점이 없는 두 사람에 대해 말씀하셨습니다(눅 16:19-31). 한 사람은 고운 베옷을 입었고 다른 사람은 누더기옷을 걸쳤습니다. 부자는 그가 원하는 모든 것을 가지고 있었지만 거지는 그가 필요로 하는 최소한의 것조차 갖지 못했습니다. 부자는 진수성찬을 먹었습니다. 거지는 배가 고파 떨어진 더러운 음식 조각을 먹었습니다. 의사들은 부자를 보살폈으나 거지는 개가 와서 그 헌데를 핥았습니다. 두 사람의 삶은 너무나 동떨어져 있었지만 어느 순간 두 사람 모두 같은 위치에 서게 되었습니다. "거지도 죽고 부자도 죽었습니다." 죽음은 우리의 시간을 지나 우리의 의사결정을 멈추게 하고 모든 사람들을 평등하게 합니다. 예수님은 두 사람에게 영원한 운명을 결정해 주셨습니다. "부자는 음부에… 거지는 아브라함의 품에 안겼습니다."

무엇이 그들의 운명을 결정했습니까? 그것은 "당신이 살아 있을 동안" 내린 결단입니다. 부자는 자신과 주어진 시간을 위해 살았지만 하나님과 영원을 무시했습니다. 그는 나사로를 자기의 지상에 남아 있는 다섯 형제에게 보내어 그들에게 지옥을 피하도록 경고해 달라고 요청합니다. 그러나 그럴 수 없었습니다. "저희에게 모세와 선지자들이 있으니 그들에게 들을지니라"는 말만 있을 뿐입니다. "믿음은 들음에서 나며 들음은 그리스도의 말씀으로 말미암았느니라"(롬 10:17). 하나님의 말씀은 당신에게 영원한 운명에 대해 말씀하셨습니다. 지금 당신은 결정해야만 합니다. 하나님은 한 길을 예비하셨으나 당신이 당신의 길을 택한다면 주님은 당신의 결정대로 하실 것입니다. 주님은 선택의 자유를 주십니다. 루이스(C. S. Lewis)는 다음과 같이 말했습니다. "결국 두 종류의 사람들이 있습니다. 한 종류의 사람들은 하나님께 '주의 뜻이 이뤄지이다' 라고 말하는 사람들이고, 또 다른 종류의 사람들은 하나님께서 '너의 뜻이 이뤄지리라' 고 말씀하시는 사람들입니다." 그리스도를 인하여 결단하면 하나님께서는 여러분의 현재상태를 바꾸시고 풍성한 삶을 누리게 하시며, 하나님이 함께하시는 당신의 영원한 운명을 보증하십니다. "하나님이 세상을 이처럼 사랑하사 독생자를 주셨으니 이는 저를 믿는 자마다 멸망치 않고 영생을 얻게 하려 하심이니라"는 약속은 얼마나 엄청난 약속입니까!

요한복음 3장 16절에 근거한 설교 시리즈 중 한 편인 이 설교는 멸망이란 단어와 그리스도를 거절하였을 때 따르는 무서운 결과에 초점을 맞추고 있다. 한 구절에 대한 설교인데 이 설교를 강해설교라고 부를 수 있겠는가? 로빈슨은 "만일 설교의 내용이 보다 광범위한 문맥이나 혹은 사고에서 유출되있다면 이러한 설교는 강해설교가 될 수 있다"고 말한다. 그는 또한 "만일 설교자가 문맥의 일부분만을 사용하고 나머지는 완전히 무시하면서 오로지 자신의 생각을 펼칠 발판으로 한 구절을 사용할 경우 그러한 설교는 강해설교가 될 수 없다"고 말한다.[6] 이 설교는 예수님과 사도 바울이 가르치고 있는 다른 성경구절을 참고해 보면 보다 확대된 범위의 신약적 문맥과 사상으로 메시지가 확산된다.

주변의 문맥을 살펴봄으로써 니고데모가 예수님을 만나는 장면을 사용했더라면 위의 설교가 사용한 것보다 더 강력한 지지를 얻어 낼 수 있을 것이다. 상상력을 사용하여 니고데모의 현재의 상태 - 종교적이지만 멸망할 수밖에 없는 상태 - 를 보다 더 실감나게 묘사할 수 있다. 상상력을 이용하면 회중 가운데 있는 사람들의 경우에도 얼마든지 적용할 수 있을 것이다. 니고데모가 야밤에 주님과 나눈 대화는 그가 아직도 인생의 진정한 의미를 발견하지 못했음을 말해주는 것은 아닌가? 심판에 대해 예수님이 말씀하신 것은 사람으로 정죄감을 느끼게 만드는 바리새인들의 율법주의를 향한 것은 아닌가? 많은 사람들은 내적으로 행할 능력이 없으면서도 종교적 기준들을 따라 살려고 노력한다. 하지만 여전히 멸망의 길을 가고 있다.

바로 앞에 나오는 문맥 또한 세 번째 대지를 지지해 준다. 각 사람은 "거듭나야" 한다(11절). 15-18절에서 "저를 믿는 자마다"란 말이 세 번씩이나 등장한다.

이 설교의 설교자는 단어의 의미들에 관해 연구를 했으며 병행구절들을 조사했는가? 그의 설교의 두 번째 대지를 유의해서 살펴보라. 그는 누가복음 15장을 언급하면서 "영어단어의 '잃어버린' (lost)은 요한복음 3장 16절에 나오는 '멸망하다'라는 헬라어 단어와 같은 단어"라고 말했다. 이것은 원어대조성경과 성구사전을 이용하여 알아낸 것이었다. 그러나 강단에서 원어를 사용할 때, 특별히 원어의 단어와 동사의 시제를 인용할 때 조심하라. 로빈슨은 "신학교를 막 졸업했을 때 원어연구를 하던 식으로 연구하는 것"에 대해 경고하였다.

어느 날 한 여성도가 다음과 같은 칭찬의 말로 나에게 상처를 주었다. "저는 당신의 설교를 정말 좋아해요. 사실 저는 당신이 원어성경에서 발견하신 통찰력을 보고서 제가 보는 성경이 거의 읽을 가치가 없다는 것을 알게 되었어요."

나는 집으로 가면서 나 자신에게 질문을 던졌다. "내가 도대체 무슨 짓을 했단 말인가?" 나는 사람들이 성경 안으로 더 들어가게 하려 애썼지만 실제로는 그녀를 그녀의 성경에서 쫓아냈던 것이다.[7]

아이디어와 성경본문이 강력한 결합을 하고 있는가? 이 설교의 경우 본문이 먼저 나왔으며, 설교자는 본문으로부터 "멸망하는 자들의 운명"이라는 명제를 발전시켰다. 본문과 문맥이 모든 대지에 알맞게 나타나 있다. 이 설교자는 각 대지의 두 번째 단어의 두운을 맞추었고(영어대지는 운율을 맞춰 기록되어 있다 - 편집자 주) 설교 전체에 걸쳐서 주요 단어들을 잘 사용함으로써 통일성을 유지하고 있다. 두운도 본문과 자연스럽게 어울린다. 그러나 두운을 너무 많이 사용하지 않도록 유의하라. 어떤 사람들은 무슨 추측게임이라도 하듯이 대지를 말하거나 혹은 한 단어를 가지고 억지로 만드는 것을 즐겨한다. 그러나 항상 성경본문이 대지의 틀을 형성해야만 한다.

이 설교에서 기본적인 전환문장들이 세 대지를 자연스럽게 연결해 주고 있다. 첫 번째와 두 번째 대지는 두 대지의 요점을 언급함으로 연결되었다. 세 번째 대지는 처음 두 대지의 요점을 언급한 후에 세 번째 대지를 언급함으로 시작되었다. 결론부분도 "그리스도를 위하여 결단하면 하나님께서는 여러분의 현재상태를 바꾸셔서 풍성한 삶을 누리게 하시며, 하나님이 당신의 운명에 영원히 함께할 것을 보증하십니다"라는 요약문장을 담고 있다. 개인의 결단과 축복된 결과를 강조하기 위해서 당신은 중요단어들을 적절하게 강세를 넣어 말함으로써 성경본문을 재언급할 수 있다.

설교제목은 잘 알려진 찬송가 가사를 이용하였는데 이것은 설교의 방향과 내용이 무엇인지를 잘 묘사해 준다. 사람들은 설교가 멸망하는 자들이 누구이며, 그들이 어떻게 하면 구원을 얻을 수 있는지를 묘사해 줄 것이라고 기대한다. 이 제목 말고 가능성이 있는 또 다른 것은 제2대지에 나오는 "도대체 지옥에는 무슨 일이 일어나고 있는가?"라는 신문기사 제목과 같은 제목이다. 이 제목은 흥미롭고 신선하며 또한 영원한 운명에 관해 많은 청중들이 느끼는 질문들을 잘 대변해 준다. 두 제목 모두가 분명하고, 정확하며, 한정적이고, 간략하며, 적절하다.

유머를 사용해서 서론을 도입한다면 당신은 어떤 반응을 보이겠는가? 지옥과 같은 "무거운" 주제를 다룰 때는 회중 가운데 많은 사람들이 거부반응을 보인다. 유머는 감정과 생각을 만져주어 설교자가 진리를 가지고 들어갈 수 있도록 마음의 문을 열어주는 역할을 한다. 사람들이 죽지 않도록 하기 위해 사회에서 배려해 주는 예들 - 수영장의 인명구조원, 병원의 중환자실과 신생아실 - 을 사용할 수도 있다. 이러한 배려는 어디서 오는 것인가?

이런 경우의 설교는 보다 더 흥미로운 명제를 필요로 한다. "도대체 지옥에는 무슨 일이 일어나고 있는가?"와 같은 문장도 괜찮다. 대지를 잡을 때도 이 질문에 대해 대답하는 형식으로 작성할 수 있다.

    가. 어떤 이들은 지금 이 순간에도 지옥과 같은 삶을 살고 있습니다.
    나. 어떤 이들은 죽을 때 지옥에 들어갑니다.
    다. 우리는 선택을 해야 합니다.

설교자는 예화로서 유머, 역사, 신문, 음악, 성경, 그리고 루이스의 글 등 다양한 자료들을 인용하였다. 보다 더 현대적인 사람 중심의 예화들을 사용하면 사람들은 자신들의 필요와 예화를 동일시하고 적용을 강화시킨다. 멸망의 상태를 예증해 주는 개인의 삶들을 회상해 보라. 당사자의 동의를 얻어 최근에 그리스도를 영접한 사람을 예화로 들어보라.

적용에서는 "깨어진 관계, 가치를 잃어버린 상태, 노골적인 반역 등 이 모든 것이 그리스도가 없는 사람들의 멸망상태를 잘 그려줍니다"라는 말로 사람들을 납득시켜 줘야 한다. 회중 가운데 앉아 있는 사람들은 아마도 상기에 언급한 세 종류의 인생 중 한 가지에 해당될 것이다. 결론부분의 문장들도 인칭대명사를 사용하여 개인적인 선택의 필요성을 청중들에게 적용시켰다. 강단초청을 행한다면 더 풍성한 결실을 얻을 수 있을 것이다.

참고와 적용

「현대적 설교 핸드북」(*Handbook of Contemporary Preaching*)을 참고하면 복음설교에 대해 좀더 도움을 얻을 수 있다.

제20장

교리설교

디모데는 "모든 성경은 하나님의 감동으로 된 것으로 교훈과 책망과 바르게 함과 의로 교육하기에 유익하니 이는 하나님의 사람으로 온전케 하며 모든 선한 일을 행하기에 온전케 하려 함이니라"라는 말씀을 상기했다(딤후 3:16). 교리설교는 그리스도인이 "모든 선한 일을 행하기에 온전하도록" 돕기 위한 것이다. 교리설교의 목적은 성경의 특정 교리를 설명하는 것이다. 모든 성경적 설교는 교리나 혹은 가르침을 포함하지만 교리설교는 특정한 성경의 교리를 설명한다. 사도행전 2장 42절이 "저희가 사도의 가르침을 받아 서로 교제하며 떡을 떼며 기도하기를 전혀 힘쓰니라"라고 입증하는 것처럼 초대교회 성도들은 교리설교를 들었다. 교리설교를 하는 것은 "내가 너희에게 분부한 모든 것을 가르쳐 지키게 하라"(마 28:20)는 주님의 명령을 수행하는 것이다. 바울은 "…가르치는 것에 착념하라… 네가 네 자신과 가르침을 삼가 이 일을 계속하라"(딤전 4:13, 16)고 디모데에게 권면하였다. 교리설교는 다른 설교들을 준비하는 것보다 훨씬 더 어렵다. 인내를 가지고 교리설교를 하라. 그러면 당

교리설교 261

신의 교회는 강건해질 것이다.

티모시 조지(Timothy George)는 다음과 같이 말했다. "교리(doctrine)란 단어 그 자체는 그의 사촌격인 교의(dogma)처럼 어려운 시대를 맞이하였다. 많은 사람들에게 교리는 권위주의와 지성주의 그리고 율법주의를 의미한다. 설교의 경우에 교리는 역동적이고 덕을 세우기보다는 딱딱하고 무능력한 것이 되고 만다."¹ 설교자로서 당신이 해야 할 일은 이러한 일이 일어나지 않도록 미연에 방지하는 것이다. 많은 교리설교들은 주제설교의 형태를 취하기 때문에 주제가 너무나 광범위하여 취약점을 가지고 있다. 교리설교의 주제를 한 가지로 집중하여 제한하라. 앤드류 블랙우드는 다음과 같은 조언을 하였다. "어떠한 설교도 한 교리에 관한 모든 것을 설명하려고 해서는 안 된다. 교리설교를 할 때 당신이 하나님의 역할을 하려고 하지 말라."²

대부분의 성경교리들은 많은 관련주제들을 가지고 있기 마련이다. 다음의 명단은 기본적인 성경교리의 주제들을 적은 것이다.

신론
- 삼위일체
- 하나님의 사랑
- 하나님의 주권
- 하나님의 은혜
- 창조주 하나님
- 하나님의 진노
- 하나님의 섭리
- 성부 하나님

기독론
- 메시야이신 예수님
- 동정녀 탄생
- 예수의 부활
- 우리의 중보자 그리스도
- 고난받으시는 종
- 승천하신 그리스도
- 그리스도의 주재권
- 예수의 신성

인자이신 예수　　　　　　　예수의 인성

성령론
　　　위로자　　　　　　　　　　성령님의 은사
　　　성령충만한 그리스도인　　　전도에서의 성령님
　　　성령님을 근심케 함　　　　 선교에서의 성령님

성서론
　　　성경의 영감　　　　　　　　우리의 권위인 성경
　　　성경의 통일성　　　　　　　약속의 말씀

인간론
　　　인간의 자유의지　　　　　　모든 사람이 죄를 범하였다
　　　사함받지 못하는 죄　　　　 만인제사장론
　　　기도의 특권

교회론
　　　교회의 기초　　　　　　　　교회의 특성
　　　교회의 통일성　　　　　　　교회와 선교
　　　교회규례　　　　　　　　　 교회 지도자

구원론
　　　하나님과 하나가 됨　　　　 죄의 정죄
　　　고백과 구원　　　　　　　　생명으로의 회심
　　　그리스도의 의　　　　　　　누가 택하심을 입은 자인가?
　　　나는 거룩한가?　　　　　　 영광 안에서의 영화됨

종말론
　　　왜 우리는 죽는가?　　　　　몸의 부활
　　　그리스도의 재림　　　　　　지상에서의 그리스도 통치
　　　다가오는 심판　　　　　　　천국은 어디에?
　　　우리가 천국에 다다를 때　　지옥은 실재하는가?

기타

    그리스도인과 정부   종교의 자유
    천사들은 무엇인가?   속이는 자 사단

위에 명시한 주제들은 더 축소될 수 있으며 대부분의 경우에 그렇게 해야 한다. 기도의 교리는 다음에 제시된 것처럼 교리설교로서 많은 가능성들을 지니고 있다.

    기도와 하나님의 뜻   믿음의 기도
    기도의 장애물들   중보기도
    주의 기도   주의 사역자들을 위한 기도

교리설교를 구체적으로 만들면 만들수록 그 설교는 그만큼 더 강력해진다.

하나님의 섭리는 성경 전체에 걸쳐 발견되는 매우 기초적인 교리이다. 이 주제 전체를 다루어 설교한다는 것은 준비도 그렇지만 설교하기도 어려우며, 아마 대부분의 사람들이 듣기에 너무 긴 설교가 될 것이다. 한 학생이 제출한 설교를 아래에 적어보았다. 이 학생의 대지를 보면 그는 교리를 바울의 생애 가운데 나타난 하나님의 섭리의 역사에 국한시켰다. 이 설교는 목회자 성장대회에서 전해졌으며, 한 목회자의 인생과 관련된 예화들이 사용되었다.

기독교 사역자들을 향한 섭리의 행위들

우리는 하나님의 섭리의 역사를 바울의 생애와 우리의 생애에서 발견할 수 있다.

I. 회심의 역사에서(행 9:1-4, 22:1-21).
II. 사역의 필요를 공급함에 있어서(행 18:1-4, 28:7).
III. 기도의 응답에서(행 16:25, 28:8).
IV. 사역의 진로를 인도받는 데 있어서(행 13:46-47).

V. 우리를 악에서 지키시는 데 있어서(행 9:23-25, 18:12-15, 25:3-4).

이 설교에 더 잘 어울리는 제목은 "섭리의 사역"이 아닐까 싶다. 청중들은 이 설교를 들으면서 너무나 많은 성경구절 때문에 길을 잃어버릴지도 모른다. 이 설교는 사도행전의 처음 부분에서 시작해 뒷부분에 이르기까지 성경구절을 인용하고 있기 때문에 매우 빡빡하게 들릴 수 있다. 제4대지는 제2대지 밑으로 들어가는 것이 좋을 것 같다. 기도에 관한 대지도 생략하고 그것을 다른 대지에 포함시킬 수 있다. "사역의 필요들을 위해 기도하고, 공급하시는 하나님의 섭리를 신뢰하라"나 혹은 "하나님께서 당신의 사역의 진로를 인도하시도록 기도하고 최선의 것을 주시는 하나님의 섭리를 신뢰하라" 등으로 대지를 바꿀 수 있다. 이 설교는 아주 효과적으로 교리를 설교하고 있음을 보여준다. 설교 중 신자의 삶 가운데서 이 진리가 어떻게 실현되는지를 증거하라. 현대의 삶과 관련된 적용을 말함으로써 이 설교가 조직신학이 되지 않도록 한다. 삶에서 신학의 적용이 성취될 때 신학은 가장 잘 전달될 수 있다.

교리를 삶과 연관지어라. 교리설교는 신학강좌가 되어서는 안 된다. 블랙우드는 다음과 같이 말했다. "교리의 궁극적인 목적은 변화된 삶이다. 교리설교를 할 때 그것은 사람들의 필요와 관련이 있어야 한다."[3] 하나님의 섭리에 관한 상기의 설교대지에서는 기독교 사역자들에 대한 적용이 설교의 처음부터 끝까지 이뤄졌다. 서론은 선교사였던 데이비드 리빙스턴(David Livingstone)의 일기를 인용하였으며 다음과 같은 문장이 뒤따랐다. "그는 하나님의 섭리에 관한 교리를 믿었습니다. 여러분과 저도 사역에 성공하기 위해서는 이 교리를 믿어야 합니다. 제이 애덤즈(Jay Adams)는 빌립보서 2장의 교리에 관해 주석을 달면서 다음과 같이 말했다. "우리는 교리적 진리를 적용가능한 실제적인 진리로 선포해야 하며, 자기 자신과 자신의 이익을 회중 안에서 최우선으로 생각하는 사람들에게 강제적으로라도 적용시켜야 한다. 바울은 교리를 통해 회중들이 겸손해지고 죄에 대해 부끄러움을 느끼며 인도를 받음으로써, 그들이 회개하고 그리스도 안에 있는 생명의 새로움을 경험하기를 원했다."[4]

복음설교에 관해 다룬 전 장에서 우리는 요한복음 3장 16절의 설교가 복음전도의 목적을 가진 교리적인 것임을 살펴보았다. 교리설교라도 진리가 기본적인 삶의 필요와 연관될 때는 결코 "재미없는" 것이 될 수 없다.

죽음에 관한 성경적 가르침이 다음 설교의 주제이다. 간단하게 구성된 대지는 진리로 가득하다. 이 설교는 강력한 목회적 목적을 지닌 교리강해설교의 예이다. 이 설교는 신자들이 죽음에 직면해서도 용기를 갖도록 해준다.

죽음은 자랑치 못하리(계 1:17-20)[5]

계시록에서 요한은 죽음이 더 이상 자랑치 못하고 예수님을 신뢰하는 자들에게 자고할 수 없는 세 가지 이유를 설명해 줍니다.

I. 예수님은 완전한 죽음을 맛보셨습니다(17-18절).
  예수님께서는 죽음의 모든 신비를 밝히 벗기셨습니다.
II. 예수님은 죽음을 완전히 이기셨습니다(18절).
  주님은 "나는 산 자라"고 말씀하셨고, 부활하심으로 죽음을 이기셨습니다.
III. 예수님은 죽음을 완전히 다스리십니다(18절).
  예수님은 사망과 음부의 열쇠를 그 손에 가지고 계십니다! 사단은 더 이상 그 열쇠를 가지고 있지 않습니다. 또한 그는 더 이상 사망과 음부를 다스리지 못합니다. 예수님은 사망과 음부를 정복하셨고 그들 모두를 다스리십니다.

이 설교의 제목은 영국 시인인 존 단(Jone Donne)의 시에서 따온 것이다. 존 군더(John Gunther)도 그의 아들인 조니(Johnny)가 산 마지막 15개월의 이야기를 다룬 책의 제목을 「죽음은 자랑치 못하리」(*Death Be Not Proud*)로 삼았다. 설교는 다음과 같은 말로 시작되었다.

그는 금발 머리에 푸른 눈을 가진 소년이었으며, 그의 이름은 조니였습니다. 조니는 17세의 나이에 뇌종양으로 죽었기 때문에 다른 소년들이 즐기는 많은 것들을 결코 누리지 못했습니다.

서론은 우리 모두가 서 있는 곳에서 시작된다. 우리는 죽음이 많은 가능성을 가진 젊은이를 교만하게 쳐서 쓰러뜨리는 경우를 목도한 적이 있다. 그러기에 이러한 죽음은 즉시 우리의 관심을 끌고 삶과의 관련성을 즉각적으로 느끼게 해준다. 서론은 예수 그리스도께서 정복하신 죽음을 그리고 있는 존 단의 시에서 몇 줄을 인용하였다. 성경본문으로 전환하면서 첫 번째 대지는 다음처럼 시작된다. "계시록에서 요한은 죽음이 더 이상 자랑치 못하고 예수님을 신뢰하는 자들에게 자고할 수 없는 세 가지 이유를 설명해 줍니다." 각 전환문장은 제목에 있는 단어들을 사용하고 있으며 세 번째 대지에서는 "마침내 죽음은 더 이상 예수님을 신뢰하는 자들에게 자고할 수 없게 되었습니다"라는 말로 발전된다. 주요 대지를 지지해 주는 성경본문의 각 부분은 전환문장이 나오자마자 즉시 인용되었다. 설교 전체를 들으면서 회중들은 하나님의 말씀에 직면하였다. 메시지는 계속해서 그리스도께서 이기신 죽음이라는 중심내용에 머물렀다. 교리는 소망이라는 영약(elixir)을 통해 전달되었다.

분명히 이 설교자가 가장 선호하는 예화의 출처는 풍부한 자료들을 지니고 있는 영문학이었다. 결론에서 두 영문학 작가의 글이 인용되었으며 마지막 말은 또 다른 시에서 따온 것이었다. 보다 더 현대적인 예화를 다양하게 사용하였더라면 그는 결론부를 더욱 강화시킬 수 있었을 것이다. 그는 현재 임종을 맞고 있는 누군가의 간증을 사용했더라면 좋았을 뻔했다.

다음에 기록한 알프레드 밀러(Alfred L. Miller)의 설교주제는 교회론이다.[6] 그의 대지를 살펴보자.

하나님의 세계 안에 있는 하나님의 백성(벧전 1:22-2:12)

I. 우리는 하나님의 백성입니다.
  우리는 예수님의 보배피로 구속받았습니다.
II. 우리는 하나님의 제사장입니다.
  모든 자녀는 하나님의 제사장입니다. 우리는 다른 사람들이 예수 그리스도를 알고 사랑하고 신뢰하도록 하는 도구입니다.
III. 우리는 하나님의 나그네입니다.
  나그네는 지나가는 인생을 삽니다. 우리는 목적과 목적지를 가진 단지 세상을 거쳐가는 거주자일 따름입니다. 천국을 향해 여행하면서 우리는 매일의 양식으로 하나님 말씀의 공급을 필요로 합니다(벧전 2:2). 우리는 다른 이들을 위한 풍성한 사랑의 공급을 필요로 합니다(벧전 1:22).

십자가에서 예수님은 우리를 하나님의 백성으로, 하나님의 제사장으로, 하나님의 나그네로 삼으셨습니다. 우리는 바로 이런 사람들입니다. 이제는 우리가 그렇게 살아야 할 때가 아닙니까?

결론부분은 설교의 목적을 향해 움직였다. 그 목적은 교회가 하나님의 백성으로서 교회의 목적에 따라 보다 깊은 헌신을 하도록 요청하는 것이었다. 결론부분은 설교자가 독서를 통해 얻은 내용을 언급하였다.

> 제1차 세계대전을 배경으로 한 소설에서 절친한 전우가 된 두 청년의 이야기가 나옵니다. 한 사람은 훌륭한 가문 출신의 청년으로 품위있고 건전한 삶을 살았습니다. 또 다른 청년은 반대로 잘못된 인생의 행로를 따라 성장했으며 항상 문제를 일으켰습니다.
>
> 적의 총탄이 훌륭한 가문 출신의 청년을 쓰러뜨렸습니다. 친구의 팔에 안겨 죽어가면서 그 청년은 다른 청년에게 이처럼 말했습니다. "자네의 이름에는 너무나 많은 오점이 있어. 그 이름을 내게 주고 나와 함께 죽도록 하게. 그리고 자네는 내 이름을 가지고 새로운 인생을 살게나."
>
> 예수 그리스도께서도 이처럼 하셨으며 우리를 위해 더 많은 것을 행하셨습니다. 십자가에서 주님은 우리의 이름과, 우리의 삶과, 우리의 죄를 취하여 그분과 함께 죽도록 하셨습니다. 주님은 무덤에서 부활하셔서 우리에게 주님의 이름을 주셨으며 날마다 주시는 은혜를 따라 새로운 삶을 살도록 허락하셨습니다.
>
> 십자가에서 예수님은 우리를 하나님의 백성으로, 하나님의 제사장으로, 하나님의 나그네로 삼으셨습니다. 우리는 바로 이런 사람들입니다. 이제는 우리가 그렇게 살아야 할 때가 아닙니까?

교회의 목적에는 예배가 포함된다. 에드워드 존슨(Edward D. Johnson)이 예배를 주제로 준비하면서 행한 이사야 6장 1-8절의 강해설교의 대지를 상고해 보자.[7] 서론부분에서 "사람이 교회에 갈 때 어떤 일이 일어나야만 합니까?"라는 명제문장이 제시되었다. 성경본문은 다음과 같은 문장으로 소개되었다.

> 어떤 사람이 예배에 관해 아주 명확한 정의를 내렸습니다. 이 젊은이는 당시의 지배계급 출신의 귀족으로서 사람이 교회에 갈 때 어떤 일이 일

어나야 되는지에 대해 최고의 그림을 우리에게 보여줍니다. 그의 경험이 이사야 6장의 처음 여덟 줄에 기록되어 있습니다.

당신은 이 말이 "오늘 저의 성경본문은 이사야 6장입니다"라는 말보다 얼마나 더 호소력이 있는지 알았는가?

사람이 교회에 갈 때(사 6:1-8)

여기에 사람이 교회에 갈 때 어떤 일이 일어나야 하는지에 대해 이사야가 말한 것이 있습니다.
I. 하나님의 거룩하심을 보아야 합니다(1-3절).
II. 자기 자신의 진정한 모습을 보아야 합니다(5절).
III. 정결함의 필요성과 유용성을 보아야 합니다(6-7절).
IV. 자기 인생을 향하신 하나님의 뜻을 보아야 합니다(8절).
V. 자기 자신의 수준에서 드려진 헌신을 보아야 합니다(8-9절).

각 대지가 현재형으로 언급된 것에 주의하라. 대지의 구조는 성경본문을 논리적으로 따라가면서 구성되었다.

바울의 생애에 나타난 하나님의 섭리에 관한 설교를 제외하고 본장에 기록된 모든 설교의 대지는 교리설교의 경우 내가 가장 좋아하는 접근법을 보여준다. 중요한 성경구절을 찾아서 교리적 목적을 가진 강해설교를 해보라. 이 설교의 보조자료로서 다른 성구들을 인용할 수 있다. 그럴 경우에는 사람들에게 그 구절들을 찾아보도록 권하지 말고 바로 그 구절들을 인용하거나 말하라. 성경의 한 구절에 집중하더라도 설교를 한정시키면서 일반적으로 전체설교에 필요한 충분한 자료를 얻을 수 있다.

목사로서 일 년에 걸쳐 다양한 시기에 교리설교를 전하도록 계획을 세우라. 당신의 교회 성도들은 그들이 믿는 것이 무엇인지 알아야 하며 자신의 믿음을 다른 사람에게 설명할 수 있어야 한다. 많은 이단들이 자신들이 믿는 바를 알지 못하는 성도들을 우리 교회에서 약탈해 감으로써 자기 배를 불리고 있다.

참고와 적용

「현대 설교 핸드북」(*Handbook of Contemporary Preaching*)을 참조하라.

제21장

윤리설교

윤리설교는 성경적 가르침들을 도덕과 일상의 생활에 적용하는 것이다. 이러한 종류의 설교는 사람들로 하여금 성경적 가르침을 따라 "생각하고, 행동하고, 살도록" 요구하고 촉구한다. 윤리설교는 의로운 삶을 사는 신자들을 책망하고, 교정하고, 훈련시킨다. 윤리설교와 관련된 주제들은 성(性), 이혼, 절도, 마약, 낙태, 시민권, 인종간의 관계, 전쟁, 평화, 교회와 국가간의 관계, 건강, 경제 부조리, 그리고 직업 등이다. 성경적 원리들은 이러한 삶의 영역에서 그리스도인들이 결정을 내리는 데 안내자 역할을 해준다.

기독교윤리(무엇을 하는 것이 옳은가를 아는 것)는 복음과 서신서에서 나온다. 공의를 행하는 능력은 신자 안에 거하시는 성령님으로부터 나온다. 선한 삶(윤리)은 거듭남의 결과이다. 그리스도인의 윤리는 예수님과의 관계에 대한 결과로서 나온다. 윤리가 전도를 대신해서는 안 되지만 또한 전도가 윤리와 분리되어서도 안 된다. 사도 베드로는 "너희가 어떠한 사람이 되어야 마땅하뇨?"라고 묻고 있다(벧후 3:11). 윤리설교는 경건한 삶을 위한 성경적 원리들을 제공해 준다.

예리한 윤리설교

우리가 윤리설교를 전할 때 메시지는 "좌우에 날선 검"과 같은 성질을 지녀야 한다. 이럴 때 설교는 통상적인 주장들을 넘어 주께서 말씀하신 것을 찾아서 주의 말씀을 듣는 자들로 그 말씀에 대해 무엇인가를 행하도록 확신을 주어야 한다. 이러한 과정은 성경이 스스로 말하도록 할 때 일어나기 시작한다. 개인적인 선입견이 개입되기 시작하면 소위 윤리설교는 선입견의 지배를 받는다. 그 결과 하나님의 심판으로 사람들을 직면하기보다는 사람들의 관행을 묵과해 주는 꼴이 되고 만다. 성경이 당신이 하는 윤리설교의 내용을 주장하게 하라. 수세기 동안 성경을 잘못 해석함으로써 사람들은 인종차별을 지지해 왔다. 어떤 이는 가인의 표는 그의 피부색이었다고 주장했다. 성경이 과연 그 표가 무엇인지 이야기하고 있는가? 창세기 4장 15절은 이 점에 대해 침묵하고 있다. 오직 성경이 스스로 말하게 하라.

윤리설교는 주요한 이슈들을 강조할 때 가장 강력한 힘을 발휘한다. 디모데는 "다툼이 나는 어리석고 무식한 변론"을 버리라는 명령을 받는다(딤후 2:23). 구원과 그리스도인의 성장에 영향을 주지 않는 이슈들은 강조를 덜해도 좋다. 패션이나 헤어스타일을 바꾸기 위한 채찍으로 윤리설교를 사용해서는 안 된다. 바울은 여자의 외모에 관해 편지를 쓰면서 선택적인 언어를 사용하여 영속적인 원리를 강조하였다(딤전 2:9-10).

긍정적인 설교는 부정적인 책망의 설교보다 더 많은 열매를 맺는다. 윤리적 이슈에 대해 강한 감정을 가지고 있는 설교자라도 논쟁을 하거나 혹은 적대감을 품거나 비협조적인 태도를 취해서는 안 된다. "분노 가운데 설교를 하면, 특히 열을 내며 설교를 하면 그 때는 기분이 좋을지 모르지만 결국에는 우리가 추구하는 것을 성취하지 못한다."[1] 디모데는 "범사에 오래 참음과 가르침으로 경책하며 경계하며 권하라… 모든 일에 근신하라"는 말을 바울에게서 부탁받았다(딤후 4:2, 5). 옳은 일을 하도록 격려하지 않고 잘못한 것만을 정죄하면 비효율적인 설교가 된다.

사실적인 정보를 확보하고 당신이 말하는 내용을 파악하고 있으라. 나는 한 영화에 대해 "예수님을 모독한" 영화라고 생각하면서 매우 기분 나빠한 어느 목사님을 기억한다. 그는 주립 침례교신문의 논설위원에게 그 영화를 정죄하고 영화관람 거부를 지지하는 사설을 써줄 것을 요청하는 편지를 보냈다. 그 논설위원은 나와 또 다른 목사 두 사람에게 그 영화를 관람해 달라고 요청하였다. 우리는 그 영화가 단지 거짓 메시야들을 재미있게 풍자한 것이기 때문에 우리의 과민한 태도가 오히려 큰 반향만 일으킬 뿐이며 그렇게 큰 관심을 표명할 만한 가치가 없다는 것을 발견했다. 심지어 나는 그 영화를 설교의 예화로 사용하였다. 내가 만일 다른 사람의 말만 믿고 어떤 것을 공격하였다면 생각이 좀 깊은 성도는 내가 나도 모르는 것을 이야기하고 있다는 사실을 알고서는 다른 이슈들에 대한 나의 판단에 대해서도 의문을 가질 것이다.

상처받은 사람들을 위한 목회적 민감도는 순수한 윤리설교를 통해 흘러나온다. 에이즈 문제에 대한 나의 인식과 이해는 혈우병을 앓는 교회 성도의 아들이 오염된 피를 수혈받음으로 병에 감염되었을 때 새로운 차원의 성격을 띠게 된다. 나는 많은 목회자들이 자신의 가족 중의 한 사람이 이혼을 경험하고 나서는 이혼한 자들의 고통과 정신적 충격에 대해 더욱 민감해지는 것을 보았다. 많은 그리스도인들이 다른 이들의 잘못으로 인해 어쩔 수 없이 생기는 결과들을 겪게 된다. 그들이 주님이 요구하시는 높은 기준에 대해 들으면서도 동시에 목자되신 그리스도의 위로와 격려를 발견할 수 있을까?

언제나 실제적인 설교를 하라. 교리를 사람들이 날마다의 삶에서 직면하는 상황들과 연결시켜라. 실제적인 제안들과 일상에서 일어나는 예화들은 설교에 도움이 될 것이다. 윤리적 이론은 잘 받아들여지지 않는다. 나는 시편 119편 49, 123, 137-144절에 근거하여 "미국의 도덕적 딜레마"라는 제목의 설교를 들은 적이 있다. 서론에서 설교자는 "미국의 네 가지 주요 가치관과 그 각각에 대해 하나님은 어떻게 느끼시는지를" 살펴보겠다고 말하였다. 먼저 서론에서 세 가지 가치관을 소개하면서 그는 "사회학적, 생물학적 가치관", "상황윤리", "과학적 문화혁명"이란 소제(小題)로 말문을 열었다. 네 번째 가치관을 말하면서 그는 다음과 같이 말을 시작했다. "도덕은 절대로 행동이나 상황 혹은 문화에 근거할 수 없습니다. 유일한 기준은 오직 성경입니다. 시편 119편은 우리에게 그 이유를 말해 주고 있습니다." 내 생각에 처음 세 가지 가치관의 소제도 그렇게 평범했어야 했다. 세 가지 가치관에 대해서도 "왜 사람들은 자기가 사는 방식으로 행동할까요?" 나 혹은 좀더 좋은 표현으로 "왜 우리는 우리가 행동하는 방식으로 행동할까요?"와 같은 일상적인 용어로 묘사하는 것이 더 좋았을 것 같다. 우리는 다음 세 가지 방식 중 한 가지로 우리의 행동을 설명할 수 있다. (1) "저는 어쩔 수가 없어요. 태어나길 그렇게 태어났는걸요." (2) "상황이 우리로 그렇게 결정하도록 만들었습니다." (3) "다른 모든 사람들도 그렇게 행동하니까요."

라머 쿠퍼 (Lamar E. Cooper)는 출애굽기 20장 13절의 본문말씀에 근거하여 인명의 고귀함에 대한 설교를 준비했다.² 윤리설교의 예로 그가 한 설교의 대지를 살펴보기로 하자.

인생의 법칙(출 20:13)

우리는 인류역사상 가장 폭력적인 시대에 살고 있는지 모릅니다(서론에서 범죄와 자살, 낙태에 대한 몇 가지의 통계자료를 인용한다). 이러한 엄연한 사실들은 오늘날 인명의 가치가 얼마나 떨어졌는지를 잘 보여줍니다.

I. 인명은 고귀합니다.
II. 인명은 각 개인에게 주어진 고귀한 신탁입니다.
III. 인명은 공동체의 고귀한 신탁입니다.

설교자는 요약이 아닌 완전한 문장으로 대지를 말했는데 그것은 명확하였고 전환은 부드러웠다. 각 대지는 중심주제인 인명의 고귀함과 연관지어졌다. 성경본문은 설교 전체에 걸쳐서 사용되었으며 또한 창세기 1-3장, 고린도전서 15장, 시편 139편 13-14절, 고린도전서 6장 19절, 마태복음 5장 21-22절을 인용하였으며 제3대지를 설교할 때에는 대지를 지지해 주는 몇 개의 구약 성경구절을 인용하였다. 이 설교가 출판된 책자에는 본래의 설교보다 인용된 성경구절이 더 많이 수록되어 있다. 이렇게 성경구절이 많을 때는 회중이 일일이 성경책을 뒤져가며 찾게 하기보다는 설교자가 읽어주는 것이 좋다. 물론 설교로 택한 성경본문이 보다 더 자세히 검증될 때 설교는 더 큰 권위를 지니게 된다.

노동절은 직장관계에 관한 윤리설교를 할 좋은 기회를 마련해 준다.

우리는 왜 일하는가?(창 1:26-31, 엡 4:28)

I. 우리는 세상을 다스리는 일에 하나님과 동역하기 위해 일합니다(창 1:26-31).

　가. 일은 하나님의 명령을 완수합니다(출 10:9).

　나. 정직한 일은 하나님과 협력합니다(엡 4:28, 약 5:1-6).

II. 우리는 함께 나눌 무엇인가를 마련하기 위해 일합니다(엡 4:28).

　가. 일은 우리로 하여금 우리보다 부요하지 못한 자들에게 줄 수 있도록 해줍니다(행 20:35).

　나. 우리는 복음을 나누고 교회를 세우기 위해 줄 수 있습니다.

각 전환문장마다 "일"이라는 단어를 사용함으로 어떻게 이 설교의 통일성이 유지되고 있는지 살펴보라. 질문을 하고 나서 답을 하는 형식도 설교의 기본적인 구조가 될 수 있다. 또한 "당신은 일을 통해 하나님께 영광을 돌리십니까?"라든가 혹은 "우리의 직장관계는 하나님과의 진정한 관계를 보여주고 있습니까?" 아니면 "당신은 거지나 노인, 그리고 편모 편부의 아이들과 같이 당신보다 더 불행한 사람들을 돕기 위해 일해서 번 돈을 사용하고 계십니까?" 등의 관련 질문을 던짐으로써 적용을 할 수 있다. 어떤 이들은 일을 핑계로 교회를 멀리하기도 한다. "저는 일 주일에 엿새를 일합니다. 일요일은 제가 유일하게 쉬는 날이지요."

인종간의 관계는 모든 사람에게 영향을 주는 윤리적 이슈이다. 하나님은 인종간의 관계를 증진시키는 데 성경을 사용하실 수 있다. 위의 설교제목은 유명한 가요의 가사를 사용하였으며 서론에서도 그 가사를 인용하였다. 내 아들은 그 설교의 제목 때문에 다른 어떤 설교보다도 이 설교의 내용을 더 많이 기억했다. 설교는 유대인이었던 베드로와 이방인이었던 고넬료의 만남에 근거하였다 성경본문은 선교를 포함해서 몇 개의 아이디어를 담고 있었으나 설교자는 편견이라는 주제를 선택하였다. 설교 전체를 통해 오늘날과 상관이 있는 적용이 이뤄졌다. 최근 뉴스는 인종간의 분열을 계속해서 보도하고 있으며, 대부분의 사회는 편견의 증거를 가지고 있다. 하나님께서 한 개인의 태도를 어떻게 변화시키셨는지에 대한 증거나 혹은 다른 인종인 사람을 알게 됨으로써 얻게 된 결과들을 두 번째 대지의 예화로 사용해도 좋았을 것이다.

흑인과 백인(행 10:1-20)

"피아노 건반은 흑백이 완전한 조화를 이루고 있는데 오! 주님, 우리는 왜 그렇지 못합니까?"

I. 분열은 우리가 사는 세상의 표입니다.

베드로와 고넬료는 이 세상에 존재하는 인종간의 분열과 편견을 보여줍니다. 유대인은 이방인들을 개로 취급했으며 이러한 그들의 편견을 믿음의 원리로 인정했습니다.

II. 분열의 벽이 무너지는 것은 가능합니다.

가. 하나님은 편견을 극복하시기 위해 개인에게 역사하십니다. 예배와 기도를 통해 하나님께서는 고넬료에게 말씀하셨습니다(1-8절). 하나님은 환상을 통해서 베드로의 태도를 바꾸셨습니다(9-14절).

나. 각 개인들은 하나님의 인도하심에 순종하였습니다(8-9절, 19-23절).

다. 친절은 편견을 극복하는 데 도움을 줍니다(24절). 편견의 벽은 낯선 사람이 친구가 될 때 무너지기 시작합니다.

라. 하나님의 말씀은 인간의 전통보다 더 중요합니다(28절).

III. 그리스도는 분열을 극복하시고 우리를 하나가 되게 하십니다(36-41절).

만군의 주가 되시는 예수님은 사람들 가운데 완전한 조화를 이루는 길이 되십니다. 이 "복음"은 모든 사람에게 유용합니다. 우리

안에 거하시는 성령님께서 사랑의 열매를 맺으십니다. 예수님은 분열의 벽을 허무시고 새사람을 지으셨습니다(엡 2:14).

시민권은 언제나 윤리설교와 관련이 있는 주제이다. 독립기념일이나 다른 국가공휴일들은 그리스도인이 가지고 있는 하늘의 시민권과 그들이 이 땅의 시민으로서 갖는 책임에 관해 성경이 가르치고 있는 바를 설명하기에 좋은 기회가 된다. 베드로와 바울 모두가 이 주제에 관해 썼다. 그들은 서로 유사한 생각을 하였으나 설교는 다른 각도에서 준비할 수 있다. 두 편의 설교에서 먼저 우리는 시민의 책임이라는 관점에서 시민권을 생각해 본 후에 정부의 책임이라는 관점에서 살펴보았다. 첫 번째 설교는 세금납부 마감일이 다가오기 한 주 전에 하면 훨씬 호소력이 있을 것이다. 설교제목과 대지는 원한다면 세금납부에 관한 예화로 설교를 시작함으로 적절하게 재조직할 수도 있을 것이다. 우리 모두는 정부에 복종할 책임이 있고, 정부 덕택에 안락한 생활을 누리며, 자유를 행사하고, 존경, 명예를 누릴 수 있다.

정부에 대한 그리스도인의 반응(벧전 2:13-17)

사도 베드로는 핍박을 받고 있는 그리스도인들을 격려하기 위해 이 서신서를 썼습니다. 그들은 독재정권하에 살고 있었습니다. 그리스도인들이 정부에 어떻게 반응해야 하는지에 대해 베드로가 조언한 내용은 무엇이었습니까?

I. 그리스도인은 정부에 복종해야 합니다(13-14절).
  복종은 "주를 위한" 것입니다. 정부는 "하나님께서 보내신" 것입니다.
II. 그리스도인은 선을 행해야만 합니다(14-15절).
  정부는 악을 벌하고 선을 장려하기 위해 존재합니다. 선을 행하는 것은 하나님의 뜻이며 사회질서를 낳습니다.
III. 그리스도인은 자유롭게 살아야 합니다(16절).
하나님께서 주시는 자유를 사용하십시오. 하나님의 종으로서 자유를 누리며 사십시오.
IV. 그리스도인은 정부에 존경과 명예를 표해야 합니다(17절).
정부 당국자들을 존경하고 왕(대통령)에게 경의를 표해야 합니다.

정부의 책임(롬 13:1-7)

정부는 온 세계 어디에나 존재합니다. 때로 우리는 정부가 하는 일을 좋아하지 않습니다. 시민으로서 우리는 우리의 의견을 표현할 권리를 가지고 있습니다. 그리스도인으로서 우리는 정부를 후원할 책임이 있습니다. 정부의 지도자들과 그리스도인 모두는 정부의 책임에 대한 성경의 가르침에 주의를 기울여야 합니다.

I. 정부 당국자들은 하나님에 대해 책임이 있습니다(1-2절).
하나님은 세상에 질서를 부여하시기 위해 정부라는 제도를 만드셨습니다. 모든 권세는 하나님께 속한 것입니다.
II. 정부 당국자들은 선을 행할 책임이 있습니다(3-5절).
하나님이 정부에게 주신 임무는 선을 장려하고 악을 물리치는 것입니다. 악을 행하는 정부는 하나님의 진노를 직면할 것입니다.
III. 정부 당국자들은 국민에 대해 책임이 있습니다(6-7절).
국민은 세금을 내고 정부에 경의를 표하며, 권세로 다스릴 수 있도록 정부를 후원해야 합니다. 통치자들은 존경을 받을 만하며 세금의 사용에 대해 책임을 져야만 합니다.

두 편의 설교는 모두 제목과 대지에서 동일한 중요단어를 사용하고 있다. 대지는 성경본문에서 자연스럽게 생성되었다. 그리스도인 정부관리들과 책임감이 투철한 시민의식의 예들을 사용하면 두 편 모두 우리와 관련이 있는 설교가 된다. 설교를 마치면서 그리스도인 지도자들에게 자신을 하나님께 드리도록 요청하는 시간을 가짐으로 반응을 끌어낼 수 있다. 지도자들은 무릎을 꿇고 기도하고 시민인 성도들은 그들이 책임 있는 지도자가 되도록 하나님의 뜻을 구하는 일에 함께할 수 있다.

그리스도인들은 삶에 그들의 믿음을 적용하는 법을 알아야 한다. 윤리설교는 이러한 목적을 완수하며 성경의 가르침을 도덕과 매일의 삶에 적용시켜 준다. 따라서 윤리설교를 통해 사람들은 성경의 가르침에 따라 "생각하고, 행동하며, 살게" 된다. 언제나 윤리적 이슈들은 우리가 살고 있는 사회에 떠오르게 마련이다. 성경의 빛을 이러한 이슈들에 비추어 성도들이 어떻게 살 것인지를 결정하는 데 도움을 주도록 하라.

참고와 적용

하이벨스, 브리스코, 로빈슨이 공저한 「현대 설교의 터득」(*Mastering Contemporary Preaching*)을 읽으라.

제22장

목회설교

우리가 설교할 때 우리 앞에는 상처받은 사람들이 앉아 있다. 내가 그동안 섬겼던 회중 가운데 아래의 사람들이 아직도 내 기억 속에 맴돈다.

- 한 대학생이 집에 와서 부모에게 자기가 동성연애자라는 사실을 말한다.
- 십대의 자녀들을 둔 한 아버지가 치매에 걸렸다는 의사의 진단을 받는다.
- 한 성공한 회사의 중역이 이번 주부터 은퇴생활을 시작한다.
- 혈우병에 걸린 아들이 수혈로 인해 에이즈에 감염되어 투병한다.
- 아이가 없는 젊은 여성이 화요일에 자궁제거수술을 받는다.
- 28년간의 결혼생활이 이혼으로 치닫고 있는 것처럼 보인다.
- 한 부부가 음주운전자의 과실로 딸을 잃고 슬퍼한다.
- 우울증으로 장래가 촉망되는 한 전문직업인이 완전히 쇠약해진다.

이러한 사람들에게 계속해서 전도설교를 하는 것은 도움이 되지 않을 것이다. 위기와 고통 가운데 있는 사람들을 섬기기 위해서는 목회설교가 필요하다. 목회설교는 성경으로 안내하며 소망과 위로,

용기를 북돋아 준다.

목사는 설교와 목회적인 돌봄 사이의 우선권 문제를 놓고 고민하게 된다. 이 두 가지 영역은 상호경쟁적이라기보다는 상호보완적이다. 프랭클린 지글러(Franklin Segler)는 "이상적인 면에서 설교와 영혼의 돌봄은 목회자의 가장 중요한 기능들이다"라고 썼다.[1]

해리 포스딕(Harry M. Fosdick)은 설교는 "그룹에 대한 목회상담이며 그 이외의 어떤 것도 아니다"라고 정의했다. 그는 "실제 문제인 삶의 문제가 정말 문제다"로 시작되는 설교를 한 것으로 유명하다.

> 그가 설교를 시작하여 한두 문장을 말하고 나면 사람들은 점차적으로 설교자가 자신들의 인생의 골짜기를 쓸고 지나가고 있음을 발견하는 것을 나는 느낄 수 있었다. 어떤 때는 설교가 모든 사람들에게 너무나 중요한 문제를 다루고 있기 때문에 회중 전체가 긴장감에 사로잡혀 조용해졌다.[2]

교회는 주 하나님께서 목양하는 양떼들이다. 이사야 선지자는 만군의 하나님의 모습을 다음과 같은 부드러운 모습으로 그리고 있다.

> 그는 목자같이 양무리를 먹이시며 어린 양을 그 팔로 모아 품에 안으시며 젖 먹이는 암컷들을 온순히 인도하시리로다(사 40:11)

예수님은 자신을 선한 목자라고 부르셨다(요 10장). 베드로는 주님의 가르침을 기억하고 교회를 보호와 사랑을 필요로 하는 양떼라고 불렀다(행 20:28-29, 벧전 5:1-4). 한 식당에서 아침을 먹고 있을 때 옆좌석에 앉은 두 남자가 하는 이야기를 우연히 듣게 되었다. 그들은 자신들의 교회에 새로 부임해 오는 목회자에 대해 이야기하고 있었다. 한 사람이 목회자의 필수요건을 말하기 시작했다. "나는 단순히 우리를 사랑해 주는 그런 목사님을 원해." 진정한 목회설교는 목자의 심정을 가진 목사의 마음에서 나오며, 그 설교는 주께서 그에게 맡기신 양떼들을 진정으로 사랑함을 전할 때 효력을 나타낸다.

고난을 견디게 하는 은혜

스트레스 테스트[3]는 43가지의 스트레스 종류를 말해 주고 또한 그 스트레스의 강도를 숫자로 나타내준다. 그 중에 가장 스트레스를 많이 주는 20가지 상황과 그 강도를 아래에 적어보았다.

1. 배우자의 죽음	100
2. 이혼	73
3. 배우자와의 별거	65
4. 감옥이나 시설에 수감됨	63
5. 친족의 사망	63
6. 개인적인 큰 상해나 질병	53
7. 결혼	50
8. 직장에서의 해고	47
9. 배우자와 재결합	45
10. 직장에서의 은퇴	45
11. 건강상의 중요한 변화/가족원의 행동변화	44
12. 임신	40
13. 성생활의 어려움	39
14. 새가족의 탄생(출산, 양자, 부모가 됨)	39
15. 사업상의 적응	39
16. 경제사정의 주요 변화 (호전되거나 혹은 악화되는 경우 모두)	38
17. 친한 친구의 죽음	37
18. 직업을 바꿈	36
19. 배우자와의 말다툼 횟수의 변화	35

20. 천만 원 이상 대출을 받은 경우   31

　이 20가지의 스트레스들은 죽음, 가족, 건강, 직업/재정 4개의 영역으로 분류할 수 있다. 물론, 직업과 건강의 문제는 가족의 삶에 영향을 미치며, 죽음도 다른 세 영역에 영향을 미친다. 이 모든 스트레스는 상호 대인관계와 관련이 있다. 당신은 설교를 통해 사람들이 이러한 스트레스의 문제들을 대처할 수 있도록 도와야 한다.
　우리 각 사람의 인생의 문제들과 개인적으로 투쟁해야 하는 당위성이 목회적 설교의 근간을 이룬다. 해롤드 브라이슨(Harold T. Bryson)이 말한 대로 "설교에 당신의 신앙고백이 녹아들어갈 때 당신은 진정한 설교를 시작할 수 있다."⁴ 우리는 회심했고 인생을 변화시키는 경험에 대해 다른 사람들에게 말하기 시작했다. 다른 사람들은 당신이 직면했던 어려운 상황들을 해결하려고 노력하고 있다.

　　· 부모의 가치관이 당신의 가치관과 충돌할 때 부모를 공경하는 방법
　　· 자녀를 학업이나 결혼으로 떠나보내는 방법
　　· 용서하기를 거부하는 직장동료
　　· 조부모의 죽음
　　· 이사
　　· 입원 및 수술
　　· 우울증
　　· 외로움
　　· 통제불능의 분노
　　· 가족 내에서 이혼문제를 다루는 방법

　당신 자신의 한계와 필요를 수용하고 어떻게 이러한 것들을 충족시킬 것인지를 정직하게 평가할 때 당신은 섬세한 목회설교를 작성할 수 있게 된다.

클라이드 팬트는 바울이 루가오니아에서 "우리도 너희와 같은 성정을 가진 사람이라"고 고백한 말이 초대교회의 두 번째 위대한 고백이라는 사실을 관찰했다. "불행하게도 그리스도인의 삶의 거의 대부분이 이러한 고백을 미루거나 아니면 그것이 사실이 아니라고 부인하는 데 낭비되었다. 이것보다 기독교 사역에 더 파괴적인 해악을 끼친 것은 없었다."[5] 우리가 인간이라는 사실을 인정할 때 하나님께서는 우리를 사용하실 수 있으며 진실로 말씀이 육신이 되도록 만드실 수 있다. 가장 강력한 목회설교는 설교자의 인간성을 반영하며 그 때 사람들은 더욱 그 말씀을 잘 수용하게 된다. 왜냐하면 사람들은 당신이 그러한 상황 속에 있었으며 또한 정직하게 그 상황을 하나님의 은혜로 대처했음을 잘 알고 있기 때문이다.

어떤 교회들은 목회설교를 잘 하지 않는데 이것은 집사들을 선출한 사도행전 6장 3-4절을 잘못 해석했기 때문이다. "우리가 이 일을 저희에게 맡기고 우리는 기도하는 것과 말씀 전하는 것을 전무하리라." 어떤 설교자들은 단지 기도하고 말씀을 연구하고 설교하기만을 원한다. 심방과 개인적인 인간관계의 구축은 다른 사람들에게 맡긴다. 설교준비와 목양적 사역간에 조화를 이루도록 노력하라. 이 둘은 서로 상호보완적이기 때문이다. 종종 나는 말씀연구에 방해를 받긴 했지만 심방 후에 설교를 위한 새로운 빛과 통찰력을 발견하곤 했다.

사람들과 접촉을 갖지 않을 때 설교자는 쌀쌀하게 보이고 사람들에 대해서도 무관심하게 보인다. 따라서 사람들은 설교에 관심을 덜 갖게 된다. 사람들이 하는 일과 가정의 필요들을 잘 인식하라. 그들의 삶의 현장에서 관계를 맺으라. 가정을 방문하고, 병원심방을 하며, 위기의 때에 함께 있고, 기쁨의 순간들을 함께할 때 설교자는 사람들의 필요를 깨닫고 목회설교의 자료를 얻게 된다.

지역사회의 공공기관을 방문하면 사람들의 필요를 더 잘 알 수 있다. 경찰서나 사회봉사기관을 방문하여 지역사회의 필요들을 발견하라. 인구조사 자료들도 지역사회에 관한 많은 정보를 제공해 주며 스트레스의 원인이 되는 사건들을 잘 묘사해 준다. 사람들은 공장폐쇄의 문제를 어떻게 다루고 있는가? 농가의 손해는 당신 주변의 농촌 사회에 어떤 영향을 미치고 있는가? 걸프전 동안 지역 예비군이 동원되었을 때 지역사회가 느꼈을 감정과 스트레스를 생각해 보라.

말씀을 연구하면 목회설교를 위한 다른 아이디어들이 떠오를 것이다. 성경을 연구하면서 사람들의 필요가 무엇인지 진단하라. 사람들간의 관계를 다루고 있는 모든 성경말씀은 목회설교로 사용할 수 있는 것들이다. 엘리야가 겪었던 우울증, 베드로의 죄책감, 욥의 고난, 사울의 시기, 다윗의 슬픔, 그리고 마리아의 임신 등은 회중의 필요 중 일부를 거울처럼 비춰준다.

다양한 독서를 통해서도 추가적으로 목회설교를 위한 아이디어와 예화들을 찾을 수 있다. 심리학적 필요에 대한 가장 기본적인 지식도 목회설교를 하기 위해서는 필수적으로 요구된다. 여러 연령대의 삶의 필요를 인식할 때 당신은 보다 더 삶과 연결된 설교를 할 수 있다.

목회설교의 위험성

목회설교는 설교자가 항상 경계해야 할 몇 가지 위험요소를 가지고 있다. 노움을 주는 목회설교는 사람들로 하여금 도움을 구하지도록 격려하기 때문에 사람들은 종종 목사와 교회를 찾는다. 당신은 이들을 상담할 준비가 되어 있는가? 보다 더 자격을 갖춘 전문상담가가 교회 안에 있으며, 또 당신은 그들을 그에게 보낼 수 있는가? 교회 내에 지지그룹이 있는가? 당신의 교회는 다른 교회와 연합하여 기독교 상담센터를 열 수 있는가? 목회설교가 개인적인 목회상담으로 연결되지 않으면 좌절감과 실망감이 배가된다.

가장 큰 위험부담은 당신의 제1순위의 사역을 설교에서 상담으로 바꾸고자 하는 유혹이다. 목사라면 누구나 상담을 해야 하지만, 교회에는 양떼를 돌보는 목자로서 매주 주께서 "말씀을 전하라"고 부르신 사람이 있다. 설교준비 시간을 확보하고 한 개인과 장기간 상담하는 것을 거절하라. 다른 도움들을 찾아내어 그들에게 제공하라.

로이드 페리(Lloyd Perry)는 목회설교에 있어서의 몇 가지 위험들을 제시했다.[6]

- 신뢰를 어김
- 문제를 부적절하게 취급함
- 기독교를 심리학으로 대체함
- 성경적 내용이 설교에서 빠짐
- 기독교적 도덕을 자연적인 덕과 혼돈함
- 설교자 자신의 감정적인 만족의 필요 때문에 설교할 가능성

목회설교 준비

나는 이 책에서 성경본문을 이해하는 것과 성경의 원리를 삶에 적용하는 것 사이에 조화를 유지해야 할 필요성을 강조했다. 목회설교가 특별히 이 경우에 해당된다. 목회설교는 목사와 성도들이

문제를 함께 고민하고 빛 가운데로 인도함을 받는 삶과 상관이 있는 살아 있는 메시지여야 한다.

"당신 자신을 넘어 인생을 살라"는 제목의 설교본문으로 빌립보서 3장 12-14절을 택하였다.[7] 이 설교는 "당신은 상자에 갇혀 있는 느낌을 받으신 적이 있으십니까? 당신은 인생이 당신을 지나쳐가고 있다는 느낌을 받으신 적이 있습니까?"라는 질문으로 시작되었다. 첫 번째 대지로 전환할 때 설교자는 다음처럼 설교제목을 사용해서 성경본문에 대해 이미 언급한 내용과 연결시켰다. "당신은 당신 이상으로 인생을 살 수 있습니다! 바울은 이렇게 창조적인 삶을 위한 네 가지 방법을 우리에게 가르쳐 주고 있습니다." 설교는 다음과 같은 네 가지 방법을 소개했다.

1. 당신은 완전한 사람이 아니라는 사실과 직면하라(12절).
2. 과거를 잊고 살라(13절).
3. 바른 목표에 집중하라(14절).
4. 최선을 다해 끝까지 경주하라(13절).

이 설교는 인칭대명사를 풍부하게 사용하여 항상 바울의 경험을 현대인과 연결시킨다. 상상력을 자극하는 언어를 사용하면 이슈들을 그림처럼 시각화하는 데 도움을 준다. "우리 중 어떤 이들은 계속해서 자기 자신이 이룩한 업적으로 만든 유리목발을 의지합니다. 여러분은 쓰레기봉투에 쓰레기를 담아 내놓으시지요? 우리 중 어떤 사람들은 인생을 살면서 항상 자기의 어깨에 쓰레기봉투를 지고 다닙니다. 매일 우리는 쓰레기봉투를 내려놓고는 더 많은 쓰레기를 그 안에 집어넣습니다. 그리고는 다시 그것을 들어 어깨에 멥니다. 이러한 삶은 우리 자신을 넘어 사는 인생이 아닙니다." 예화로 사용된 내용들은 성경, 정신과 의사의 말, 전직 사업가의 말, 시인의 글,

소설에서 인용한 글, 한 여배우의 철학, 원반 던지기 선수 등 다양하였다.

"그리스도인의 용서"⁸라는 제목의 아래 설교는 목회적 차원을 강조한 강해설교의 탁월한 예이다. 강력한 예화가 서론과 결론을 장식하고 있다. 운율을 가진 구조는 무리수가 없으면서도 자연스러운 단어들을 사용하게 한다. 이 설교는 단어와 문맥을 광범위하게 연구한 결실이다. 성경에서 네 개의 다른 성구들을 인용하고 있는데 이는 모두가 설교의 성경본문을 지원해 준다. 나는 앞서 헬라어 원문을 사용할 때 조심하라고 한 말을 다시 한 번 반복하고 싶다. 13절의 대명사간의 전환을 설명하면서 "관계대명사", "재귀대명사" 같은 용어를 사용하지 않고도 설명이 가능할 수 있음을 생각하라. 구체적인 아이디어들을 추가적으로 적용하면 각 개인의 삶과 보다 더 관련이 있는 설교가 될 것이다. 아래의 제목은 주제가 광범위하여 마치 교리지침서와 같은 인상을 풍긴다. 본 설교의 제목으로는 "용서를 위한 마음"이 더 매력적일 것 같다.

그리스도인의 용서(골 3:12-15)

레오나르도 다빈치는 그의 가장 유명한 명화 "최후의 만찬"을 그리기 바로 직전 다른 화가와 격렬한 논쟁을 벌였습니다. 두 사람 모두 너무나 교만하여 용서를 구하기보다는 분노의 폭풍 속에서 서로 헤어졌습니다. 그림을 그리기 위해 자리에 앉았으나 레오나르도는 여전히 너무나 화가 나서 복수를 계획하기 시작했으며 곧바로 완전한 계책을 꾸며냈습니다. 그는 그리스도를 판 악명높은 배신자인 가룟 유다의 얼굴을 그 화가의 얼굴로 그렸습니다. 분노에 사로잡힌 레오나르도는 미친 사람처럼 신속하게 그림을 그렸습니다. 그의 뛰어난 기억력은 자기 원수의 얼굴의 세세한 부분까지 다 생각해냈고 그는 그것을 유다의 얼굴로 그렸습니다. 그러나 레오나르도가 그리스도의 얼굴을 그리려고 하자 어떤 보이지 않는 손이 그의 손을 붙들고 있는 것처럼, 그리스도의 형상을 생각하여 마음에 그릴 수 없도록 만드는 어떤 정신적 벽이 느껴졌습니다. 그는 좌절감에 빠져 붓을 던졌습니다. 그리고 나서 잠시 생각에 잠긴 그는 그리스도의 형상을 생각해 내지 못하도록 방해하는 것이 자기 원수의 얼굴을 유다의 얼굴로 그린 자신의 복수심이라는 것을 깨달았습니다. 침묵 가운데 용서를 한 후 그는 유다의 얼굴을 화폭에서 지우고 이제 자유롭게 역사상 가장 위대한 불후의 명작으로 뽑히는 그리스도의 얼굴을 그리기 시작했습니다.

이 이야기가 주는 교훈이 무엇입니까? 용서하는 마음이 없으면 어느 누구도 그리스도의 형상을 마음에 그릴 수 없다는 것입니다. 골로새서 3장 12-15절은 우리에게 용서의 마음을 갖는 방법을 말해 줍니다. 10절은 신자는 자기를 창조하신 분인 예수 그리스도의 형상을 좇아 새롭게 하심을 받은 자라고 말합니다. 그리스도의 가장 중요한 성품 중 하나는 은혜로 용서하시는 것입니다. 우리가 그리스도께서 우리를 용서하신 것처럼 우리가 남을 기꺼이 용서하려 할 때까지 우리의 변화는 결코 완전함에 도달할 수 없을 것입니다. 그리스도의 형상을 드러내기 위해서 우리의 삶은 남을 용서하고자 하는 마음으로 가득해야만 합니다.

용서의 능력은 그리스도 안에 있는 우리의 정체성으로부터 옵니다. 12절에서 바울은 우리에게 또 한번 우리가 하나님의 택하신 백성이라는 사실을 상기시켜 줍니다. 구약이 말하는 기본적인 원리는 하나님의 성품을 드러내는 자들이 하나님의 백성들이라는 사실입니다. 하나님의 기본적인 성품은 거룩입니다. 사랑, 의, 순결, 그리고 공의와 같은 하나님의 성품은 모두가 이것이 중심이 되는 거룩의 발현입니다. 하나님께서는 구약의 성도들에게 "내가 거룩하니 너희도 거룩하라"고 말씀하셨습니다. 하나님의 백성들이 하나님의 성품을 드러낼 때 남을 용서하는 것은 자연스럽고 자발적인 것이었으며, 그들이 갖게 된 새로운 성품을 거의 자동적으로 드러내는 표현이었습니다. 아마도 골로새 교인들은 자신들이 죄를 절대로 용서하지 않고, 차가운 율법주의의 태도를 가지며, 심판하는 태도를 가지는 것이 하나님의 거룩하심을 표현하는 것이라고 주장했던 것 같습니다. 바울은 진정한 거룩은 이러한 태도들과 정반대의 성품을 나타낸다고 설명합니다. 거룩은 다른 사람을 용서하기를 거절하기 위한 핑계가 아니라 다른 이들을 용서하는 마음의 동기입니다.

먼저, 하나님의 거룩은 긍휼함으로 표현됩니다. 우리는 "자비"라는 헬라어의 원뜻을 "번민하는 사랑"으로 번역할 수 있습니다. 이 단어는 우리가 어떤 이의 고뇌를 바라보면서 그의 고뇌를 나눌 때 우리가 그 사람에게 느끼는 감정이입을 말합니다. 이것은 목자 없는 양과 같고, 굶주림으로 비틀거리며, 고통 가운데 몸부림치는 문둥병자와 같은 사람들에 대해서 그리스도께서 가지시는 긍휼하심입니다. 주님의 성품을 공유한 자로서 우리는 다른 이들을 사랑하고 용서를 통해서 그 사랑을 표현해야 합니다.

둘째로, 하나님의 거룩함은 친절함으로 표현됩니다. 이 친절의 성품은 다른 사람들이 당신을 함부로 대한다 할지라도 그들을 은혜롭게 대하도록 만드는 성품입니다. 로마서 2장 4절에서 그것은 자기를 멸시하는 자들을 축복하시는 하나님의 성품으로 묘사되고 있으며 이 성품으로 인해 하나님을 멸시하는 자들이라도 회개토록 인도하심을 받습니다. 산상수훈은 이를 왼뺨을 치는 자에게 오른뺨을 대고 오 리를 가자고 하는 자에게 십 리를 가주는 친절로 묘사하고 있습니다.

셋째로, 하나님의 거룩함은 겸손으로 표현됩니다. 어떻게 하나님의 성품을 "겸손하다"고 말할 수 있습니까? 빌립보서 2장 5-8절은 "너희 안에 이 마음을 품으라 곧 그리스도 예수의 마음이니 그는 근본 하나님의 본체시나… 자기를 낮추시고 죽기까지 복종하셨으니 곧 십자가에 죽으심이라"고 말합니다. 죄인들을 사랑하셔서 그들을 용서하시는 것은 참으로 겸손하신 하나님의 모습입니다. 그 겸손으로 인해 그분은 하늘 보좌를 떠나셔서 마굿간에서 태어나 말구유에 누이셨으며, 강보에 싸이셨고, 거절당하셨으며, 멸시를 당하시고, 십자가에서 죽으셨습니다. 사랑하고 용서하는 성품은 오늘날에도 여전히 우리에게 있어서 "자신을 낮추는" 행위입니다. 친절의 성품은 우리의 교만을 삼키고 우리의 개인적인 권리들을 포기해야만 한다고 말합니다. 그것은 우리가 겁쟁이나 혹은 다른 사람들에게 설설 기는 천치바보처럼 보이는 것을 의미할지도 모릅니다. 그러나 겸손은 거룩의 표현이며, 하나님의 형상에 필수적인 성품이며, 용서의 동기인 것입니다.

넷째로, 하나님의 거룩은 온유함으로 표현됩니다. "온유"라는 헬라어 단어의 뜻은 다른 사람의 모독을 은혜롭게 견디는 능력이라는 의미입니다. 나는 앞에서 "친절"이란 다른 사람들이 당신을 모독해도 다른 사람들을 선대하는 능력이라고 정의했습니다. 그러나 그들이 보는 앞에서는 그들을 선대해도 그들이 없는 데서는 화를 내고 소리를 지를 수 있습니다. 그러나 온유한 자는 다른 사람들의 모독을 너무나도 은혜롭게 인내하여 숨겨진 분노가 있을 수 없는 사람입니다. 민수기 12장 3절에서 "모세는 온유함이 지면의 모든 사람보다 승하였더라"고 말합니다. 왜 성경은 모세를 이렇게 표현했을까요? 이 문단에서 모세의 누이와 형이었던 미리암과 아론은 자기 동생에 관해 소문을 퍼뜨려 동생의 권위에 손상을 가했습니다. 그들은 모세가 흑인인 구스 여자와 결혼한 것에 화가 났습니다. 그들의 영적 지도자였던 모세의 권위를 손상시킨 죄에 대한 벌로 하나님께서는 미리암이 문둥병에 걸리도록 하셨습니다. 만일 우리가 모세였다면 우리는 "맞습니다, 하나님. 저들을 혼내 주십시오"라고 외쳤을 것입니다. 그러나 모세는 그렇게 하지 않았습니다. 13절은 "모세가 여호와께 부르짖어 가로되 하나님이여 원컨대 그를 고쳐" 달라고 기도했다고 말하고 있습니다. 온유함은 당신으로 무릎을 꿇게 하여 당신을 모욕하는 사람들을 축복하게 만듭니다.

다섯 번째, 하나님의 거룩은 인내로 표현됩니다. 인내는 냉정함을 잃지 않고 감정을 조절하면서 다른 사람들의 모욕을 인내하는 능력입니다.

개인적으로 거룩하다고 주장하거나 혹은 하나님의 거룩하심을 주장하는 것을 용서하기를 거부하는 구실로 사용할 수는 없습니다. 하나님의 거룩은 당신으로 하여금 용서하도록 만들며, 나아가 당신에게 용서할 능력이 생기는 영적 성품을 부여해 줍니다.

오늘 본문은 또한 우리에게 용서의 원리에 대해서도 가르쳐 줍니다. 첫째, 우리에게 행한 상대방의 과실은 우리가 하나님께 범한 과실에 비하면 매우 작다는 사실을 명심하십시오. 골로새 교인들이 용서해야 할 과실은 무엇이었습니까? 그것은 혐의였습니다. 헬라어로 이 단어는 "불평" 혹은 "불만"을 의미합니다. 신약성경은 보통 용서해야 할 다른 사람의 과실에 대해 범죄, 빚, 죄, 모욕, 악과 같은 강한 단어들을 사용합니다. "불평"이나 "불만"이란 단어는 골로새교회 사람들을 분열시키는 문제를 축소화하고 거의 조소하는 듯한 인상을 주기 위해 바울이 의도적으로 사용한 단어처럼 보입니다. 중요하지 않고, 어리석고, 사소한 문제들이 그들을 분열시키자 그들의 행동은 유치해지기 시작했습니다. 하나님의 말씀은 우리에게 하나님께 지은 죄악을 비춰보면서 다른 이들의 죄악을 바라보라고 촉구합니다. 잠시 동안 어떤 사람(특별히 바울이 본문에서 말하고 있는 것처럼 어떤 그리스도인)이 당신에게 행한 최악의 잘못을 생각해 보십시오. 그것은 매우 무섭게 느껴질지 모릅니다. 그것은 일어날 가능성이 있는 일 중 가장 나쁜 일일지도 모릅니다. 그러나 이제 우리가 지은 죄악이 하나님의 거룩한 얼굴에 침을 뱉고 그의 사랑하는 아들 예수님을 조롱하며 거절하고 마침내 그분을 십자가에 못박는 모습을 생각해 보십시오. 갑자기 다른 사람들이 우리에게 행한 잘못은 사소하며, 전혀 중요한 것이 아니어서 더 쉽게 용서할 수 있게 됩니다.

우리가 기억해야 할 두 번째 원리는 다른 신자들과 특별하게 누리는 통일성입니다. 13절에서 바울은 상호대명사인 "서로"라는 단어에서 "너희 자신들"이라는 재귀대명사로 중요한 전환을 합니다. 그래서 13절을 문자대로 직역하면 "서로 용납하여 너희 자신들을(한글개역에는 '피차'로 번역하였다 - 역자 주) 용서하라"는 의미입니다. 그렇다면 바울은 우리 자신의 개인적인 과거의 죄에 대해 스스로 용서해야만 한다는 것을 말하고 있습니까? 아닙니다. 바울이 대명사를 전환한 것은 교회의 특별한 하나됨을 말하는 공동체적 통일성을 강조하기 위함입니다. 15절은 교회의 성도들이 한몸을 이루고 있음을 말합니다. 우리가 다른 그리스도인들과 하나가 되었기 때문에 용서는 더욱더 간단하게 이뤄져야만 합니다.

이 세상에서 용서하기가 가장 쉬운 사람은 누구입니까? 바로 당신 자신입니다. 우리 중 많은 사람들이 밤에 머리를 숙이고 낮에 지은 죄를 고백하지만 때로는 한 가지도 죄가 생각나지 않을 때가 있습니다! 그렇다고 우리가 죄를 범하지 않은 것이 아닙니다. 우리는 단지 그 죄들을 망각하고 있을 뿐입니다. 그러나 다른 사람이 수년 전에 당신에게 잘못한 죄에 대해서는 상세하게 다 기억하고 있습니다. 바울은 신자들이 그리스도 안에서 하나가 되었기 때문에 그들을 용서하는 것은 당신 자신을 용서하는 것과 같다고 말합니다. 다른 사람을 용서하는 것이 우리가 우리 자신을 용서하는 것처럼 쉽고도 용이하게 이뤄질 수 있습니다.

용서의 형태는 그리스도께서 우리를 용서하신 것같이 되어야 합니다. "주께서 여러분을 용서하신 것과 같이 여러분도 그리하십시오." 여기서 사용된 비교접속사(kathos, '카도스'라는 헬라어의 강조형이 쓰여져 있다 – 역자 주)는 강조형으로 쓰여졌습니다. 이것은 우리가 다른 사람을 용서할 때 그리스도께서 우리에게 행하셨던 용서와 동일한 종류와 태도, 깊이로 용서해야 함을 의미합니다.

그리스도께서 주시는 용서의 넓이를 생각해 보십시오. 골로새서 2장 13-14절은 그리스도께서 주시는 용서의 종류와 태도와 깊이를 묘사하고 있습니다. 주님은 결코 작지 않은 우리의 모든 죄를 용서하셨습니다. 주님은 우리가 먼 과거에 지은 죄만을 용서하신 것이 아닙니다. 주님은 우리의 모든 죄악을 용서하셨습니다. 두 가지 정의를 상고해 볼 때 우리는 그리스도께서 주시는 용서의 깊이를 이해할 수 있습니다. 먼저 "의문에 쓴 증서"란 말이 "부채증서"를 의미한다는 사실을 기억하십시오. 그것은 우리가 하나님께 범한 죄의 목록이었으며 그 죄에 대해 우리가 받아야만 할 형벌이었습니다. 두 번째로 "도말하시고"란 단어는 "지워버린다"는 의미임을 기억하십시오. 1세기에는 필기재료가 너무 비싸서 파피루스의 잉크를 스펀지로 완전히 지워 흔적이 전혀 남지 않게 한 뒤에 재사용했습니다. 바울이 여기서 말한 것처럼 당시에는 부채기록을 보통 파피루스에서 완전히 지워서 없애지 않았습니다. 대신에 헬라어 알파벳 중에서 대문자 '카이' (X)를 서류에 표시함으로써 부채를 탕감하였습니다. 그러나 부채기록을 이렇게 지운 다음에도 빚이 여전히 분명하게 문자로 남아 있었기 때문에 모든 사람들이 그것을 볼 수 있었습니다. 바울이 사용한 강력한 비유는 그리스도께서 단순히 우리의 죄에 '카이' 표를 하신 것이 아니라 흔적이 전혀 남지 않도록 완전히 잉크까지 지우셨다는 것을 말해 주고 있습니다.

우리는 용서할 때 바로 그리스도께서 하신 것처럼 해야만 합니다. 그것은 우리에게 행한 악의 기억을 흔적조차 완전히 지우는 것을 의미합니다. 고린도전서 13장은 우리에게 사랑은 악한 것을 생각지 아니한다고 말해 줍니다. 유대인들은 자신들이 당한 악을 모두 다 생각해야 한다고 믿었습니다. 그래서 제자들은 예수님께 "내 형제가 죄를 범하면 일곱 번까지 용서하오리까?"라고 묻습니다. 그들은 죄 지은 사람의 명단을 간직하고 용서는 해주었으나 죄를 계속 기억하였습니다. 그래서 일곱에 이르자 용서도 멈추었습니다. "용서하던 이"는 지금까지 쌓아놓은 모든 잘못에 대해 노를 인정사정 없이 발합니다. 그러나 진정한 용서는 명단을 만들지 않습니다. 그것은 명단을 지워버리며, 죄를 세지 않습니다. 우리가 용서할 때 죄는 지워집니다. 용서자는 마치 아무 죄악도 일어나지 않았던 것처럼 범죄자에게 의도적으로 관계 맺기를 결단하고 과실을 들춰내지 않으며 다시 거론하지도 않습니다.

1986년 11월 25일 화요일. 47세의 남침례교 선교사인 리비 센터와 그녀의 10살된 딸 레이첼은 라이베리아의 예세파에 있는 집에서 저녁놀을 바라보기도 하고 애완동물이 된 가정용 도마뱀에게 줄 먹이로 곤충을 잡으며 즐거운 시간을 보내고 있었습니다. 잠시 후 리비는 성경연구와 다음날의 사역을 준비하기 위해 집 안으로 들어갔습니다. 벤자민 모리스가 선교사 조지 센터의 집에 들어섰을 때 센터 부인이나 그녀의 딸은 놀라지 않았습니다. 그는 이미 여러 차례 센터 선교사 집에 방문했기 때문입니다. 벤자민은 라이베리아에 있는 신학대학원 졸업생이었으나 교회에서는 일을 할 수가 없었습니다. 그날 아침에도 그는 생계를 위해 별 필요없는 잡다한 일들을 센터의 집에서 했습니다. 그날 저녁에 벤자민이 센터 집의 문을 두드렸을 때 남편 조지는 나가고 없었지만 그들은 주저없이 그 믿을 만한 친구가 집으로 들어오도록 했습니다. 그러나 그 어두운 밤이 지나기 전 그 믿을 만한 친구는 잔혹하게 레이첼을 구타하고 강간했으며 칼을 빼어 레이첼과 그녀의 어머니 리비를 살해했습니다. 수백 마일 떨어진 곳에 있었던 조지는 라디오 방송을 통해 이 소름끼치는 소식을 듣고서 그의 4륜구동차를 타고 집으로 향했습니다. 모리스는 자살하기 위해 막힌 씽크대를 뚫을 때 사용하는 화학약품을 한 병이나 마셨습니다. 그러나 그 독이 그를 죽일 정도로 강하지 않았기에 그는 잠시 동안 실신상태에 있었으며 그 때 경찰이 그를 체포했습니다. 그날 아침 500명이 넘는 군중은 모리스를 죽이겠다고 위협하며 교도소 담장에 장사진을 쳤습니다. 선교사 조지는 경찰에게 말하기 위해 걸어가면서 벤자민을 만나기 위해서는 자기의 마음속에서 무엇인가를 찾아내야만 한다는 것을 알았습니다. 모리스의 맞은 편에 앉은 조지는 말을 할 수 없었습니다. 레이첼이 잠자리에 들면서 해줬던 포옹과 따스한 웃음이 폭풍처럼 조지의 마음을 휩쓸고 지나갔습니다. 또한 아내가 부드럽게 만져주고 달콤한 목소리로 이야기하던 추억을 생각할 때 그의 마음은 무너져 내렸습니다. 잔혹한 살인장면이 그의 마음을 사로잡았습니다. 살인자의 입과 턱에 화학약품의 독성 때문에 입은 화상 자국을 보았을 때 조지는 그 독성이 더욱 강하여 벤자민이 서서히 고통스럽게 죽어갔으면 하고 바라는 자신의 모습을 발견했습니다. 바로 그 때 참으로 이상하고 범상치 않은 무엇인가가, 지금까지 조지 센터 자신도 완전히 이해하지 못했던 무엇인가가 일어났습니다. 그는 이전에 자신이 신뢰했던 친구였던 벤자민의 눈을 쳐다보면서, 손을 그의 어깨에 올려놓고 이렇게 말했습니다. "벤자민, 하나님이 자네가 용서하시도록 허락만 한다면 하나님께서는 자네를 용서하길 원하신다네. 하나님의 도우심을 힘입어 나도 자네를 용서하네."

센터가 살인자를 용서했다는 뉴스가 전해지자 온 국민은 살인사건 그 자체보다 그의 용서에 더 크게 놀랐습니다. 온 나라 전체에 수년 동안 닳었던 인간들이 서로 용서되고 잊혀졌습니다. 깨어진 교회들이 다시 새로운 일치와 조화로 채워졌습니다. 님바 카운티에 있는 한 교회는 서로 분리되었는데 다시 합쳐졌습니다. 한 아프리카 여인은 그녀의 원수에게 다가가서 이렇게 말했습니다. "조지는 자기 가족 전부를 죽인 사람을 용서했습니다. 그렇다면 우리도 분명히 서로를 용서하고 서로의 차이점을 극복할 수 있습니다." 수십 년 동안 서로 철천지 원수였던 사람들이 서로 끌어안았습니다. 자기 형제요, 믿음직한 친구로 생각했던 사람의 극단적인 배신을 용서한 한 그리스도인의 심장에서 그리스도의 사랑을 보려고 사람들이 교회로 몰려들자 라이베리아 전역에 걸쳐 선포되었던 복음에서 새로운 능력이 나타나기 시작했습니다. 그리스도는 그의 행적이 고대의 책에 기록되었을 뿐인 그런 흥미로운 인물이 더 이상 아니었습니다. 라이베리아 국민들은 주님을 생생하게 보았던 것입니다. 그리스도의 성품이 캔버스를 지우고 그리스도의 형상을 새로이 그리며, 그리스도께서 용서하신 것처럼 그렇게 기꺼이 용서하려는 한 사람의 얼굴에서 나타났습니다. 여러분도 이처럼 그분의 형상을 나타내야되지 않겠습니까?

핼포드 루코크(Halford E. Luccock)가 인간의 필요를 채우려다가 채우지 못하고 대신 나약한 대치물로 전락하고만 설교에 대해 생생하게 묘사한 것이 그리 오래 전 일이 아니다.

그러나 오늘날 어떤 설교들은 심리적인 면을 강조하다가 천막 안의 낙타처럼 본래의 주인을 한쪽 구석으로 몰아내거나 쫓아내버리는 과오를 범했다. 계속해서 어떻게 하면 건강해지고, 부자가 되고 지혜롭게 되는지 그 방법을 가르친 설교들은 사람들 스스로 자기 맥박과 체온을 재며 자가진단하도록 만들었다. 관심이 너무나 청중 중심이어서 높은 곳에 좌정하시고 거룩하신 우리 신앙의 대상이신 하나님은 구름 속으로 사라지고 말았다. 현대판 "천로역정"은 자기 등에서 계속해서 떨어지는 죄의 짐으로 인해 죄와 생사의 투쟁을 벌이는 하나님의 하늘 도성을 향한 여행이 아니라 자기 표현과 성공을 위해 여행을 떠나는 즐겁고도 아기자기한 산책에 불과하다.[9]

목회설교는 사람들을 기분 좋게 만들기 위해서 필요한 것이 아니다. 목회설교는 사람들로 하여금 자신들의 상처를 직면하게 하고 하나님의 풍성하신 은혜를 경험하도록 도와야 한다.

참고와 적용

목회설교는 회중을 이해하고 하나님 말씀의 진리를 전달하는 것을 추구한다. 크레이그 로스칼조(Craig A. Loscalzo)가 쓴 「결속시키는 설교 전하기」(*Preaching Sermons That Connect*)에서 제안한 것들을 상고해 보라.

제 7 단원

최선의 설교준비

이제 부끄럽지 않은 일꾼으로 설교하려면 계속적인 준비가 필요함을 당신은 분명히 깨달았을 것이다. 설교사역을 위한 시간에도 무엇인가를 요구하는 상황에서 적절한 준비란 거의 불가능한 과업처럼 보인다. 설교준비 시간을 최대한 확보하기 위해 전략을 짜라. 다음 장들에서 나는 설교사역을 강화시켜 주는 세 가지 영역을 강조하고자 한다.

한 목사의 사모가 자기 가정의 경제사정을 "한 달 벌어 근근이 생활한다"고 표현하였다. 그들 부부는 가계지출에 대해 절제를 하지 않았으며 계획도 없었음이 후에 밝혀졌다. 이와 유사한 태도가 설교에도 팽배해 있다. 설교가 "매주 근근이 진행된다"면 설교자는 설교하는 기쁨을 잃어버린다. 그러나 설교자가 설교 스케줄을 계획하면 "매주 사냥"을 하는 상황에서 창조적 연구로의 전환점을 맞을 수 있다.

설교자만큼 대중연설을 위해 많은 자료를 준비하는 직업인도 없을 것이다. 그러나 설교를 위한 많은 연구자료들은 다시 사용할 수 있다. 24장에서는 당신이 한 설교를 '재활용'하는 방안을 검토할 것이다. 이러한 추가적인 사용은 강단의 영향력을 확대시켜 주고, 준비시간에 가치를 부여해 준다.

컴퓨터와 소프트웨어의 가격이 계속적으로 하락하는 추세여서 대부분의 설교자들도 이러한 컴퓨터 자료들을 손에 넣을 수 있게 되었다. 컴퓨터는 도움을 주는가? 설교준비 시간을 더 유용하게 활용케 해주는 컴퓨터 프로그램에는 어떤 것이 있는가? 당신이 계속적으로 연구하는 데 있어 컴퓨터 프로그램들이 어떤 도움을 줄 수 있는가?

제23장

설교계획

성경의 많은 주요 사건들은 하나님의 계획을 성취하기 위해 세밀한 그물망으로 잡아야만 하는 엄청난 수의 세부사항들을 담고 있다. 당신이 성전건축현장의 감독이라면 어떻게 일꾼들을 이끌겠는가? 성경역사에 나타난 다음의 사건들과 관련된 계획을 숙고해 보라.

- 방주를 짓고 동물들을 태우는 노아
- 출애굽사건
- 성전건축
- 바울의 선교여행

우리의 구원은 "창세 때부터" 계획되었다(계 13:8). 많은 설교자들은 그리스도의 초림, 죽음, 부활에 관한 예언의 성취와 하나님께서 자신의 계획을 이루시는 방법을 말하는 데 훤하다. 그러나 아이러니하게도 어떤 설교자들은 인생이란 우연에 맡길 수는 없는 것이라고 믿으면서도 설교준비에 있어서는 그렇지 않다. 그들은 하나님의 구원계획을 설명하면서도 계획된 설교를 하는 것은 영적이지 않다고 생각하는 모순에 빠진다.

우리의 매일의 삶은 얼마나 계획을 성실하게 수행하느냐에 달려 있다. 우리가 결혼식, 출산, 이사, 자동차 수리, 휴가 등을 우연에 맡기면서 이것들이 정확한 시간에 제대로 다 이뤄지길 바랄 수 있는가? 계획 없는 삶이 곧 혼돈에 처하게 되는 것처럼 설교도 그렇다. 문제는 설교를 훌륭하게 준비하고 계획할 것인가 아니면 불성실하게 혹은 전혀 계획하지 않을 것인가 하는 것이다.

예수님께서는 두 건축자의 비유를 드시면서 계획을 권면하셨다 (눅 14:28). 이 비유는 "가장 적게 계획하는 자에게 성령이 가장 강하게 역사한다는 이단설을 단번에 날려버린다."[1]

계획의 유익

설교를 계획할 때 얻게 되는 유익은 너무나 많다. 설교를 계획하면 곧바로 설교자의 스트레스가 감소된다. 사역에 있어서 주말마다 미친 듯이 설교본문과 아이디어를 찾는 일보다 더 스트레스를 주는 일은 없다. 주일이 다가오면 스트레스는 증가되고 설교를 해야 하는 필연성은 너무나 쉽게 다른 설교자의 자료를 의존하게 만든다. 킬링어(Killinger)는 다음과 같이 말했다. "성령의 역사는 계획에 의해 방해받는 것이 아니라 오히려 계획에 의해 강화된다. 우리가 매주 무엇을 설교할 것인가를 고민하지 않을 때 우리는 속박감없이 성령의 인도하심을 따를 수 있다."[2]

계획을 함으로써 우리가 선호하는 성경구절이나 주제에 집중되는 것을 방지할 수 있고, 이를 통해 다양한 설교를 할 수 있게 된다. 설교준비가 마지막 순간까지 미뤄질 때 으레 그 설교는 가장 편이하고도 익숙한 과정을 밟게 된다. 모든 회중은 다양한 주제들을 맛보아야 하며 전달에 있어서도 다양성을 경험해야 한다. 해든 로빈슨은 이렇게 말했다. "모든 설교자는 설교에서 생명력을 앗아가는 진부함이 무엇인지 알고 있다. 지각 있는 설교자는 다양성이 생명의 향료일 뿐만 아니라 또한 설교의 향료임을 너무나 잘 알고 있다."³ 다양한 회중적 필요들은 다양한 설교를 요구하기 때문에 설교는 항상 계획되어야 한다.

설교계획을 통해 우리는 통일성 있는 예배를 드릴 수 있다. 성가대 찬양, 특송, 기악과 찬송 선곡 등이 설교의 주제와 조화를 이루도록 할 수 있다.

설교계획에 따라 헌신할 때 우리는 훈련된 연구를 할 수 있다. 지속적인 성경통독과 성경연구는 계획에 따라 진행되는 설교의 질적 수준을 유지하는 데 필수적인 것들이다. 설교계획을 공표하게 되면 설교자는 준비를 해야만 하는 책임감을 지게 된다. 그 결과는 자신을 연단할 만한 가치가 있는 것이다.

계획된 설교를 하면 시간이 절약된다. 특히 시리즈설교인 경우엔 배경연구에 있어서 더욱 그렇다. 또 예화 수집에 있어서도 더 많은 시간을 사용할 수 있나. 설교 아이디어가 마음속에 있으면 신문이나 시사잡지 등을 읽을 때도 예화들이 눈에 더 잘 띄게 되어 있다. 그럴 경우 설교는 보다 깊은 삶과의 상관성을 갖게 된다. 계획 없이 하는 설교는 기억 속에서 자료를 끄집어내야 하기 때문에 회중들이 이미 몇 번 씩 들은 내용을 반복해서 들을 수도 있다.

계획을 통해 설교를 준비하면 설교가 성숙해지는 시간을 확보할 수 있다. 날짜가 임박해서 준비하는 설교는 "무르익을" 시간적 여유가 없게 된다. 우리는 사람들과 오래 사귀면 사귈수록 그 사람을 더욱 잘 알게 된다. 이처럼 계획된 설교는 설교자로 하여금 설교와 더욱 오래 지내도록 해줌으로써 설교를 외워서 할 수 있게 해준다. 레이몬드 콜킨스(Raymond Calkins)는 이렇게 말했다. "훌륭한 설교는 오랜 시간 가운데 매우 천천히 숙성된다. 그것은 일 주일만에 나오지 않는다. 한 아이디어가 탄생하고 자라 완전히 꽃피우기까지 일 주일이란 시간은 너무나 짧다."[4]

에베소서 5장 16절에 대한 필립의 번역은 설교에 관한 매우 훌륭한 충고를 제시해 준다. "오늘날 발생하는 모든 어려움들에도 불구하고 당신의 시간을 최대한 잘 선용하십시오." 계획을 통해 우리는 우리의 시간을 최대한 잘 사용할 수 있다. 계획이 없는 설교는 "오늘날 발생하는 모든 어려움들"이 취한 우선순위 때문에 불충분한 연구로 인한 고통을 겪게 될 것이다.

계획할 시간을 내라

설교자가 시간을 가장 잘 사용할 수 있는 방법 중 하나는 일 년 설교계획을 세우는 것이다. 계획을 세우라. 한 목사 친구는 그의 교회의 동의를 얻어냈는데 그것은 휴가 이외에 최소한 일 년에 한 차례 아무에게도 방해받지 않으면서 일 주일 동안 기도와 말씀연구, 그리고 다음 해의 설교계획을 세우는 것이었다. 예수님께서 한적한 곳으로 가신 것처럼 당신도 한적한 곳으로 가라. "만일 사역자가 어느 정도 외딴 곳을 찾아낼 수 있다면 - 교회 성도들이 차를 몰고 가서 사역자와 상담하기에는 너무 멀다고 생각되고, 사역자도 차를 몰고 가서 행사에 참여하기에는 너무 멀다고 생각되는 그런 곳 - 그는 삶과 생각의 보따리를 풀어놓고 계획을 완성할 수 있는 유익을 얻게 된다."[5]

윈스턴 피어스(J. Winston Pearce)는 가족 휴가기간 동안에 설교자가 매일 아침 5시간 동안 선한 사역을 할 것을 권면하고 있다. 가족이 잠들어 있는 동안 몇 시간 더 일찍 일어나서 일 년 설교계획을 완성할 수 있다면 "일 주일씩 특별휴가를 얻어 계획을 세울 때 갖기 쉬운 그런 독선적인 마음을 품지 않고도" 계획을 세울 수 있다는 것이다.[6] 만일 먼 곳에 가서 계획을 세울 시간이 없다면 주일설교를 하지 않는 한 주간을 잡아서 계획할 시간을 확보하라. 또 다른 대안은 설교 계획안이 완성될 때까지 매주 일정시간을 따로 떼어놓는 것이다. 직업을 가지면서 목회를 하는 사역자(bivocational minister)는 주말에 계획을 세우든가 아니면 일련의 저녁시간을 내어서 계획을 세워야 한다. 계획 세우는 일을 우선순위에 놓고 그 임무를 완수할 시간을 찾으라.

만일 당신이 설교계획을 세운 적이 전혀 없었다면 3개월 계획을 세우는 일부터 시작해 보라. 3개월이 되는 때 당신의 설교사역을 평가해 보고 6개월 계획을 수립해 보라.

빌 하이벨스(Bill Hybels) 목사는 설교를 계획함에 있어 3단계의 과정을 거친다. 매년 4월에 그는 9명의 성도들을 초청하여 그들과, 그들의 친구들이 직면하고 있는 문제들이 무엇인지 파악하게 하고 이 문제들에 초점을 맞춘 설교시리즈를 제안하도록 요청한다. 이 9명의 성도들은 많은 사람들을 이 일에 참여시켜 30일 동안 설교시리즈의 제목과 강조점들을 준비한다. 그러면 빌 하이벨스 목사는 그 9명의 성도들과 함께 이틀 반 동안 그 설교시리즈의 아이디어를 토론하기 위해 수련회를 갖는다. 이 수련회에서 하이벨스 목사는 20가지의 주제를 선택한다. 그러면 교회 지도자들과 직원으로 구성된 또 다른 그룹이 이 주제 중에서 다음 해의 설교주제 우선순위를 정한다. "내가 삶을 바라보는 것과 사뭇 다르게 바라보는 여러 경건한 하나님의 사람들에게서 나오는 그 지혜의 부요함은 나에게 참으로 놀라운 것입니다"라고 하이벨스 목사는 말한다.[7]

회중에게 목사가 설교해 주기 원하는 주제나 성경본문을 묻는 여론조사도 설교계획의 방향을 제시해 준다. 회중의 필요를 알게 되면 보다 삶과 연관성 있는 설교를 할 수 있기 때문이다.

계획을 세우라

수년 동안 주로 주제설교와 독립된 성경본문들을 설교한 후에 나는 "책별로 그리고 각 책 안에서도 생각의 단위별로 성경이 기록된 순서에 따라" 설교하는 자유함을 발견하였다.[8] 성경의 한 책에서 시리즈로 설교하는 것은 설교를 계획하는 데 있어서도 가장 기본적인 접근법이 되며 일 년 설교계획에서도 주요 부분을 차지하게 된다. "이 방법 이외에 어떤 다른 방법으로 목회자와 성도 모두가 성경을 잘 알 수 있겠는가?"라고 블랙우드는 웅변적으로 질문을 던진다.[9]

이상적인 면에서 성경을 책별로 시리즈로 설교하려면 설교가 시작되기 오래 전부터 집중적인 연구가 시작되어야 한다. 성경을 여러 번 통독함으로 연구를 시작하라. 각 책의 논리적인 구분과 책을 읽을 때 떠오르는 아이디어들을 적으라. 각 책의 전체 주제가 무엇인지를 정하고 일차적으로 떠오르는 대지들을 작성하라. 역사적, 문화적, 문학적 배경연구를 하게 되면 다른 자료들도 생성될 것이다. 이처럼 광범위한 연구를 통해서 설교시리즈를 구성하라. 책의 앞부분에 대해서는 보다 자세한 연구를 먼저 시작하고, 얻어진 유용한 자료들은 시리즈설교의 뒷부분을 위해 파일로 만들어 관리하라.

해롤드 브라이슨(Harold Bryson)의 저서인 「강해설교」(*Expository Preaching*)는 성경의 각 책을 설교하는 데 있어서 유용한 도움을 제공해 준다.[10]

성경의 각 책들을 설교하면 당신은 당신의 개인서가를 체계적으로 채울 수 있다. 도움이 되는 주석들과 각 책에 관한 다른 유용한 자료들을 구매하라.

성경의 각 책을 설교하면 하나님의 말씀이 성경본문에서 말하는 대로 사람들에게 다가가게 된다. 만일 성경본문이 지역사회의 문제에 초점을 맞추고 있을 경우, 설교자가 그 문제를 자기의 의견으로만 판단하거나 무시해 버릴 수는 없다. 민수기에 관해 시리즈로 설교하면서 나는 계속해서 성경본문이 지역사회와 국가 전체의 문제들과 상관이 있는 것을 보고 놀라지 않을 수 없었다.

어떤 설교자들은 창세기부터 시작하여 요한계시록까지 계속해서 설교하지만 대부분의 교회는 아마도 다양한 설교를 원할 것이다. 블랙우드는 "40퍼센트는 구약성경에서, 30퍼센트는 복음서에서, 나머지 30퍼센트는 신약성경에서 설교하면 성경적인 설교 이외에 다른 엉뚱한 설교를 할 시간이 없게 된다"고 제안했다.[11]

이사야나 시편과 같은 긴 책들은 너무나 많은 내용을 담고 있어서 아마도 당신은 이 설교시리즈를 나눠서 중간에 다른 설교를 넣고 싶을 것이다. 당신은 성경의 주요 인물들에 관해 설교할 수도 있다. 창세기 12-50장은 아브라함, 이삭, 야곱, 그리고 요셉의 삶 속에 역사하신 하나님의 모습을 연대기적으로 보여준다. 요한복음은 예수님과 필요를 가진 각 개인들간의 삶을 변화시키는 만남을 시리즈로 그려준다. 어떤 강해설교가는 "개인적으로 성도들이 시리즈설교에 반하는 것보다 목사들이 훨씬 더 반한다고 나는 느낀다"라고 말했다.[12] 회중의 필요와 상관이 있을 때 시리즈설교의 가치는 한층 더 높아진다.

설교를 계획하는 데 사용된 전통적인 방법은 기독교달력과 민간 달력, 그리고 교회나 교단 달력을 이용하는 것이었다. 이 세 가지 달력을 혼용하면 일 년을 설교 아이디어로 쉽게 채울 수 있다.

이럴 경우에 52주의 주일은 곧 가득차게 될 것이다. 한 예로 다음과 같이 계획을 짜보라. 첫해 1월의 5주는 빌립보서에서 10편의 설교를 준비한다. 2월에는 베드로전서에 대해 시리즈로 설교를 준비한다. 3월의 첫주는 선교에 관한 설교를 구상한다. 나머지 3주 아침예배는 청지기에 관한 설교를 전한다.

3-4월 저녁예배는 데살로니가전서에 초점을 맞춘다. 4월 아침예배는 부활절을 대비하여 "십자가의 여러 단면들"에 관한 시리즈로 설교한다.

가정의 달인 5월의 시리즈설교는 다음과 같은 제목과 본문을 다룰 수 있다. "폭풍 속에서도 누리는 가정의 평안함"(마 7:24-27), "위대한 여인"(왕하 4:8-26), "불행한 결혼을 초래하는 좋은 것들"(롬 14:16), "불행한 결혼을 초래하는 더 좋은 것들"과 "아버지께로부터 오는 좋은 선물들"(마 7:9-11).

여름철에는 데살로니가후서에서 시리즈로 설교를 하고 기도에 관해 8편의 설교를 한다. 나는 개학과 더불어 성경공부를 강조하면서 그리스도의 탁월하심과 주님과 같이 되고자 하는 우리의 헌신에 초점을 맞춰서 골로새서에서 11편의 설교를 하였다. 이중에 한 편의 본문은 새로 온 교육목사의 일생을 바꿔놓는 말씀이 되었으며 그의 소명과 임무를 굳건하게 해주었다.

교회가 두 번에 걸쳐 실시한 전도프로그램은 특별한 행사에 맞는 설교를 할 기회를 나에게 제공해 주었다. "올랜도여 불을 밝혀라"라는 올랜도 시의 축제가 있기 전 주일에 나는 "빛 되신 주님을 축하하라"는 제목의 설교를 전했다. 이 설교의 목적 중 하나는 이 축제기간 동안 교회가 지원하는 전도활동에 성도들이 적극적으로 참여할 것을 촉구하는 것이었다. 집없는 걸인들(the homeless)을 위한 사역에 동참하도록 하기 위해 "재건하는 사람들"(사 58:6-12; 눅 10:25-37)이란 설교를 이끌어 냈다. 그리고 이 설교를 통해 나는 집없는 걸인들을 위해 지역사회가 연합으로 하는 사역에 교인들이 후원할 것을 호소했다.

12월은 세계선교를 강조함으로 시작했고 계속해서 크리스마스 주제와 관련된 설교를 했다. 두 번의 저녁예배를 음악예배로 드렸으며, 그 중 한 예배에서 나는 요셉의 간단한 독백을 회중과 나눴다. 마굿간이 설치된 무대에서 건초더미 위에 앉아 독백을 하니까 드라마틱한 효과가 나타났으며 회중의 흥미를 유발시켰다.

이렇게 한 해를 회상해 볼 때 구약성경의 본문이 거의 인용되지 않았음을 알 수 있다. 자살에 대한 설교와 같이 최근에 발생한 필요를 채우기 위해서 나는 설교계획을 변경하였다. 다른 설교들도 특별한 경우가 발생했을 때 쉽게 그 상황에 맞춰 고쳐서 설교했다. 한 해의 설교계획은 기독교달력의 주제들, 성경의 각 책에 관한 시리즈 설교, 교회와 교단의 관심사들 모두를 혼합한 것이었다.

참고와 적용

「주일 설교 준비」(Getting Ready for Sunday's Sermon) 중에서 마틴 실런(Martin Thielen)이 쓴 "계획된 설교"를 연구하라.

제24장

자료보관 및 결과 활용

나는 가족에 대해 시리즈로 설교한 자료를 강단에서 어떻게 재활용할 수 있었는지 보여주고자 한다. 나는 교회에서 이 시리즈설교를 처음 한 후에 이것들을 요약하여 사역자협회가 후원하는 기독교 라디오방송의 정규프로그램을 위해 녹음하였다. 이 동일한 설교가 다시 편집되어 존더반 출판사가 발행한 「존더반 목회자 연감」 (*Zondervan Pastor's Annual*)에 실렸다. 어느 날 한 해외선교 프로그램을 맡은 방송사의 이사가 그들이 후원하는 필리핀 라디오방송 설교자를 위해 가족에 관한 성경적 배경자료와 예화들을 준비해 달라고 나에게 부탁해 왔다. 나는 이전에 사용했던 이 원고를 곧바로 수정하였으며 문화적인 예화들을 첨가하였다. 어떤 젊은 아버지가 그 자료에 관해 이야기를 듣고 자기 교회에서 주일 저녁에 개최되는 부부세미나를 인도해 달라고 나에게 요청해 왔다. 나는 동일한 설교원고를 가지고 토론을 위해 새로운 대지를 작성하였다. 내가 한 설교 중에 어떤 것들은 새로운 예화들을 첨부하여 다른 사역지에서 설교로 재활용되었다. 당신의 설교를 재활용함으로써 당신은 합법적으로 시간을 절약하고 설교준비의 유용성을 높일 수 있다.

자료보관

설교를 보다 훌륭하게 만드는 것은 연구자료들을 충분하게 사용할 때 가능하다. 만일 찾을 수만 있다면 당신은 이전에 한 설교자료 중에 가장 좋은 것을 찾아 재활용할 수 있을 것이다. 당신이 연구자료를 효율적으로 사용하려면 정보를 보관하고 찾아내는 어떤 조직적인 체계가 필요하다. 나는 전에 읽었던 이야기 하나를 찾느라고 귀중한 시간을 사용하였으나 결국 어디에 있는지 찾아내지 못하였다. 개인서가의 책들은 번호를 붙여야 하는데 이때 대부분의 도서관에서 사용되고 있는 듀이 십진 분류법(Dewey Decimal System)을 사용하거나 아니면 개인적으로 고안해 낸 분류법을 사용해야 한다. 나는 개인적으로 듀이 십진 분류법을 사용하고 있는데, 이것은 책들을 유사한 카테고리로 분류해 준다. 대부분의 책들은 출판사의 정보를 나타내는 페이지에 참고번호를 기록하고 있다. 당신은 듀이 10진 분류법에서 종교분야에 관한 분류법 소책자를 구입하거나 아니면 지역도서관에서 종교분야만 복사할 수 있다.

책을 읽을 때 미래를 위해 계획을 세우라. 나는 서표(book marker)로서 책이름과 위에 참고번호를 기록한 공백의 종이를 사용한다. 나는 책을 읽으면서 주제를 적고 내가 기억하길 원하는 예화나 내용의 주소를 나타내는 쪽번호를 적어 둔다. 한 책을 다 읽으면 책번호와 페이지 수를 주제 파일에 적어 넣는다. 내 서가에 있는 해든 로빈슨(Haddon Robinson)의 저서 「성경적 설교」(*Biblical Sermons*)는 책번호 251Rob2이다. 이 책의 31쪽은 간음에 관한 설교이다. "간음"이라는 주제 파일에 251Rob2/31이라는 참고번호를 적어 넣는다. 또한 이 설교자료는 성경자료 파일 중에 출애굽기 20장 14절 아래에 참조번호로 들어갈 수 있다. 컴퓨터 소프트웨어와 스캐너를 이용하면 이제는 인쇄물로 된 예화들을 디스켓으로 저장할 수 있다.

어떤 목사들은 잡지기사, 신문스크랩, 회의자료 및 기타 자료들을 일반문구 파일에 보관한다. 이러한 자료들은 8 1/2 X 11인치 크기의 종이보다 작고, 일련번호를 매길 수 있으며, 25장까지 보관할 경우에는 스테이플러로 철해서 보관할 수 있다. 일반문구 파일에 보관하는 경우 당신은 정기적으로 자료들을 정리해서 버려야 한다. 그렇지 않으면 철 지난 자료들만 잔뜩 쌓이게 된다. 자료들을 첨가할 때마다 주제별로 있는 자료들을 검토하라. 옛날 자료들이 더 이상 유용하지 않다면 그 자료의 참고번호를 새 자료에 옮겨놓고 오래된 자료는 버려라. 이렇게 할 때 일반문구 파일에 맞는 자료들을 보관할 수 있으며 현대적으로 사용할 수 있다. 여러 개의 간단한 예화들이나 내용들은 일반문구 파일의 같은 페이지에 중첩해서 넣어 둘 수 있다. 흥미를 불러일으키는 분야나 자료들은 독립된 파일에 숫자를 붙여 보관할 수도 있다. 이것은 가족에 관해 10개의 독립된 목록을 찾는 대신에 한 번호 아래에서 한꺼번에 찾을 수 있게 해준다.

성경자료 파일은 성경 각 책에 대한 목록을 가지고 있다. 분량이 작은 책은 장별로 참고자료를 분류해도 좋다. 이 자료파일에는 당신이 설교준비시에 주안점을 두고 특별히 연구한 특정 성경구절의 연구자료를 보관하게 된다. 물론 일반주석들과 "성령론"과 같은 특정 단일주제를 다루는 책들은 성경자료 파일에 들어갈 필요가 없다.

이러한 체계는 어떤 목사들에게는 효과적이다. 하지만 다른 설교자들은 어떤 방법을 사용하는지 살펴보라. 당신의 자료들을 가장 잘 정리할 수 있는 체계를 당신이 스스로 결정할 필요가 있다. 지금 당장 시작하고 당신의 서가에 있는 귀중한 자료들을 활용할 수 있는 방법을 항상 유지하라. 오늘날 컴퓨터가 이토록 자료를 저장하고 찾는 일을 용이하게 해준다. 이제 그 주제로 돌아가 보자.

컴퓨터 사용

컴퓨터를 가지고 내가 처음으로 한 작업은 이 책을 준비하는 일이었다. 컴퓨터를 가지고 일을 하면 할수록 나는 이 기계의 유용성에 대해 더욱더 확신하게 된다. 몇 년 전에 나는 컴퓨터 한 세트를 샀다. 그것은 중앙연산장치, 키보드, 모니터, 프린터, 디스켓, 그리고 컴퓨터 종이 한 상자였다. 아직도 나는 그 종이를 반이나 가지고 있다! 나는 사용설명서가 이해하기 매우 어렵고 기계들이 위협적이라고 생각했다. 기계의 기능을 제대로 다 사용하지 못하는 이유는 훈련부족과 더불어 컴퓨터에 대한 기본사항들을 배운 뒤에 유경험자와 함께 작업을 하지 않은 것과 또한 컴퓨터를 배우는 데 필요한 시간을 내지 않는 것이었다.

컴퓨터는 설교사역에 있어서 큰 도움이 되지만 어떤 종류의 컴퓨터를 살 것인지에 대해서는 천천히 결정하는 것이 좋다. 당신이 성취하길 원하는 것이 무엇인지에 근거해서 결정하도록 하라. 컴퓨터를 사용하는 목사들과 이야기하여 유익한 점과 문제점이 무엇인지를 그들에게서 배우라. 다양한 컴퓨터 제품들이 시중에 나와 있으나 당신의 필요와 주머니 사정에 적합한 것을 구매하도록 하라. 보다 더 유용한 컴퓨터를 사기 위해 조금 더 저축한다면 장기적으로는 더 유리할 것이다. 케네스 베델(Kenneth Bedell)[1]은 컴퓨터에 입문하기 전에 취해야 할 세 단계를 제안하였다. (1) 컴퓨터를 통해 하고자 하는 일들이 무엇인지를 규명하라. (2) 기계의 가격을 조사하고 어느 것이 당신의 필요에 적합한지를 결정하라. (3) 컴퓨터를 통해 사용할 프로그램들을 이해하고 당신이 사용할 수 있는 프로그램들을 구하여 사용하는 법을 배우라.

컴퓨터를 사용하기 전에 먼저 기본적인 용어들을 살펴보자.

중앙연산장치(Central Processing Unit): "컴퓨터의 뇌"와 같은 부분이다. 여기에 컴퓨터를 작동시키는 전자회로가 들어 있다.

터미널(Terminal): 모니터와 이에 달려 있는 키보드를 가리키는 말로 컴퓨터에 데이터를 입력한다. 어떤 키보드는 헬라어와 히브리어를 입력할 수 있다. 컬러 모니터와 흑백 모니터 중에 선택할 수 있다.

메모리(Memory): 이곳은 정보가 저장되는 곳으로 바이트 단위로 계산된다. PC는 입력된 수백만 개의 자료를 처리하도록 설계되었다. 더블 스페이스로 타이핑한 한 페이지는 4,000–5,000 바이트 정도의 크기이다.

램(Random Access Memory): 이 메모리는 사용자가 사용하는 정보를 담고 있다가 중앙연산장치로 보내주면 정보가 바뀐다.

롬(Read Only Memory): 이 메모리는 변하지 않는 정보를 담고 있다. 롬은 당신이 컴퓨터가 하기를 원하는 임무를 수행할 수 있도록 해주는 지시사항들을 담고 있다. 컴퓨터를 끄거나 정전이 되었을 때 롬의 내용은 지워지지 않지만 램의 내용은 지워진다.

디스크(Disk): 플로피 디스크는 보통 2가지 크기의 종류가 있으며, 정보를 저장하는 데 사용된다. 램에 저장한 정보는 디스크에도 저장이 가능하다. 3.5인치 디스켓은 이 책 전체를 다 저장할 수 있다.

CD-ROM: PC에 부착된 컴팩트 디스크는 많은 양의 데이터를 저장하여 가지고 있다.

프린터(Printer): 컴퓨터에서 제작한 자료들을 인쇄하는 기계이다. 일련의 구슬들로 이뤄진 프린터로 헤드로 인쇄하는 닷 – 매트릭스(dot-matrix)방식의 프린터가 있다. 레터-퀄리티(letter-quality)와 최고의 화상도를 자랑하는 레이저(laser) 프린터도 있다.

모뎀(Modem): 한 컴퓨터에서 다른 컴퓨터로 정보를 전달하는 데 사용하는 기계로서 주로 전화선을 이용한다.

소프트웨어(Software): 당신이 원하는 작업을 컴퓨터가 하도록 해주는 프로그램이다. 프로그램은 디스크에 담겨 있으며 사용설명서와 함께 나온다. 프로그램을 디스크에서 컴퓨터에 다운로드할 수 있다.

여러 가지 용도에 맞는 주변기기(Accessory)가 많이 있다.

설교에 컴퓨터 사용하기

정부기관이나 기업체 모두가 그들의 업무를 수행할 때 컴퓨터를 사용한다. 대부분의 도서관들은 컴퓨터를 사용하고 있다. 크기에 상관없이 많은 교회들이 컴퓨터의 실제적인 유용성을 인식하고 있다. 당신의 교회 역시 재정기록이나 보고서를 작성할 때 컴퓨터를 사용할 것이다. 교인명부 작성용 소프트웨어와 컴퓨터 편집은 이미 광범위하게 사용되고 있다. 카운티에서 개최한 전시회에서 한 교회는 교단에 관해 시민들이 한 질문들을 컴퓨터를 사용해서 답변하였다.

문서작성과 파일관리는 설교사역에서 컴퓨터를 사용하는 주분야일 것이다. 일단 컴퓨터로 문서작성을 하기 시작하면 당신은 절대로 타이프라이터로 돌아가려고 하지 않을 것이다. 컴퓨터를 사용하면 단어, 문장, 문단들을 간단한 명령을 통해 더하거나 지우거나 바꿀 수 있다. 오타가 나도 최종본을 프린트하기 전에 손쉽게 고칠 수 있다. 밑줄을 긋거나, 이탤릭체로 바꾸거나, 들여 쓴다거나, 굵은

글씨체로 바꾼다거나, 줄의 간격을 조정한다거나 하는 일이 용이하게 이뤄지며, 스크린상에서 좋지 않게 보일 경우에는 언제든지 쉽게 원하는 대로 바꿀 수 있다.

컴퓨터 소프트웨어로 된 성경자료들을 사용하면 성경본문을 이해하는 데 큰 도움을 얻는다. 많은 소프트웨어들이 목회자에게 기본적으로 필요한 연구자료들을 담고 있다. 대부분의 자료들은 PC에 달려 있는 CD-ROM 드라이브가 필요하다. 컴팩트 디스크 한 장에는 헬라어 신약성경, 두 권의 헬라어 사전, 신약성경에 관한 신학사전 한 권, 네 권의 영어성경의 여러 번역본, 세 권의 성경주석, 두 권의 성경사전과 다른 책들을 저장하여 담고 있다.

다른 프로그램들은 성경의 용어색인이 들어 있어서 단어연구를 손쉽게 할 수 있도록 도와준다. 어떤 소프트웨어들은 당신이 만든 설교노트를 입력하고 후에 쉽게 찾을 수 있도록 해준다. "기독교 컴퓨팅"(Christian Computing)이란 잡지는 매년 11회에 걸쳐 발간되는데 이것은 새롭게 판매되는 기독교 소프트웨어와 연구보조자료, 그리고 인터넷상에서의 기독교 사이트들을 소개해 준다. 설교에 관한 잡지들은 설교준비를 용이하게 해주는 최근의 컴퓨터 소프트웨어들을 정기적으로 구독자들에게 알려준다.

컴퓨터를 사용해서 앞서 명기한 종이를 이용한 파일체계를 대신할 수 있다. 성경, 설교, 예화에 관한 파일들을 컴퓨터 디스크에 보관할 수 있다. 당신에게 가장 유용하다고 생각되는 컴퓨터 파일체계를 만들어보라. 예화들은 주요 단어로 저장될 수 있으며 그 단어를 입력시켰을 때 컴퓨터는 그 제목하에 저장한 모든 예화들을 불러올 수 있도록 정리하라. 현재 인쇄된 문자를 읽어 들여서 컴퓨터상에 저장할 수 있는 전자 스캐너도 널리 사용되고 있다.

또 인터넷을 통해 관련자료를 찾는 출처들을 무한히 확장시킬 수 있다. 어떤 서비스는 구독료를 지불해야 하며 월간 정기 사용료를 내야만 한다.

이것을 기억하라!

두 시간에 걸쳐 컴퓨터에서 작업을 했는데 저장을 하지 않아 처음부터 다시 일을 해야만 했던 일을 나는 지금도 생생하게 기억하고 있다. 가능한 한 자주 저장하라! 어떤 프로그램은 두 쪽 정도 작업을 하면 "저장하시겠습니까?"라는 메시지를 스크린상에 보여준다. 참으로 좋은 프로그램이다! 당신이 보관하길 원하는 자료들을 디스크 자료가 지워질 사태에 대비해서 반드시 백업을 받아두도록 하라. 정전기 발생으로 인해 데이터가 전부 지워지는 사태를 예방하기 위해 컴퓨터 밑에 정전기 방지용 패드를 깔라. 최근에 한 친구가 사무실에 있는 우리에게 디스켓을 컴퓨터 드라이브 장치 위에 올려 놓지 말라고 경고하였다. 그 위에 올려 놓으면 데이터가 다 깨질 수 있다는 것이다. 데이터를 저장하고 있는 컴퓨터가 놓인 방안의 습도가 낮지 않도록 주의하라. 서지 플러그(surge plug)를 사용하면 급격한 전압변화나 정전이 되었다가 전기가 들어올 때 갑작스러운 전압상승으로 인한 데이터 손상을 방지하는 데 도움이 된다.[2]

마이클 듀두이트(Michael Duduit)는 다음과 같이 말했다. "교회는 컴퓨터 시대를 피할 수 없기에 그것을 피할 생각은 꿈에도 해서는 안 된다. 컴퓨터는 연필, 종이, 책과도 같다. 그것은 우리로 보다 더 효율적으로 일하게 해주는 데 도움을 주는 도구이다."[3]

결과를 재활용하라

조직적인 연구와 지속적인 연구습관을 통해 당신의 모든 자료들은 점차 자라나기 시작할 것이다. 당신의 목양지를 위해 준비한 설교는 보다 더 광범위하게 사용될 수 있다. 재활용은 자연자원을 보존하기 위한 국가적인 관심사가 되었다. 당신이 준비한 결과들도 보존하면 어떤가?

당신의 교회에서 언제 당신은 이미 한 설교를 두 번째로 할 수 있는가? 일전에 나는 조지 버트릭(George Buttrick)이 "예화들을 바꿔서 그날 저녁에 그 설교를 다시 해보라"고 말하는 것을 들은 적이 있다. 이 말은 분명히 효과적인 예화의 능력을 이야기해 주고 있으며 우리 성도들의 기억력이 어떠한 것인가를 보여준다. 호주의 유명한 설교가였던 보어햄(F. W. Boreham, 1871-1959)은 그의 사역에 있어서 아주 독특한 방법을 사용하였다. 그는 "한 주간에 오직 한 편의 새로운 설교를 준비했으며, 그 주간의 설교 때마다 전에 한 그 설교를 개작하여 설교하였다."[4]

어떤 목회자들은 "다시 듣는 설교"의 달을 정한다. 성도들은 지난 달들에서 자기들이 가장 좋아하는 설교를 선택하고 그 달에 가장 많이 선택된 "4편의 설교"를 다시 듣는다.

유리병이 녹으면 유용한 제품으로 다시 제조되듯이 당신의 과거 설교들도 다른 모양으로 다시 설교할 수 있다. 내가 자주 이용하는 로마서 5장 1-5절의 설교가 언젠가는 두 편의 설교로 탈바꿈하였다. 조금 손을 본 후에 이 설교는 "놀라운 은혜"라는 제목의 4편의 시리즈 설교로 확장되었다. 성경인물들에 관한 설교는 독백의 형태로 다시 제조될 수 있다. 귀납적인 설교를 연역적 방법으로 바꿔서 설교해 보라. 성경공부가 이미 끝난 오래된 원고에 창조적인 브레인스토밍 시간을 가져보라. 그럴 경우에 보다 당신은 더 매혹적인 설교제목과 흥미있는 명제문장, 신선한 예화들, 간소화된 주요 대지들을 얻게 될 것이다. 자동차 회사들은 여러 해 동안 동일한 차대(車臺)를 가지고 있지만 차의 디자인은 수시로 바꾼다. 당신의 파일에 있는 설교에도 동일한 접근방식을 취해 보라.

라디오는 당신의 설교를 재활용할 통로를 제공해 준다. 많은 지역사회 방송국은 날마다 경건의 시간 프로그램을 가지고 있다. 한 성도가 나에게 라디오에서 일어나는 일이 왜 교회에서는 일어날 수 없는지 그 이유를 물었다. 교회에서 25분 동안 진행되는 설교가 라디오상에서는 8분이면 끝난다! 가장 청취율이 높은 시간대에 30초에서 45초 분량의 설교를 방송중에 끼워넣는 보다 창조적인 라디오 방송 이용법을 생각해 보라. 이럴 경우에 방송비용은 더 들지 모르지만 더 많은 사람들에게 전도할 수 있을 것이다. 성경의 진리를 정확하게 이해시켜 주는 공감을 주는 예화들이나 예리한 말들을 당신의 설교에서 골라내라. 이렇게 짧은 시간대라도 우리는 바쁘게 움직이는 사회에서 사람들의 흥미를 끌 수 있다. 내 친구 중 한 사람은 인기있는 라디오 토크쇼에서 매주 짧게 성경말씀을 삶의 상황에 적용시키는 프로그램을 맡고 있다. 랠프 덩컨(Ralph Duncan)은 이천 명 정도 되는 마을에서 5킬로미터 떨어진 곳에 있는 교회의 목사였다. 그의 교회의 평균 출석인원은 125명이었으나 덩컨의 사역은 여러 주에 걸쳐 수천 명의 사람들에게 방송으로 전달되었다. 설교의 중심내용과 한 가지 중요한 예화를 사용하여 그는 방송설교와 서적을 통해 사역의 범위를 확장해 갔다. 그는 3개의 주를 커버하며 나아가서 또 다른 4개의 주에까지 전파가 미치는 4개의 방송국을 통해 3-4분짜리 방송설교를 준비했다. 그리고 그는 방송에 나간 그 설교원고를 조금 수정하여 7개의 주간신문사에 보냈다. 7개 신문사의 발행부수는 30만 부였으며, 이것은 거의 십만 명의 잠재 독자들을 가지고 있었다. 이 신문에 실린 칼럼들은 후에 일요신문 공지란 뒷면에 재인쇄되었으며 우편으로 발송되는 신문의 간지(簡紙)에도 실렸다.

덩컨 목사의 글들은 "강단에서 바로 설교된 것"으로 사회적, 윤리적 관심사들을 성경적 관점에 맞춰 쓴 것이었다. 그는 6개 주 시민들로부터 그 글에 대해 편지와 장거리 전화를 받았다. 덩컨은 다음과 같은 사실을 발견했다. "모든 설교자들은 이야기를 말하며 이를 보통 글로 옮길 수 있다. 만일 글로 옮길 수 없다면 그는 글을 더 잘 쓰는 법을 배워야 한다. 성경과 관련해서 한 개인이 경험한 내용에 초점을 맞출 때 사람들은 그 이야기를 들을 것이다."[5]

설교잡지, 경건서적, 주일학교 공과 등은 당신이 설교를 위해 연구한 결과들을 확장해서 사용할 수 있는 통로가 된다. 어떤 교단에서는 특정 작문제목을 주고 준비중인 예비작가들을 발굴하기 위해 작가협의회를 열어 준다. 내가 출판을 위해 쓴 어떤 자료들은 내 설교를 개작한 것들이다. 다른 자료들은 출판을 위해 준비했으나 후에 또한 설교에 사용되었다.

나는 설교를 재활용하라는 나의 이 권면을 당신이 오해하여 연구를 게을리하거나 새로운 설교를 준비하지 않는 구실로 사용하지 않기를 바란다. 어떤 설교자들은 그들의 첫 목양지에서 자신이 준비한 설교원고를 "빼서 쓰기에" 새로운 설교를 거의 준비하지 않는다. 이러한 자세는 곧 창의력을 말살시키고 교회에서 그들을 위해 주신 "주의 말씀"을 듣는 특권을 앗아가 버린다. 이전에 준비했던 설교는 현재상황에 따르는 필요들을 생각하고, 현대적인 예화들을 보강하여, 삶과 상관성이 있는 적용을 함으로써 다시 훌륭하게 개작되어져야 한다. 체계적으로 잘 짜여진 연구를 위해 적절한 준비시간을 확보할 때에만 이러한 일이 가능하도록 도와 줄 것이다.

참고와 적용

당신이 설교사역에 컴퓨터를 사용하지 않는다면 컴퓨터를 사용해서 설교를 준비하는 설교자들과 이야기해 보고 컴퓨터를 이용해서 당신이 설교를 준비하고 자료들을 정리하는 데 어떻게 도움을 받을 수 있는지를 생각해 보라.

주(註)

제1장

1. Robert H. Mounce, *The Essential Nature of New Testament Preaching*(Grand Rapids: Wm. B. Eerdmans Publishing Co., 1960), 17-18.

2. Ibid., 42-43.

제2상

1. Raymond Bailey, *Jesus the Preacher*(Nashville: Broadman Press, 1990), 12.

제3장

1. H. C. Brown Jr., Gordon Clinard, and Jesse Northcutt, *Steps to the Sermon*(Nashville: Broadman Press, 1963), 9.

2. Clyde Fant, *Preaching for Today* (New York: Harper & Row,

1975), 26.

3. Mounce, *New Testament Preaching*, 152.

4. Ibid., 154.

5. William J. Reynolds, "Share His Love" (Nashville: Broadman Press, 1973).

6. George Atkins, "Brethren, We Have Met to Worship."

제4장

1. John R. W. Stott, *The Preacher's Portrait*(Grand Rapids: Eerdmans, 1961), 74.

2. Clyde F. Fant Jr. and William M. Pinson Jr., *20 Centuries of Great Preaching* (Waco: Word, 1971), 9:315.

3. Mounce. *New Testament Preaching*, 158.

4. Stott, *The Preacher's Portrait*, 31.

5. Ibid., 76.

6. Catherine Marshall, *A Man Called Peter* (New York: McGraw-Hill, 1952), 43.

제5장

1. Bailey, *Jesus the Preacher*, 23.

2. Stott, *The Preacher's Portrait*, 22.

3. Fant and Pinson, *20 Centuries*, 12:299.

4. R. Albert Mohler Jr., "A Theology of Preaching," in *Handbook of Contemporary Preaching*, ed. Michael Duduit (Nashville: Broadman & Holman, 1992), 15.

제6장

1. Jeffrey J. Mayer, *If You Haven't Got the Time to Do It Right, When Will You Find the Time to Do It Over?* (New York: Simon and Schuster, 1991).

제8장

1. George E. Sweazey, *Preaching the Good News* (Englewood Cliffs, N.J.: Prentice Hall, 1976), 31.

2. Dean Dickens, *How to Preach*(Davao City, Philippines: PhilBEST, 1984), 18.

3. John A. Broadus, *On the Preparation and Delivery of Sermons*, rev. J. B. Weatherspoon (Nashville: Broadman Press, 1944), 25.

4. Fant and Pinson, *20 Centuries*, 9:133.

5. Fant, *Preaching for Today*, 103.

6. Mounce, *New Testament Preaching*, 156.

제9장

1. John R. W. Stott, *Between Two Worlds: The Art of Preaching in the Twentieth Century* (Grand Rapids: Eerdmans, 1982), 137.

2. Farrar Patterson, *Do-It-Yourself Bible Study: The Inductive Method* (Fort Worth: Latimer House, 1985), 7.

3. John C. Cooper, author's written notes, February 20, 1995.

4. Wayne McDill, *The 12 Essential Skills for Great Preaching* (Nashville: Broadman & Holman, 1994), 27.

5. Ibid., 13.

6. Ibid., 25, 27.

7. W. E. Vine, Merrill F. Unger, and William White Jr., eds., *Vine's Expository Dictionary of Biblical Words* (Nashville: Thomas Nelson, 1985), 283.

8. George A. Buttrick, *The Parables of Jesus* (Grand Rapids: Baker, 1973), xv.

제11장

1. J. H. Jowett, *The Preacher: His Life and Work* (New York: G. H. Doran, 1912), 133.

2. Broadus, *Preparation and Delivery*, 37.

3. Fant and Pinson, *20 Centuries*, 9:48-50.

4. Ibid., 8:77.

5. T. T. Crabtree, *The Zondervan 1984 Pastor's Annual* (Grand Rapids: Zondervan, 1983), 127-129.

6. Warren W. Wiersbe, *Be Rich* (Wheaton, Ill.: Vicotor Books, 1983), 29.

7. Jowett, *The Preacher*, 133.

8. Bill Hybels, Stuart Briscoe, and Haddon Robinson, *Mastering Contemporary Preaching* (Portland: Multnomah Press, 1989), 32.

제12장

1. *Proclaim*, 21, no. 4(1991): 5.

2. Fant, *Preaching for Today*, 137-138.

제13장

1. Broadus, *Preparation and Delivery*, 93.

2. W. E. Sangster, *The Craft of the Sermon* (London: Epworth, 1954), 90.

3. Manuel Scott, Ky. Pastor's Conference, n.d.

4. Fant and Pinson, 20 *Centuries*, 9:214.

5. James E. Stewart, *The Wind of the Spirit* (Nashville: Abingdon, 1968), 9.

6. Andrew W. Blackwood, *Doctrinal Preaching for Today*, n.p., n.d.

7. Fant and Pinson, 20 *Centuries*, 11:131.

8. Fred B. Craddock, *As One without Authority* (Nashville: Abingdon, 1979), 52.

9. Ralph L. Lewis with Gregg Lewis, *Inductive Preaching: Helping People Listen* (Westchester, Ill: Crossway Books, 1983), 165.

10. Broadus, *Preparation and Delivery*, 141-154.

11. Craddock, *As One without Authority*, 53.

제14장

1. V. L. Stanfield, *Evangelistic Preaching*, n.p., n.d., 67.

2. Fant and Pinson, 20 *Centuries*, 8:227.

3. Broadus, *Preparation and Delivery*, 122.

4. Fant and Pinson, *20 Centuries*, 12:325.

5. Paul Scherer, *The Word God Sent* (New York: Harper & Row,

1965), 204.

6. Crabtree, *Pastor's Annual*, 339.

7. Stewart, *The Wind of the Spirit*, 123.

제15장

1. Greg Stoda, "Hogan's World at 78: Simple and Small," Lexington Herald Leader, 23 July 1991.

2. Fant and Pinson, *20 Centuries*, 12:150.

3. Ibid., 10:200.

4. Ibid., 6:249.

5. James C. Barry, "An Interview with Clyde Fant," *Search*, 16, no.2(1986): 56.

6. Ibid., 50.

제16장

1. Brian L. Harbour, "Concluding the Sermon," ed. Michael Duduit, *Handbook of Contemporary Preaching*, 270.

2. Stott, *Between Two Worlds*, 144.

3. Fant and Pinson, *20 Centuries*, 10:104.

4. Jim Lowery, "Preaching Must Mix Then and Now," Facts and Trends 28, no. 10(1984).

5. Scherer, *The Word God Sent*, 78.

6. Fant and Pinson, *20 Centuries*, 11:188.

7. Ibid., 10:11.

8. Lowery, "Preaching Must Mix."

9. Hybels, Briscoe, and Robinson, *Mastering Contemporary Preaching*, 65.

제17장

1. James E. Hightower, *Illustrating Paul's Letter to the Romans* (Nashville: Broadman Press, 1984), 8.

2. Brown, Clinard, and Northcutt, *Steps to the Sermon*, 79.

3. Fant and Pinson, *20 Centuries*, 11:339.

4. Marjorie Rawlings, *The Yearling* (New York: Charles Scribner's 1939), 200.

5. D. L. Lowrie, sermon, Clear Creek Baptist Bible College, August 6, 1991.

6. Adapted from a story in *Pacific Stars and Stripes* (22 April 1984).

7. Adapted from a story in *Asiaweek* (15 July 1983).

8. Fant and Pinson, *20 Centuries*, 10:13.

9. William Manchester, *The Last Lion: Winston Spencer Churchill, 1932-1940* (New York: Bantam Doubleday Dell, 1988), 350.

10. Hightower, *Paul's Letter*, 115.

11. Madame Guyon, *Union with God* (Augusta, Maine: Christian Books, 1981), 97.

12. Hybels, Briscoe, and Robinson, *Mastering Contemporary Preaching*, 36.

13. Hightower, *Paul's Letter*, 98.

14. Mariah Carey, "There's Got to Be a Way," (New York: CBS Records, Inc., 1990).

15. Crabtree, *Pastor's Annual*, 332.

16. Calvin Miller, "Call in the Witnesses," *Proclaim* 28, no. 4(1999): 4-7.

17. Hybels, Briscoe, and Robinson, *Mastering Contemporary Preaching*, 139.

제18장

1. Lew Wallace, *Ben Hur* (Pleasantville, N.Y.: The Reader's Digest Association, 1992), 52.

2. *Desk Standard Dicitionary* (Funk & Wagnalls, n.d.)

3. Broadus, *Preparation and Delivery*, 279.

4. Ibid., 284.

5. Ibid., 285.

6. Ibid., 286-292.

7. Stott, *Between Two Worlds*, 238.

제19장

1. Stephen Olford, *Annointed Expository Preaching* (Nashville: Broadman & Holman, 1998), 343.

2. Walter J. Burghardt, "A Kind of Loving, for Me" in *Best Sermons* 4, ed. James Cox, (San Francisco: Harper, 1991), 145.

3. Bill D. Whittaker, *Award Winning Sermons*, vol. 4(Nashville: Broadman Press, 1980), 106-110.

4. John Dart, "Whatever Happened to Hell?" The *Courier-Journal*, 24 September 1978.

5. Atkins, "Brethren, We Have Met to Worship."

6. Haddon W. Robinson, *Biblical Sermons* (Grand Rapids: Baker, 1989), 43.

7. Hybels, Briscoe, and Robinson, *Mastering Contemporary Preaching*, 58.

제20장

1. Michael Duduit, *Handbook of Contemporary Preaching* (Nashville: Broadman & Holman, n.d.), 93.

2. Blackwood, *Doctrinal Preaching*, 87.

3. Ibid, 89.

4. Jay E. Adams, *Truth Applied* (Grand Rapids: Zondervan, 1990), 41.

5. Whittaker, *Award Winning Sermons*, vol. 3(Nashville: Broadman Press, 1979), 61.

6. Whittaker, Sermons, vol. 4, 113.

제21장

1. Hybels, Briscoe, Robinson, *Mastering Contemporary Preaching*, 81.

2. "The Principle of Life," *Proclaim*, March 1996, 31-32.

제22장

1. Franklin Segler, *A Theology of Church and Ministry* (Nashville: Broadman Press, 1960), 23.

2. Fant and Pinson, 20 *Centuries*, 10:11

3. Holmes and Rahe, "Stress Test For Adults," 1977.

4. Harold T. Bryson, *Building Sermons to Meet People's Needs* (Nashville: Broadman Press, 1980), 41.

5. Fant, *Preaching for Today*, 51.

6. Lloyd M. Perry, *Biblical Preaching for Today's World* (Chicago: Moody Press, 1990), 152-153.

7. John A. Huffman in *Inside The Sermon*, ed. Richard Bodey (New York: Harper & Row, 1990), 143-150.

8. Charles L. Quarles, International Mission Board Seminary Professor, sermon, Romania, n.d.

9. Halford E. Luccock, Communicating the Gospel (New York: Harper Bros., 1954), 85.

제23장

1. George Gibson, *Planned Preaching* (Philadelphia: The Westminster Press, 1954), 14.

2. John Killinger, *Fundamentals of Preaching* (Fortress Press, 1989), 167.

3. Robinson, *Biblical Sermons*, 11.

4. Andrew W. Blackwood, *Expository Preaching for Today* (Grand Rapids: Baker, 1975), 175.

5. J. Winston Pearce, *Planning Your Preaching* (Nashville: Broadman Press, 1967), 5.

6. Ibid.

7. Hybels, Briscoe, and Robinson, *Mastering Contemporary Preaching*, 161-162.

8. Blackwood, *Doctrinal Preaching*, 175.

9. Ibid.

10. Harold Bryson, *Expository Preaching: The Art of Preaching through a Book of the Bible* (Nashville: Broadman & Holman, 1995).

11. Blackwood, *Doctrinal Preaching*, 171.

12. Chip Alford, "Sermon Planning Relieves Stress, Conference Leader Tells Pastors," *Florida Baptist Witness* (17 October 1991): 16.

제24장

1. Kenneth Bedell, *Using Personal Computers in the Church* (Valley Forge: Judson Press, 1982), 8.

2. Russell H. Dilday Jr., *Personal Computer: A New Tool for Ministers* (Nashville: Broadman Press, 1982), 68.

3. Michael Duduit, "Using Your Computer in Sermon Preparation," *Preaching* 6, no. 2 (September 1991).

4. Fant and Pinson, 20 *Centuries*, 8:192.

5. Ralph Duncan, interview by author, Springfield Baptist Church, Bimble, Ky., 21 November 1991.

참고문헌

Adams, Jay. *Preaching with Purpose*. Grand Rapids: Baker Book House, 1982.

Adams, Jay E. *Truth Applied*. Grand Rapids: Zondervan, 1990.

Alford, Chip. "Sermon Planning Relieves Stress, Conference Leader Tells Pastors." *Florida Baptist Witness*, 17 October 1991.

Award Winning Sermons. Nashville: Broadman Press, 1979.

Bailey, Raymond. *Jesus the Preacher*. Nashvill: Broadman Press, 1990.

_____. *Paul the Preacher*. Nashville: Broadman Press, 1991.

Baumann, J. Daniel. *An Introduction to Contemporary Preaching*. Grand Rapids: Baker, 1988.

Bedell, Kenneth. *Using Personal Computers in the Church*. Valley Forge: Judson Press, 1982.

Bennett, Bill. *Thirty Minutes to Raise the Dead: How You Can

Preach Your Best Sermon Yet-This Sunday. Nashville: Thomas Nelson Publishers, 1991.

Biblical Preaching: *An Expositor's Treasury.* Edited by James W. Cox Philadelphia: The Westminster Press, 1983.

Blackwood, Andrew W. *Doctrinal Preaching for Today.* N.p., n.d.

_____. *Expository Preaching for Today.* Grand Rapids: Baker, 1975.

_____. *Planning a Year's Pulpit Work.* Nashville: Abingdon, 1952.

_____. *The Preparation of Sermons.* New York: Abingdon-Cokesbury, 1958.

Inside the Sermon: Thirteen Preachers Discuss Their Methods of Preparing Messages. Edited by Richard Allen Bodey. Grand Rapids: Baker, 1990.

Bodey, Richard. *Insid the Sermon.* New York: Harper & Row, 1990.

Braga, James. *How to Prepare Bible Messages.* Portland: Multnomah, 1982.

Broadus, John A. *On the Preparation and Delivery of Sermons.* Revised by J. B. Weatherspoon. Nashville: Broadman Press, 1944.

Brown, H. C. *A Quest for Reformation in Preaching.* Waco, Tex.: Word Books, 1968.

Brown, H. C. Jr., H. Gordon Clinard, and Jesse J. Northcutt. *Steps to the Sermon.* Nashville: Broadman Press, 1963.

Bryson, Harold T. *Expository Preaching: The Art of Preaching through a Book of the Bible.* Nashville: Broadman & Holman, 1995.

Bryson, Harold T., and James C. Taylor. *Building Sermons to Meet People's Needs.* Nashville: Broadman Press, 1980.

Burghardt, Walter J. "A Kind of Loving, for Me." In *Best Sermons* 4, edited by James Cox. San Francisco: Harper, 1991.

Buttrick, George A. *The Parables of Jesus.* Grand Rapids: Baker, 1973.

Chartier, Myron, R. *Preaching as Communication*, Nashville: Abingdon, 1981.

Crabtree, T. T. The *Zondervan 1984 Pastor's Annual.* Grand Rapids: Zondervan, 1983.

Graddock, Fred B. *As One without Authority.* Nashville: Abingdon, 1979.

_____. *Preaching.* Nashville: Abingdon Press, 1985.

Dart, John. "Whatever Happened to Hell?" The *Courier-Journal*, 24 September 1978.

Davis, H. Grady. *Design for Preaching.* Philadelphia: Fortress, 1958.

Dickens, Dean. *How to Preach.* Davao City, Philippines: PhilBest, 1984.

Drakeford, John W. *Humor in Preaching.* Grand Rapids:Zondervan, 1986.

Duduit, Michael. *Handbook of Contemporary Preaching.*

Nashville: Broadman & Holman, 1992.

Duncan, Ralph. Interview by author. Springfield Baptist Church, Bimble, Ky., 21 November 1991.

Fant, Clyde E. *Preaching for Today*. New York: Harper & Row, 1977.

Fant, Clyde F. Jr., and William M. Pinson, Jr. *20 Centuries of Great Preaching*. Waco: Word, 1971.

Forbes, James. *The Holy Spirit and Preaching*. Nashville: Abingdon, 1989.

Gibson, George. *Planned Preaching*. Philadelphia: The Westminster Press, 1954.

Guyon, Madame. *Union with God*. Augusta, Maine: Christian Books, 1981.

Hall, E. Eugene, and James L. Heflin. *Proclaim the Word!* Nashvill. Broadman, 1985.

Harbour, Brian L. "Concluding the Sermon." In *Handbook of Contemporary Preaching*, edited by Michael Duduit. Nashville: Broadman & Holman, 1992.

Hightower, James E. *Illustrating Paul's Letter to the Romans*. Nashville: Broadman Press, 1984.

Huffman, John A. In *Inside the Sermon*, edited by Richard Bodey. New York: Harper & Row, 1990.

Hybels, Bill, Stuart Briscoe, and Haddon Robinson. *Mastering Contemporary Preaching*. Portland: Multomah, 1989.

Jones, Ilian T. *Principles and Practice of Preaching*. Nashville:

Abingdon, 1956.

Jowett, J. H. *The Preacher: His Life and Work*. New York: G. H. Doran, 1912.

Killinger, John. *Fundamentals of Preaching*. Philadelphia: Fortress Press, 1989.

Kooienga, William H. *Elements of Style for Preaching*. Grand Rapids: Zondervan, 1989.

Lewis, Ralph L., and Gregg Lewis. *Inductive Preaching: Helping People Listen*. Westchester, Ill.: Crossway Books, 1982.

Lloyd-Jones, D. Martyn. *Preaching and Preachers*. Grand Rapids: Zondervan, 1971.

Loccock, Halford E. *Communicating the Gospel*. New York: Harper Bros., 1954.

Long, Thomas G., and Neely Dixon McCarter. *Preaching In and Out of Season*. Louisville: Westminster/John Knox, 1990.

Loscalzo, Craig A. *Preaching Sermons That Connect*. Downers Grove, Ill.: Intervarsity, 1992.

Lowery, Jim. "Preaching Must Mix Then and Now." *Facts and Trends*, 1984.

Luccock, Halford E. *Communicating the Gospel*. New York: Harper and Row, 1990.

MacArthur, John Jr. and the Master's Seminary Faculty. *Rediscovering Expository Preaching*. Dallas: Word, 1992.

Manchester, William. *The Last Lion: Winston Spencer Churchill, 1932-1940*. New York: Bantam Doubleday Dell, 1988.

Marshall, Catherine. *A Man Called Peter*. New York: McGraw-Hill, 1952.

Mawhinney, Bruce. *Preaching with Freshness*. Eugene, Ore.: Harvest Home, 1991.

Mayer, Jeffrey J. *If You Haven't Got the Time to Do It Right, When Will You Find the Time to Do It Over?* New York: Simon and Schuster, 1991.

McDill, Wayne. *The 12 Essential Skills for Great Preaching*. Nashville: Broadman & Holman, 1994.

Meyer, F. B. *Expository Preaching: Plans and Methods*. New York: George H. Doran, 1912.

Miller, Calvin. *Spirit, Word, and Story: A Philosophy of Preaching*. Dallas: Word, 1989.

_____. "Call in the Witnesses." *Proclaim* 28:4, 1999.

Mohler, R. Albert, Jr. "A Theology of Preaching." In *Handbook of Contemporary Preaching*, edited by Michael Duduit. Nashville: Broadman & Holman, 1992.

Mounce, Robert H. *The Essentials of New Testament Preaching*. Grand Rapids: Eerdmans, 1960.

Olford, David L., comp. *A Passion for Preaching: Reflections on the Art of Preaching*. Nashville: Thomas Nelson Publishers, 1989.

Olford, Stephen L., with David L. Olford. *Annointed Expository Preaching*. Nashville: Broadman & Holman, 1998.

Patterson, Farrar. *Do-It-Youself Bible Study: The Inductive Method*. Fort Worth: Latimer House, 1985.

Pearce, J. Winston. *Planning Your Preaching*. Nashville: Broadman, 1967.

Perry, Lloyd M. *Biblical Preaching for Today's World*. Chicago: Moody Press, 1973.

Pitt-Watson, Ian. *A Primer for Preachers*. Nashville: Broadman, 1967.

Proclaim, 21:4, 1991.

Proclaim, March 1996.

Rawlings, Marjorie. *The Yearling*. New York: Charles Scribner's 1939.

Read, David H. C. *Preaching about the Needs of Real People*. Philadelphia: The Westminster Press, 1988.

Reynolds, William J. "Share His Love." Nashville: Broadman, 1973.

Robinson, Haddon W. *Biblical Preaching*. Grand Rapids: Baker, 1980.

_____. *Biblical Sermons*. Grand Rapids: Baker, 1989.

Roddy, Clarence S. *We Prepare and Preach*. Chicago: Moody Press, 1959.

Sangster, W. E. *The Craft of the Sermon*. London: Epworth, 1954.

Scherer, Paul. *The Word God Sent*. New York: Harper & Row. 1965.

Search, 16:2, 1986.

Segler, Franklin. *A Theology of Church and Ministry*. Nashville:

Broadman, 1960.

　　Stanfield, V. L. *Evangelistic Preaching*. N.p., n.d.

　　Stewart, James E. *The Wind of the Spirit*. Nashville: Abingdon, 1968.

　　Stoda, Greg. "Hogan's World at 78: Simple and Small." *Lexington Herald Leader*. 23 July 1991.

　　Stott. John R. W. *Between Two Worlds: The Art of Preaching in the Twentieth Century*. Grand Rapids: Eerdmans, 1982.

　　_____. *The Preacher's Portrait*. Grand Rapids: Eerdmans. 1961.

　　Sweazey, George E. *Preaching the Good News* New Jersey: Prentice Hall, 1976.

　　Thielen, Martin. *Getting Ready for Stunday's Sermons: A Practical Guide for Sermon Preparation*. Nashville: Broadman. 1990.

　　Unger, Merrill F. *Principles of Expository Preaching*. Grand Rapids: Zondervan. 1982.

　　Vine. W. E., Merrill F. Unger. and William White Jr., eds. *Vine's Expository Dictionary of Biblical Words*. Nashville: Thomas Nelson Publishers. 1985.

　　Wallace, Lew. *Ben Hur*. Pleasantville, N. Y.: The Reader's Digest Association. 1992.

　　Wiersbe, Warren W. *Preaching and Teaching with Imagination: The Quest for Biblical Ministry*. Wheaton, Ill.: Victor Books, 1994.

　　_____. Be Rich Wheaton, Ill.: Victor Books. 1983.

　　Whittaker, Bill D. *Award Winning Sermons*. Vol. 3. Nashville:

Broadman, 1979.

_____. *Award Winning Sermons*. Vol. 4. Nashville: Broadman, 1980.